α

Alpha

Danksagungen

Das vorliegende Buch ist das Ergebnis von fast zwanzigjähriger Forschungsarbeit, verbunden mit Erinnerungen an Kindheit und Jugend. Es ist daher unmöglich, allen zu danken, die dieses Projekt beeinflußt haben. Mein besonderer Dank gilt Dr. Hubert Stolla, dem Entdecker des Teufelsteindrachens. Weiters Prof. Herbert Haupt für astronomische Daten und warnende Mahnungen, die ich jedoch zum Teil, hoffentlich nicht fälschlich, in den Wind schlug; Herrn Rudolf Maier für zahlreiche Fotos, der Familie Schwarzauger, den Besitzern des Teufelsteins, der Bibliothek der israelitischen Kultusgemeinschaft, Wien, für Recherchen, dem Augustiner Chorherrenstift Vorau für Bildrechte, Prof Andrzej Januszaitis, der Steiermärkischen Landesbibliothek, Herrn Bernd Schmidt für redaktionelle Mitarbeit und Korrekturen, Frau Ulla Klopf für die Grafik und schließlich meinen Freunden Asia, Maggie und Gerd, Otmar und Herta für Unterstützung, der leider nicht mehr existenten Gach-Redaktion, vielen Freunden, meinen Mitarbeitern und Nachbarn und natürlich meiner Familie.

INHALT

Die größte Versuchung ist es, den Traum mit der Realität zu vermengen;
die größte Niederlage ist, Träume zugunsten der Realität zu opfern.

Spruch

Der Untersuchungsgegenstand ist seiner Natur nach ein Hologramm, etwas,
das sich dem Verstand als Ganzes erschließen muß.

Herta von Dechend
Die Mühle des Hamlet

Der Entschluß, dieses Buch zu verfassen, kam nach langen Jahren der Beschäftigung mit Archäoastronomie, im speziellen mit dem Phänomen rund um den Teufelstein, dessen Entdeckung dem Kindberger Rechtsanwalt und Heimatforscher Dr. Hubert Stolla zu verdanken ist. Viele schöne Stunden verbrachte ich mit ihm in Diskussionen darüber. Der Teufelstein, die seltsam konstruierte Anordnung von Kirchen und Kapellen rund ihn herum und die Erinnerung an eine Reise in meiner Jugend zu den Pyramiden waren für mich Anlaß, mich mit Astronomie, im speziellen Archäoastronomie, zu befassen. Meine Behausung in 1200 Meter Seehöhe inmitten meines Waldes, der mir das tägliche Brot für meine Familie lieferte, gewährte mir oft einen von Smog und Streulicht freien Blick in den Sternenhimmel, so wie ihn die Menschen seit uralten Zeiten hatten, wie er aber in den Städten nicht mehr möglich ist. Die Prägung durch die Waldwirtschaft, die zwingt, in Zeiträumen zu denken und zu planen, die weit über ein Menschenleben hinausgehen, waren wohl mit auslösend für meinen Versuch, die Dinge einmal etwas anders zu betrachten. Auch Schlaraffia, ein sicher anachronistischer Bund von Männern zur Pflege von Kunst, Freundschaft und Humor, bot immer wieder Anlaß für einen Blick wie durch einen Narrenspiegel auf die eigene Situation. Schlaraffia gab mir Schutz und lieferte Ideen, neue Gedanken zu probieren. Ist es doch eine andere Welt, in die man für wenige Stunden der Woche schlüpfen kann, wie der Narr unter den Schutz der Maske schlüpft oder gar der Irre in der geschützten Anstalt Unterschlupf findet.

Die oft stundenlange Betrachtung des Sternenhimmels und die Frage, was er für Menschen bedeutete, denen unsere heutigen Erkenntnisse fehlten, brachten mich langsam zu Sichtweisen, die ich bisher in keinem Buch klar und gesammelt vorfand. Mein Versuch, Erscheinungsformen von Kulturen und Religionen aus dem Blickwinkel der Sternenkunde zu betrachten, ist und kann nicht umfassend sein. Die Betrachtung von der Warte der Archäoastronomie bzw. der Kalenderkunde aus erscheint mir jedoch neu und spannend.

Aktueller Anlaß ist dabei auch die bevorstehende Zeitenwende im Jahr 2000.

Dieses Buch erhebt keinerlei Anspruch auf Vollständigkeit und absolute Wahrheit. Es versucht, Licht in gewisse bisher verborgene Bereiche zu bringen, die oft tief im Unbewußten und in unseren Mythen schlummern. Es beleuchtet Kultur und Religionen aus dem

Blickwinkel der antiken Sternkunde, die teilweise in Mythen überliefert sind. Doch Mythen und Märchen sind das Unterbewußtsein der Kulturen und Völker. Licht in dieses Unterbewußtsein zu bringen kann für manche beunruhigend, beängstigend und störend sein. Andere nehmen es freudig, erhellend, befreiend, eben bewußt machend wahr. Es kann einen Bewußtwerdungsprozeß auslösen, der bekanntlich meist am Beginn mit Schmerzen oder Enttäuschung verbunden ist. Bewußtsein ist aber das einzige, das Angst besiegen kann, wenn man die Ursache erkannt hat und zu handeln gewillt ist.

Angst vor der Zukunft, vor dem Jahrtausend, der Zeitenwende, wer hat sie nicht? Schwere Schicksalsschläge und auch selbstgemachte Fehler haben auch mir eine tiefe seelische Krise beschert, die ich weitgehend überstanden habe. Freunde, Zeit, Humor, der Zufall und viele Bücher haben mir dabei geholfen. Mein Blick für die menschliche Seele, den Verstand und das Gefühl haben sich dadurch geschärft, und ich kann hoffentlich durch dieses Buch einiges davon ausdrücken und weitergeben. Am meisten beeindruckt haben mich die Bücher von Umberto Eco, seiner Meisterschaft nachzustreben wäre für mich jedoch vermessen. Er hat mir mit seinem Fachgebiet der Semiotik, seinen Romanen und Fachbüchern die Augen für eine neue Sicht der Realität zumindest einen Spalt geöffnet.

Viele Aussagen dieses Buches erscheinen als Spekulationen, was sie im wahrsten Sinn des Wortes auch sind, nämlich Sichtweisen. Sichtweisen aus meiner Sicht und der, wie unsere Vorfahren, von denen uns nur Mythen und Märchen geblieben sind, die Welt sahen. Vieles davon ist noch in uns lebendig, und eines ist gleich geblieben seit Jahrtausenden: die Art, wie

Sepp Rothwangl mit
Hündin Burgi am Teufelstein

wir denken und fühlen. Diese "Hardware" in uns Menschen hat sich kaum verändert im Lauf der letzten Jahrtausende. Verändert hat sich jedoch in unglaublicher Weise die "Software", das Wissen, die Kultur und wie wir mit unserer Realität und Umwelt umgehen. Die Aufgabe dieses Buches soll nicht sein, Anleitungen zu geben, wie wir mit uns und der Umwelt umgehen sollen. Dies möge am besten jeder für sich selber herausfinden und entscheiden , um seinen eigenen Weg zu gehen. Aufgabe dieses Buches soll es sein, aufzuzeigen, wie spät es ist! Aufzuzeigen, wie spät es ist auf der Himmelsuhr, wie sie von unseren Ahnen erkannt, erahnt und in Mythen beschrieben wurde. Das Bewußtsein zu schaffen, vor welch gewaltiger Stunde des Universums wir stehen, erscheint mir genug. Es kann mithelfen, auch für uns und unsere Erde die Weichen neu zu stellen, ähnlich einer Firma, die am Jahresende Bilanz macht, um die Vergangenheit zu bewerten und für die Zukunft eine neue Strategie zu finden.

Es liegt mir fern, drohendes Unheil zu prophezeien, obwohl ich einige Gefahren in der Zukunft sehe, oder die Zukunft nur positiv und in den buntesten Farben zu zeichnen. Die Zukunft wird so sein, wie wir sie gestalten. Ich möchte den Blick und das Verständnis für große Zusammenhänge in der Vergangenheit in Kulturen und Religionen schärfen und damit ein Bewußtsein für die Basis schaffen, mit der wir bisher das Überleben geschafft haben. Das Überleben, das Weiterleben in einer lebenswerten Welt scheint mir das wichtigste Ziel auf Erden.

Viele Passagen des Buches habe ich bewußt persönlich und als Ich-Erzähler verfaßt, einerseits um meine persönliche Sichtweise darzulegen, andererseits als Versuch, meinen Leser mit scheinbar trockener Materie wie Astronomie, Geschichte, Religion, Mathematik usw. zu fesseln und in das Thema einzubinden. Man wird mir hoffentlich verzeihen, wenn ich Formeln und Diagramme fast zur Gänze vermeide und mich auf Bilder und Graphiken beschränke. Ich hoffe, ich kann bei meinem Leser das Gefühl des "JETZT" erzeugen.

Das Buch richtet sich nicht nur an die sehr kleine Gruppe der Archäoastronomen, sondern möchte einer breiteren Öffentlichkeit Einsichten bieten in Ursachen des Aufkeimens von "New Age" durch den Rückblick auf Zeiten, als das "Old Age" gerade in den Geburtswehen lag. Die Analogien von damals zum Heute sind frappant und bieten eine Hilfe im Erkennen unserer Situation.

Die Archäoastronomie hat nichts mit der heute gängigen Astrologie und Horoskopen zu tun und schon gar nichts mit Wahrsagerei, obwohl viele Begriffe gleich lauten und daher zu Verwechslungen führen können. Der Unterschied zwischen beiden ist wohl der, daß die Archäoastronomie sich auf zeitliche bzw. räumliche Aussagen beschränkt, die Astrologie ist eine Art Fortführung alter Religionen, die sich "abergläubisch" auch Aussagen seelischer und charakterlicher Art anmaßt.

Ich hoffe, mit der Gliederung des Buches in zwei Teile mit Text und Glossar den Leser nicht zu verwirren, sondern damit eine Lösung gefunden zu haben, die Parallelen von Mythos und Wahrheit, Phantasie und Realität und Traum und Wirklichkeit im Wandel der Zeiten darzustellen. Der Leser ist eingeladen, mit Schreibgerät bewaffnet sich eigene Notizen am

Buchrand zu machen. – Eingeladen, das eigene Weltbild abzurunden. Ein Ver-Such, der nur ein weiterer Schritt einer Suche sein kann, die vielen Dimensionen der Welt auf den zwei Dimensionen eines Blattes Papier abzubilden.

Besonderer Anlaß für das Entstehen dieses Buches war der Zufall, der sich für mich oft so häufte, daß ich schon glaubte, eine solche Häufung von Zufällen könne nicht mehr zufällig sein, sondern sei Bestimmung. Doch ich weigere mich standhaft, an Bestimmung zu glauben, obwohl ich mich in ausweglosen Situationen meinem Schicksal, also meiner Bestimmung, ergeben muß.

Eher glaube ich an die Gabe, Zufälle oder Übereinstimmungen zu erkennen und darauf zu reagieren. In früheren Zeiten hat man in diesen Zufällen vielleicht Gott erkannt. Die alten Götter sind heute unmodern geworden. Die Evolutionstheorie lehrt uns, daß der Mensch durch Zufall und Anpassung entstanden ist. Das Entstehen unserer Kultur läßt sich mit Evolution der Gene allein jedoch nicht erklären. Es scheint eine höhere, geistige Entwicklung zu unserer Kultur geführt zu haben, dem höchsten, das wir Menschen bisher geschaffen haben.

So verdanke ich eben dem Zufall oder der Bestimmung unsere Kultur und mein Dasein. Ich danke ihnen für meine Familie, viele Freunde und die Frau(en), die ich lieb(t)e.

Um dem Leser den Zugang zu Astronomie und Mythen zu erleichtern, befindet sich im Anhang dieses Buches ein kleines Glossar mit Fachausdrücken, das für das bessere Verständnis hilfreich sein kann.

Die Welt dreht sich für diese Breiten in der Nähe des Pols nach Art eines Mühlsteins.

Kleomedes (150 n.)

Der runde Erdball, bestehend aus den fünf Elementen, hält sich im Raum in der Mitte der Sphäre der Sterne, wie ein zwischen Magneten aufgehängtes Stück Eisen.

Varahamihira, Pancasiddanthika (5. Jh. n.)

Denn derartige Aussagen von Gelehrten muß man unter Bezugnahme auf ihre Denkungsart und nicht so verstehen, wie sie wortwörtlich lauten; denn oft ist der Sinn des Wortlauts ein anderer als die Bedeutung der Worte.

Wilhelm von Ockham (Kurze Zusammenfassung zu Aristoteles Büchern über Naturphilosophie)

Geozentrisches Weltbild

Heliozentrisches Weltbild

Am Beginn unseres Ausfluges in den Sternenhimmel der Antike muß eine kurze Erklärung über unser heutiges Verständnis der Himmelsbewegungen erfolgen. Wir alle, ausgenommen einige Astronauten, erleben die Welt aus einer geozentrischen Sicht, wir fühlen uns und die Erde als im Zentrum der Welt. Der Verstand sagt uns aber, daß es sehrwohl anders sein kann. Gefühl und Verstand haben hier zwei völlig verschiedene "Weltanschauungen". Wir sehen mit unseren Sinnen, daß sich die Sonne, Mond und Sterne um uns drehen, haben also gefühlsmäßig ein geozentrisches Weltbild, das erst durch Aristoteles, Erathosthenes und dann durch Kopernikus erschüttert wurde und dem verstandesmäßigen heliozentrischen Weltbild weichen mußte. Neueste Erkenntnisse deuten fast darauf hin, daß wohl beide Ansätze gelten können – ist es doch scheinbar bis zu den Grenzen des Universums überall hin gleit weit –, wir uns somit wieder in der Mitte unseres "Weltbildes" befinden. Das Weltbild selbst, der Denkrahmen, bestimmt somit mit über wahre und falsche Aussagen innerhalb dieses Denkrahmens. Aus dieser Sicht müssen auch Erkenntnisse der vorzeitlichen Himmelskunde gesehen werden, von der wir vieles nur als Mythen überliefert haben. Paradigmenwechsel sind Änderungen von Weltanschauungen und haben immer zur Folge, daß alte Anschauungen ins Reich der Sagen, Märchen und Mythen verbannt werden, also nichts mehr mit der gerade "gängigen" Realität zu tun haben, die von der herrschenden Macht festgelegt ist. Real kommt von "rex" und meint königlich. Und der König hatte in den alten Zeiten das Sagen, was Recht und Unrecht, wahr und falsch ist.

Es müssen also die alten Ansichten, die in Sagen und Mythen überliefert sind, in unser heutiges Weltbild übersetzt werden, um sie zu verstehen. Die Vernunft, sie beinhaltet das Wort "nun" und gebietet damit, was Hier und Jetzt, also nun, das richtige Weltbild ist. Es gibt jedoch auch einen zweiten Weg, der zwar reizvoll, aber auch gefährlich sein kann: Man begibt sich in das damalige Weltbild, läuft dabei aber Gefahr, den Bezug zur jetzigen Realität zu verlieren. Welchen Weg der Leser einschlägt, sei ihm selber überlassen; mit wenigstens einem Bein auf der Erde zu bleiben, sei aber empfohlen.

Beginnen wir also unseren Ausflug mit zwei Beinen stehend auf unserem Himmelskörper, genannt Erde. Obwohl wir dabei das Gefühl haben, stillzustehen, bewegen wir uns dabei aber doch ganz enorm, nämlich mit der Erde mit. Uns scheint im Alltag diese Bewegung kaum wirklich bewußt, haben wir den Alltag schon so verinnerlicht, daß eine Trennung des Wortes in All und Tag kaum in den Sinn kommt. Dennoch beschreibt dieses Wort eigentlich ganz gut die *täglichen* Bewegungen der Erde durch das *Weltall*.
Die Bewegungen, die von der Erde ausgeführt werden, sind nämlich Basis für Ablauf der Rhythmen und Perioden, die unser Leben und unsere Zeitrechnung bestimmen. Auf Basis des heliozentrischen Weltbildes kann die Erdbewegung als Zusammenwirken von drei verschiedenen Bewegungen beschrieben werden. *(Abb. 2)*

ABB. 2

Die Bewegungen der Erde

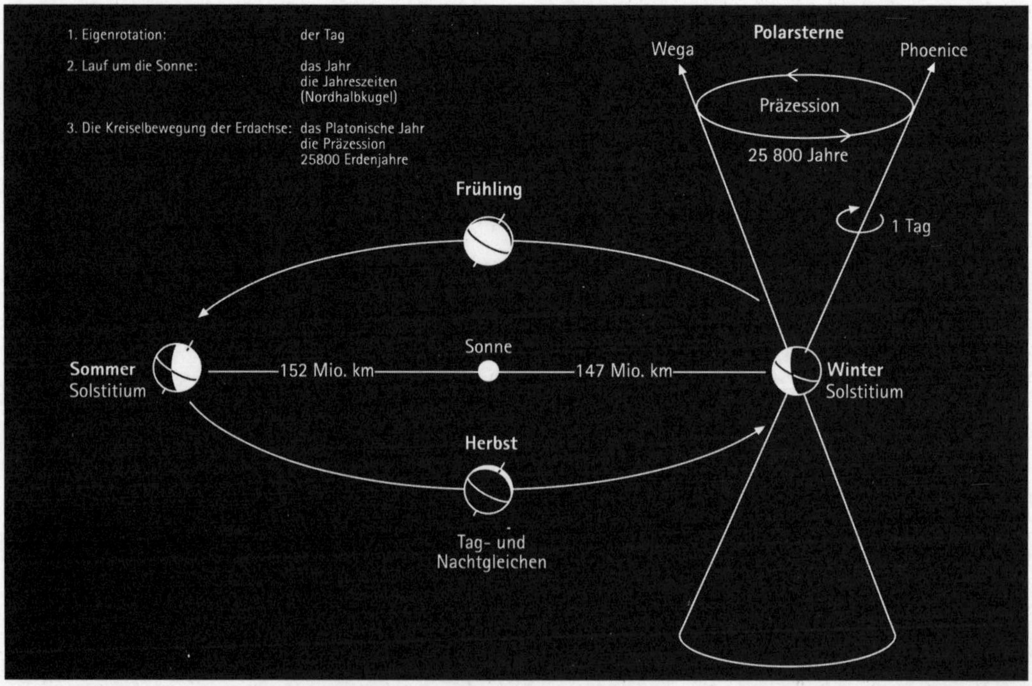

Die Erdrotation erzeugt so den Tag. Der Lauf der Erde um die Sonne ist Ursache für Jahr und Jahreszeiten, neben dem Mondlauf die wesentlichsten "Zeit erzeugenden" Faktoren für Kalender.
Die eingangs beschriebenen Bewegungen – Erdrotation und Sonnenumkreisung – sind jedoch nicht die einzigen, die die Erde betreffen. Es kommt nämlich noch eine wichtige Erdbewegung hinzu, die zwar relativ langsam, aber im Laufe von Generationen doch deutlich erkennbar abläuft.
Sie kennen doch sicherlich aus der Kindheit den Kreisel und erinnern sich an die taumelnden Tanzbewegungen während seines faszinierenden Ganges?

Die dritte Bewegung, der Kreisel

So ein ähnlicher Kreisel ist auch unsere Erde. Sie ist durch ihre Eigenrotation an den Polen etwas abgeflacht und am Äquator "bauchiger". Außerdem ist der Äquator zur Ebene der Planetenbahnen und zur Erdbahn um die Sonne um 23,5 Grad geneigt. Der Kreisel Erde "steht" gleichsam schief auf der Ebene der Planeten. Daher neigt sich auch im Lauf eines Jahres einmal der Nord- und einmal der Südpol zur Sonne. Dies bewirkt unsere Jahreszeiten, aber auch die beschriebene Kreiselbewegung, die Präzessionsbewegung genannt wird.
Die Rotationsachse Erde weist an irgendeinen Ort im Weltraum, so wie die Achse des Kinderkreisels an einen Punkt im Zimmer zeigt. Sitzt auf der Achse des Kinderkreisels ein Käfer, so wird sich – für den Käfer – das ganze Zimmer um den Käfer drehen. Bis auf einen Punkt, der genau ober der Kreiselachse ist. Ist dort zufällig die Deckenlampe, so steht sie still bzw. kreist für den Käfer nur um sich selbst. So ist es auch mit der Erde. Der Käfer ist ein Polarforscher, der gerade am Nordpol ist, und die Zimmerdecke ist der Himmel. Und was ist die Deckenlampe, auf die die Kreiselachse zufällig zeigt? Ist an diesem Ort des Himmels nämlich zufällig ein Stern, so ist das der Polarstern.

Der Kreiselkegel der Erdachse

Doch der Kreisel Erde tanzt wie der Kinderkreisel! Die Erdachse beschreibt also einen Doppelkegel und zeichnet in ungefähr 25 800 Jahren am nördlichen Himmel einen Kreis, auf dem – zufällig – vier gut sichtbare Sterne liegen. *(Abb. 3)*

Thuban – Polarstern vor 5500 Jahren

Derzeit zeigt die Erdachse zu Phoenice oder Alpha im Kleinen Bären (Ursae minoris), unserem heutigen Polarstern. Sie wird jedoch weiter wandern zu Alpha Cephei und in etwa 13 000 Jahren zu Wega zeigen, der dann "unser" Polarstern sein wird. Vor etwa 5 500 Jahren wies die Erdachse zu Thuban, dem Stern Alpha im Sternbild des Drachen (Draco). Dieser war zur Zeit des

ABB. 3

Der Präzessionskreis (25800 Jahre) Die Stellung der nördlichen Erdachse in jeweils 1000 Jahren+/-

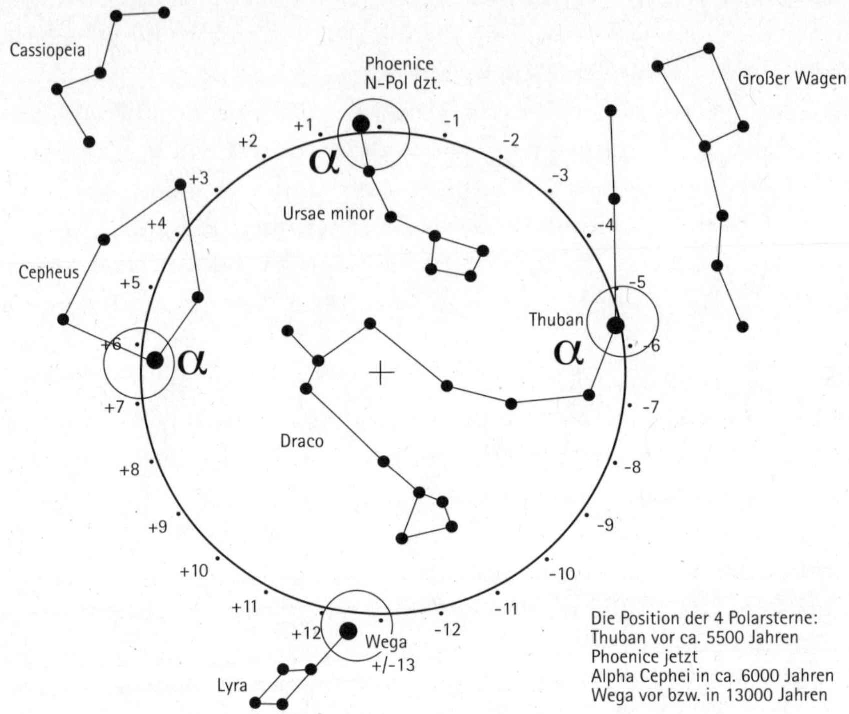

Die Position der 4 Polarsterne:
Thuban vor ca. 5500 Jahren
Phoenice jetzt
Alpha Cephei in ca. 6000 Jahren
Wega vor bzw. in 13000 Jahren

Pyramiden-Baues noch in etwa Polarstern. Die Ägyptologen haben endlich erkannt, daß die Nordausrichtung der Großen Pyramide nach Thuban erfolgt; in unserem Sternbild des Drachen sahen die Menschen dieser Zeit einen Schakal, was eindeutig aus Pyramiden-Texten hervorgeht und durch eine Reihe von Kulten belegt ist. (Siehe auch die Parallele zum diebischen Hund der Cherokesen, von dem gleich die Rede sein wird!)

"All"es dreht sich um den Polarstern

Thuban war vor fünf Jahrtausenden am Himmel der alten Ägypter der Polarstern, der sich nicht von der Stelle bewegte, um den sich alle anderen drehten und der sichere Orientierung während eines ganzen Jahres bot. So wie jetzt unser Polarstern es tut.
(Siehe Farbteil Abb. 4: Dauerbelichtung um Polarstern)

Sie sehen den Polarstern in einer Dauerbelichtung inmitten der konzentrischen Kreise. Ein ähnliches Bild sind wir zu sehen gewohnt auf Ansichtskarten von Städten bei Nacht: Die Lichter der vorbeifahrenden Autos erzeugen Lichtstreifen. Diese Lichtstreifen werden hier von Sternen erzeugt, die sich durch die Erdrotation um den Polarstern bewegen. Aus der

Länge der Lichtstreifen beziehungsweise aus der Größe des Winkels, den jeder Streifen zurückgelegt hat, kann man die Belichtungszeit des Fotos erkennen. Ein Winkel von 30 Grad ergibt daher 1/12 einer ganzen Umdrehung (eines Tages) und somit zwei Stunden Belichtungsdauer.
Diese Bewegung ist wohl irgendeinem unserer Vorfahren, wohl auch ohne Fotoapparat, aufgefallen und bewußt geworden. Um sie zu erkennen, braucht man jedoch im Zentrum einen Punkt, einen Stern, den man mit einer einfachen Stange oder einem Felsen anvisieren kann und der sich dadurch nicht von der Stelle bewegt. Dies war mit Thuban vor 5 500 Jahren der Fall. Und in diese Zeit fiel aber auch zufällig(?) die Entstehung der ersten großen Hochkulturen der Alten Welt; wahrscheinlich auch der Neuen Welt.

Milchstraße, Mühlenweg, dort, wo der Hund läuft, Brunelstraat

Die Menschen hatten einen fixen Orientierungspunkt am Himmel gefunden, der ihnen auch auf der Erde eben diese Orientierung gab. Sie sahen in dieser Rotation um den Polarstern eine große Mühle, die jedoch im Lauf der Jahrhunderte zerbrach – weil Thuban seine Stellung als Polarstern verlor! – und ins Meer fiel ... Sie mahlt seither Salz, und daher ist das Meer salzig.

Die Mühle

Diesen Mühlen-Mythos findet man in allen Kulturen der Nordhalbkugel. Uns am besten bekannt ist er aus der Sage des Hamlet oder Amlohdi, dessen Vater Orwendel im Besitz der sagenhaften Mühle war, jedoch vom Oheim ermordet und schließlich von Hamlet gerächt wurde. Der Ausgangspunkt des dramatischen Geschehens ist die Mühle.
Auch das Kalevala, das Epos der Finnen, das indische Mahabharata, das persische Schanahmeh, das Gilgamesch-Epos, der Mythos des Susa-no-wo der Japaner und das Ägyptische Totenbuch beschreiben diese Mühle. Ja, selbst indianische Märchen der Cherokesen Nordamerikas erzählen von einer Mühle, aus der ein Hund immerwährend Mehl stiehlt und dann über den Himmel davonläuft. Die Milchstraße heißt dort heute noch, anspielend auf die weiße Spur, die sozusagen eine heiße ist, "dort, wo der Hund läuft"! Denn verräterischerweise tropfte dem diebischen Hund bei der Flucht über den Himmel das Mehl aus dem Maul. Im alten Holländisch heißt die Milchstraße "Brunelstraat" – und Brunel, der "Braune", ist niemand Geringerer als das niederländische Gegenstück zum schlauen und diebischen Reineke Fuchs.
Es stellt sich die Frage, ob nicht am Ende unser Märchen "Der Wolf und die sieben Geißlein" mit diesem Mythos verwandt sein könnte. Immerhin kommt darin alles vor: der diebische Wolf, das Siebengestirn der Zirkumpolarsterne (also der Kleine oder der Große Wagen), das Mehl, in das der Wolf seine Pfoten taucht, die Uhr als Mühle der Zeit und das Versteck für das siebente Geißlein – die Wanduhr. Und schließlich der Mühlstein, mit dem im Bauch der Wolf zuletzt im Brunnen versinkt ...

Auch in den indischen Veden ist von Prinz Dhruva die Rede, der niemand anders als Thuban gewesen sein kann:

Prinz Dhruva stand fastend einen Monat lang auf einem Bein,
und die Tugend des Prinzen versetzte die Götter in Unruhe.
Gott betont:
"Zum erhabenen Sitz des Vishnu aufgestiegen,
sei mit mir vereint,
der ich mit der Seele des Universums identifiziert worden bin.
Sei wie folgt angeredet:
Die ewigen Sterne und die Bilder alle,
auch die Planeten werden um dich kreisen.
Du aber wirst unbeweglich stehen
als wie der Mühle Pfahl,
um den die Ochsen körnerdreschend gehen."

Die Tatsache, daß Thuban im alten Ägypten der Polarstern war, hat sich hoffentlich auch bei den Historikern herumgesprochen; sie sind ja oft nicht sternenkundig und stehen mit der Astronomie auf Kriegsfuß. So sollte es eigentlich bald ein flächendeckendes Umdenken geben über den Grund, warum die Hochkulturen in Ägypten – aber auch anderswo – untergegangen sind.
Mir jedenfalls erscheint es einleuchtend, daß Chaos ausbricht, wenn etwas so Entscheidendes eintritt: Der räumlich und in allen Zeichen (Hieroglyphen) kodierte fixe Orientierungspunkt (Polarstern) behält zwar weiterhin seine Funktion bei, kann sie jedoch zukünftig nicht erfüllen, weil er nicht mehr im Zentrum der Bewegung steht! Die Folge – Verwirrung!

Polarstern gibt Orientierung

Wenn man irgendwo an der Küste einen Leuchtturm versetzt und ein Kapitän weiß davon nichts, wird er mit seinem Schiff auf Grund laufen. Denn der gute Mann verläßt sich ja auf das Signal und seine (nunmehr untaugliche) Karte. So ähnlich mag es den Ägyptern ergangen sein, da die Polwanderung auf der Ebene der Ekliptik noch gravierendere Auswirkungen durch das Weiterwandern des Frühlingspunktes hatte.
Zur Zeit Thubans als Polarstern war der Stier das Sternbild, das man bei Tag- und Nachtgleiche – also zu Frühjahrsbeginn vor Sonnenaufgang – am Himmel sah. In den alten Kulturen ließ man meist den Frühlingsbeginn mit dem Beginn des neuen Jahres zusammenfallen.
Der Frühlingsbeginn ist auf der Nordhalbkugel ja zugleich mit dem Beginn des Erwachens der Natur nach dem Winterschlaf. Die Bäume grünen erneut,

die Tiere werfen ihre Jungen, alles Leben beginnt von neuem. Der Frühlingsbeginn war daher entscheidend für die Zählung der Jahre.
Der Aufgang der Sonne am Horizont ist bei der Tag- und Nachtgleiche auch viel genauer zu bestimmen als bei einem Solstitium. Bei einem Solstitium, wie der Name schon sagt, steht die Sonne am Aufgangspunkt des Horizontes über eine Woche fast ganz still, der exakt kürzeste Tag ist mit einer Peilung des Sonnenaufganges also nicht zu ermitteln. Ganz anders beim Frühlings-Äquinoktium: Da wandert die Sonne täglich um etwa einen Sonnendurchmesser weiter nach Norden. Eine Peilung mit Hilfe einfacher Vorrichtungen, die den Aufgangspunkt markieren, markieren so auch ziemlich genau den Frühlingsbeginn. Die Zählung der Tage bis zur Wiederkehr der Sonne zu diesem gepeilten Aufgangspunkt ist die Geburtsstunde des Kalenders. Das Prinzip ist die Peilung! Zahlreiche Megalithbauten zeugen von diesen Peilfunktionen. *(Siehe Farbteil Abb. 5a + b: Stonehenge, Lochstein)*

Die Peilung

Der Stier war das Sternbild, mit dem das Jahr im Frühling begann; zugleich das Zeichen und die maßgebliche Orientierung, mit denen die Zeit, die Länge des Jahres also, bestimmt wurde. Ähnlich wie heute der Widder-Punkt. Wenn der Stier vor der Sonne am Morgenhimmel stand, war es Frühling, und ein neues Jahr hob an. Zusätzliche Orientierung brachten Sirius und Orion. Die beiden waren Anzeichen für die nahende, für die Fruchtbarkeit des Bodens wichtige Nil-Überschwemmung. Also Symbol und Garant für reiche Ernte.
Im Verlauf von Jahrhunderten verschob sich durch die Präzessionsbewegung der Aufgang der Sterne gegenüber der tatsächlichen Tag- und Nachtgleiche im Frühling, was klimatische Veränderungen beim Aufgang des Stieres verursachte. Fazit: Die in den obligaten religiösen Handlungen auf die Sternenbewegungen abgestimmten astrologisch kodierten Kalenderdaten hatten keine Gültigkeit mehr! Man konnte sich folglich auf die (Sternen-) Priester nicht mehr verlassen. Die Priester wiederum vermochten ihre so lange gültigen, starren Regeln nicht zu ändern. Es kam zu religiösen Streitigkeiten, und schließlich gingen die Hochkulturen mitsamt ihrer Schrift und Überlieferung unter. Daher dauerte es im Fall der alten Ägypter Jahrtausende, bis wieder Licht auf ihr vergessenes Wissen fiel.

Durch die Präzession stimmen die Peilungen nicht mehr mit den rituellen Handlungen, in denen die Sterndaten kodiert sind, überein

Zeugnisse vom Menschen aus der Zeit Thubans respektive des Stiers finden wir jedoch nicht nur in Europa, Ägypten, Mesopotamien, China und Mittelamerika.
Um diese Zeit entstanden die ersten Hochkulturen der Nordhalbkugel, die eine auffällige Gemeinsamkeit hatten: Sie erzählen von einem Drachen, einer Schlange, einer Mühle, und sie hatten Stierkulte. Einzig die Chinesen und Mayas haben keine Stierkulte, gibt es in ihrem Sternenhimmel doch auch keinen Stier.

Die verschiedenen Namen der Sternbilder in den verschiedenen Kulturen.

Die Araber nennen den Stern Kochab (beta Ursae minoris), "Mühlzapfen", und die Sterne des Kleinen Bären, die den Nordpol umgeben, Fas el-rahha (das Loch des Mühlzapfens), weil sie gleichsam das Loch vorstellen, worin der Mühlzapfen umläuft, in dem sich der Zapfen des Taggleichers , dem Stern El-dschedi (Al-jadi, Ziegenbock, alpha Ursae minoris) ziemlich nahe, befindet

Al-Kazwini, arab. Kosmograph

„... quas nostri Septem soliti vocitare Triones."
(die wir gewöhnlich die sieben Dreschochsen nennen)

Cicero über die Wagensterne

Die Fixsterne bilden am Himmel ein chaotisches Muster von Lichtpunkten. Dem Chaos, dem Zufall, eine Ordnung zu geben ist eine grundlegende menschliche Fähigkeit, die dem Menschen hilft, die Welt zu verstehen. So faßte der Mensch auch die chaotischen Punktmuster der Fixsterne zu Gruppen zusammen, um sie durch diese "Formgebung" zu benennen und wiedererkennen zu können. Als Beispiel für die unterschiedliche Benennung und Deutung wollen wir den großen Wagen nehmen.
(Abb. 6. Ursa Major, der Große Bär, Kallisto) Das große Siebengestirn nennen nur die nordeuropäischen Kulturen den Großen Wagen, Thors großen Streitwagen. Die Nordamerikaner nennen ihn "big dipper", den großen Schöpflöffel, wegen seiner Form. Für die Inder sind es die sieben Rishis – sie halten die Weltachse. Die Araber erkennen im Großen Wagen einen Sarg, hinter dem die drei Klageweiber herlaufen. Im alten Rom hießen dieselben Sterne "Septemtriones", die sieben Dreschochsen, die immerwährend um die Mühle laufen. Septentrio war auch eine bis ins 18. Jh. gebräuchliche Bezeichnung für die Himmelsrichtung Norden, da sich der große Wagen ja immer im Norden befindet. Die Wagensterne bilden jedoch nur Schwanz und hintere Flanke der großen Bärin, von den Griechen Kallisto genannt, die niemals im Meer baden konnte, d.h. niemals unterging, sondern, weil ja zirkumpolar, das ganze Jahr über am Himmel zu sehen ist. Alle Bezeichnungen sind Beschreibungen ihrer Funktion als Zirkumpolarsterne: Sie gehen im Jahreslauf nie unter den Horizont unter (baden im Meer), sondern kreisen um ein Zentrum (Fluchtpunkt). Auch der Lauf des Orion in seiner Funktion als typisches Wintersternbild wurde bildhaft beschrieben:

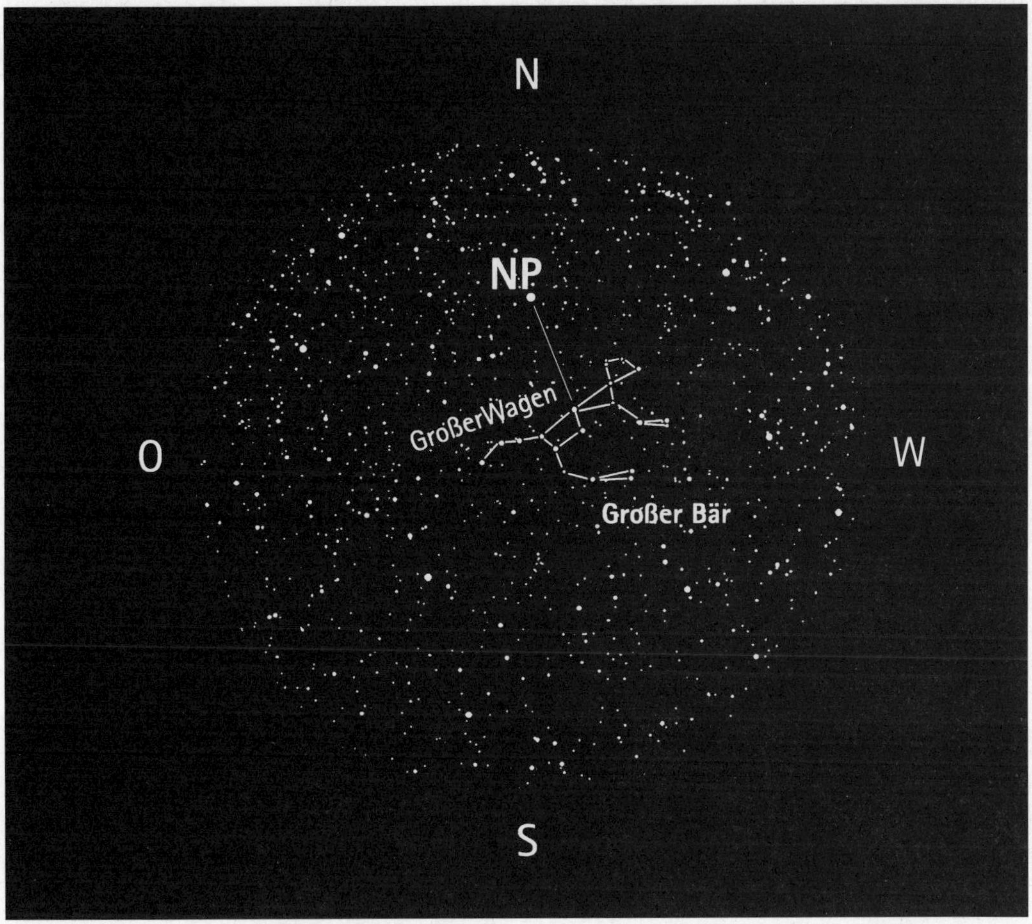

ABB. 6

Ursa major, der Große Bär, Kallisto

Im östlichen Meer ist ein Tier anzutreffen, das wie ein Ochse aussieht. Sein Körper ist grün, und es hat keine Hörner. Es hat nur einen Fuß. Wenn es sich aus dem Wasser hinein oder heraus bewegt, verursacht es Wind oder Regen. Sein Leuchten ähnelt dem von Sonne und Mond. Der Lärm, den es macht, ist wie der Donner. Sein Name ist K'uei. Nachdem der große Huang-ti es gefangen hatte, machte er eine Trommel aus seiner Haut. Er schlug sie mit dem Knochen des Donnertieres – den Lärm hörte man noch in einer Entfernung von 500 Li –, um dem Kaiserreich heilsame Furcht einzuflößen.

Marcel Granet, Dances et legendes de la Chiene ancienne

Most Japanese children learn the term "tsuzumi boshi" to visualize the constellation Orion. A "tsuzumi" is a Japanese drum whose origins date well before the Edo Era.

The winter drum, By Steve Renshaw and Saori Ihara

Bei den Mayas tritt ein einbeiniges Wesen mit dem Namen Hunrakan auf, dessen Name "Ein(s)-Bein bedeutet. Von ihm stammt unser Hurrikan ab.

H. v. D., Die Mühle des Hamlet über den Orion

Das alte Ritual der Wintertrommel *(Abb. 6a),* den Aufgang des Sternbilds Orion, war auch in der Schlußzeremonie der jüngsten Olympischen Winterspiele in Nagano, Japan, zu sehen.
Es sind alte, mythische Beschreibungen, die Auf- und Untergang des Orion mit dem Wetter der Jahreszeiten in zeitliche Verbindung bringen und heute in der Form des "Syndroms" noch immer üblich sind. "Dromos" heißt laufen, und man beschreibt eben die Dinge so, wie sie laufen. Schwarze Löcher sind ein Beispiel: Noch niemand hat ein schwarzes Loch gesehen. Sie sind Interpretationen von mathematischen Berechnungen, Deutungen und Versuche, sie so anschaulich wie möglich zu beschreiben. Was werden sich wohl zukünftige Astronomen über jene Erdlinge denken, die erstmals den Mond betraten und als schwarze Löcher bezeichneten, was über ihren "Ereignishorizont" hinausging und furchtbare Angst hatten, daß alles einmal in so ein schwarzes Loch stürzen werde. Diese ersten "Mondbesteiger" belächeln aber milde und überheblich die mittelalterliche Ansicht der Welt als flache Scheibe und die Angst, vom Rand der Scheibe hinunterzufallen. Wie die Welt letztendlich wirklich ist, werden wir wirklich nur letztendlich erfahren, nämlich dann, wenn das letzte Ende da ist, falls es überhaupt eines gibt.

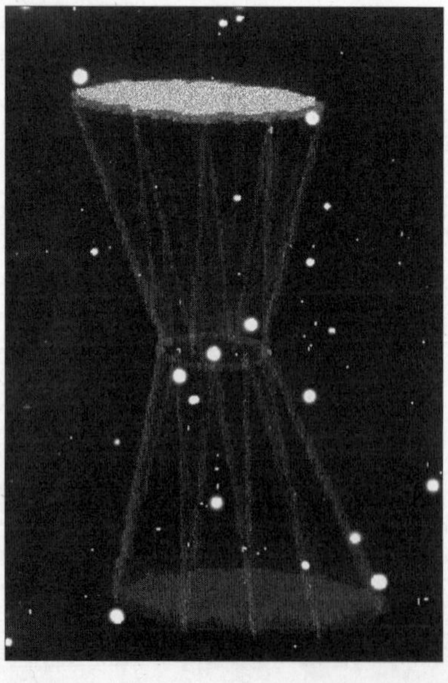

ABB. 6a

Die Wintertrommel Orion

Ilmarinen beugt', der Hämmerer,
An des dritten Tages Ende
Sich hinunter, um zu schauen
Hin zum untern Teil der Esse;
Sah den Sampo da entstehen,
Sah den bunten Deckel wachsen.
Amboßmeister Ilmarinen,
Urzeit-alter Schmiedemeister,
Schmiedete mit schnellen Schlägen,
Hämmert' hastig mit dem Hammer,
Schmiedete geschickt den Sampo:
Mehl malt er auf einer Seite;
Salz malt er auf einer andern,
Auf der dritten malt er Münzen.

... Nun war froh des Nordlands Alte,
Brachte bald den großen Sampo
In den Steinberg von Pohjola,
In den Schoß des Kupferhügels;
Hinter neun sehr starke Schlösser;
Wurzelte ihn ein mit Wurzeln
In die Erde tief neun Klafter;
Eine bis zum Mutterboden,
Eine stößt in Wasserwirbel,
In den Heimatberg die dritte.

Kalevala (das Finnische Hamlet-Epos), deutsche Übersetzung: Lore und Hans Fromm;
(Sampo ist der Name der Mühle, der Name hat auffallende Ähnlichkeit mit Samson, älter. Sampson)

Mit ausgestochenen Augen mußte Samson "die Mühle drehen im Gefängnis", bis ihn seine grausamen Häscher losketteten, damit er in ihrem Tempel "Spaß vor ihnen treibe" .... Mit letzter Kraft kann er die zwei Mittelsäulen umfassen und so den Tempel über den Köpfen der Philister einstürzen lassen.

Richter XVI. 21, H. v. D.

Fragen Sie doch einmal jemanden, wo Gott wohnt. Sie werden vermutlich die Antwort erhalten: Im Himmel, natürlich!
Alle sogenannten Hochkulturen beherbergen ihre Götter im Himmel. Nur

wenige, uns – wir sind eben arrogant! – primitiv erscheinende Völker mit Naturreligionen verehren sie in den Erscheinungen der Natur auf Erden; in Bäumen, Quellen und Flüssen, Bergen, Tieren oder Pflanzen.

Fragen wir weiter: Warum gibt es eigentlich keine Hochkultur *ohne* himmlische Gottheit(en)? Warum gab es auf der Südhalbkugel vor Christi Geburt bis auf die Inkas keine einzige Hochkultur in unserem definierten Sinn? Und die Inkas kamen nachweislich erst vor maximal 2 000 Jahren vom Norden, den Anden entlang, auf die Südhalbkugel.

Auf Südhalbkugel entstanden keine Hochkulturen

Die ältesten Funde von Menschen wurden südlich des Äquators gemacht, der erste Mensch entstand wohl auf der Südhalbkugel. Dennoch vermochte er dort keine Hochkultur in unserem Sinn zu errichten. Die Kultur der australischen Aborigines etwa, die vielleicht die älteste ist, soll mit dieser Äußerung keineswegs abgewertet werden! Wir definieren in unserem Sprachgebrauch jedoch Kultur in der Weise, daß die Aborigines als ein Naturvolk definiert sind. Sie verfügen folglich über keine Hochkultur mit den dazu *per definitionem* notwendigen Bauten, Städten, politischen Einheiten, mit Schrift und so weiter.

Was kann die Ursache dafür sein? Und wie kommt es zur seltsamen Ähnlichkeit etwa in ihrer eintönigen Musik mit der von Indios auf Feuerland? Die verfügen in der Tat über ein Volkslied mit nur einer einzigen Tonhöhe ... Die Chichorros, ein von Fischfang lebendes Volk im Süden Chiles, fertigten bereits vor 7000 Jahren, also lange vor den Ägyptern, aufs kunstvollste aus ihren Toten Mumien an, ein Totenkult, der einen Jenseitsglauben und Abstraktionsvermögen vermuten läßt, große Städte und eine Hochkultur brachten sie jedoch nicht zustande.

Auf der Nordhalbkugel entstanden die Hochkulturen zeitgleich mit dem Auftreten von Thuban als Polarstern

Um solche Fragen zu beantworten, lade ich Sie ein: Versetzen Sie sich in die Anfänge der Sternenbeobachtung zurück. Stellen Sie sich den ersten Menschen vor, der zum ersten Mal erkannte, daß es am Himmel einen Stern gibt, der sich nicht bewegt; der immer, jahrein, jahraus, zur Orientierung dient. Die Beobachtung dieses Sterns mittels einfachster Vorrichtungen – zum Beispiel mit zwei verschieden hohen Stangen oder der Peilung von einem fixen, markierten Punkt aus (einem Felsen vielleicht, auf dessen Spitze sich der Polarstern befand) – ließ den steinzeitlichen "Forscher" erkennen, wie etwa der Große Wagen nicht nur im Lauf eines Tages, sondern auch eines Jahres um "seinen" gefundenen geheimnisvollen Zentralstern kreist.

Er hat damit das Prinzip der Peilung entdeckt. Der damalige Polarstern Thuban gab ihm Orientierung als Zentrum der Kreisbewegung, die in den Mythen als Mühle beschrieben ist, als Weltachse, Weltenbaum usw. Zu erkennen ist diese Bewegung jedoch nur leicht, wenn im Zentrum ein Orientierungspunkt ist, eben ein Polarstern. Es ist ähnlich wie beim Zeichen eines Kreises, nur umgekehrt. Versuchen Sie einmal ohne Mittelpunkt einen Kreis zu zeichnen!

Das wesentliche ist jedoch: die ersten Astronomen hatten ein Zentrum gefunden, um das sich All-es dreht! Ein Zentrum, das immer Orientierung gibt, sich nie von der Stelle bewegt.

Der Drache und die Schlange am Beginn vieler Mythen

Viele alten Sagen beginnen mit einem Drachen, wie die des Siegfried, des Parzifal, und unzählige Märchen erzählen von diesem Ungeheuer. Ein Ungeheuer! Ein Wesen nicht von jetzt, von heuer, sondern von längst vergangener Zeit! Eben als der Drache herrschte, Thuban, der Drache, Polarstern war! Die Drachenzeit! Genauso wie man sagen könnte, in 13000 Jahren ist "Wega Zeit", und jetzt ist "Phoenice", weil die Schwanzspitze des Kleinen Bären der jetzige Polarstern ist!

Ein Symbol für Zentrum und Zeit, um das sich die Welt dreht!

Kein Wunder, daß dieses Zentrum auch Symbol für Jenseits im Glauben der Ägypter wurde. Der Tierkreis von Dendera zeigt an der Stelle, wo unser Drachen mit Thuban liegt, einen Schakal. Der schakalköpfige Gott Anubis bereitete die Toten vor bei ihrem Eintritt ins Jenseits und wog in der immer gleichen Zeremonie die Herzen. Bei den Mayas entfachte Quetzalcoatl mit einem Feuerquirl das Feuer am Himmel: Ebenso eine Beschreibung der Drehbewegung um den Pol! *(Abb. 7)*

ABB. 7

Ägyptischer Tierkreis von Dendera

ABB. 8

Anubis, der schakalköpfige Gott, bei der Zeremonie des Herzwägens aus dem Ägyptischen Totenbuch

Es spricht vieles dafür, daß das Prinzip Peilung und damit die Sternkunde von Männern entdeckt wurde. Es dürften anfangs wohl Hirten gewesen sein, die nachts die Sterne beobachteten und ihren Lauf erforschten. Die Benennung der Sternbilder mit durchaus eindeutig männlichen Symbolen deuten darauf hin. *(Abb. 9)*

Die Männer wurden sozusagen von der Natur mit einem eingebauten Peilgerät ausgestattet, die Astronomie war über Jahrtausende eine rein männliche Wissenschaft, und seit Beginn der Hochkulturen herrscht ein Patriarchat. Dies scheint sich nun auch in der Astronomie zu ändern: Eine Frau hat den ersten und wichtigsten Schritt in eine neue Dimension der Astronomie getan: die Radioastronomie.
Doch zurück zu den Anfängen, dem ersten Astronom oder Sternenforscher: Die Peilung von Sonnenaufgangspunkten am Horizont und die Zählung der Tage führte ihn zu einem einfachen Kalender. *(Abb. 10)*

ABB. 9

Goldenes Amulett aus Sizilien mit Sternsymbolen. Das Auge wird umkreist von Drache, Schwan, Schlange, Hahn, Hund, Löwe, Phallus, Scorpion, Blitz.

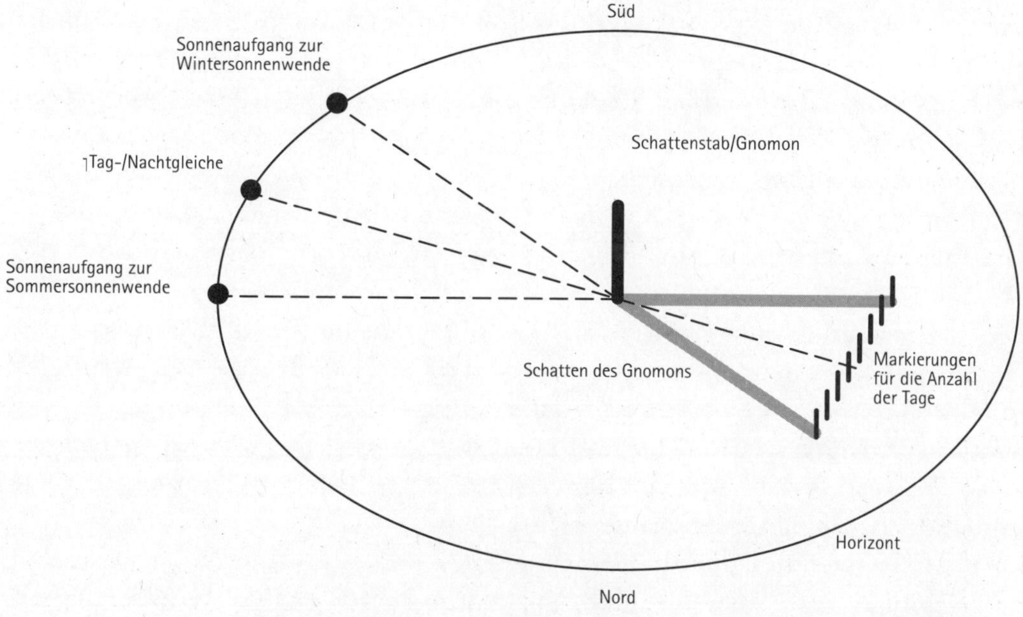

Um die ungefähre Anzahl der Tage des Jahres zu finden, wird bei Sonnenaufgang täglich eine Markierung am Ende des Schattens gemacht. Kommt der Schatten wieder zum Ausgangspunkt zurück, ist ein Jahr um und die Anzahl der Markierungen ergibt die Anzahl der Tage des Jahres.

ABB. 10

Steinzeitlicher Kalender mit Gnomon, End und Mittelpunkt des Schattenverlaufs ergeben die Kardinalpunkte des Jahres

Er beobachtete täglich den Sonnenaufgang und setzte in den langen Schatten eines Schattenstabes (Gnomon) ebenfalls täglich einen Stein, einen Stab, oder machte sonst irgendein Zeichen. Die Nachfolger dieser Schattenstäbe sind übrigens die Obelisken, Sonnenuhrzeiger, deren wahre Bedeutung über Jahrtausende verkannt wurde und die ihre jetzt noch existierenden Nachfolger vielleicht in unseren Maibäumen haben ... Unser steinzeitlicher "Sonnenuhrmacher" wird also im Lauf eines Jahres wieder zum Ausgangspunkt seiner Tageszählung zurückkommen. Und so hat er die ungefähre Anzahl der Tage eines Jahres ermittelt.

Die Zählung der Tage als Basis des Kalenders

Der erste Kalender ist somit entstanden. Die Richtung des Sonnenaufganges wird kodiert in Steinsetzungen oder Benennungen von Bergen, wie Sonnwendkogel usw. Es ist nur nötig, immer vom gleichen Ort aus zu beobachten.

Die alpenländischen Bräuche, die sich rund um den Maibaum ranken, weisen eindeutig auf seine ursprünglich kalendarische und zeitlich göttliche oder teuflische Funktion hin:
Ist doch eine unbedingt notwendige Figur beim Maibaumumschneiden die "Hobagoaß", eine furchterregende Ziege, die als wahrhaft saturnalische, satanische Erscheinung im Volksglauben oftmals die Ursache für die "Fraisn" – heute nennt man sie PANikattacke – galt. Auch der Christbaum setzt zur Wintersonnenwende die Tradition des Schattenstabes symbolhaft fort.

Das Prinzip der Peilung

Das Prinzip ist die Peilung! Und die Peilung des Mondes brachte wohl die größte Überraschung oder Erkenntnis. Neben seinen Sonnenbeobachtungen betrieb der Mensch bald auch solche, die den Mond betrafen, diesen fahlen Trabanten der Nacht, der ihn magisch in seinen Bann zog. Der Vollmond zieht ja dieselbe Bahn wie die Sonne ein halbes Jahr davor oder danach. Der Mond in gewisser Weise das genaue Gegenteil der Sonne. Dieses Interesse und die daraus resultierende Forschung führten zur Beobachtung von Finsternissen – die freilich auch (und nicht minder faszinierend) bei der Sonne zu sehen waren. Bald verstand er auch, solche Finsternisse vorherzusagen. Reduziert man eine Finsternis auf die Lage von Körpern im Raum, so ist eine Sonnenfinsternis im Prinzip auch eine Peilung: So wie beim Gewehr Kimme, Korn und Ziel auf einer Linie liegen, so liegen bei einer Sonnenfinsternis die Erde (mit dem Beobachter), Mond und Sonne auf einer Linie. Doch wie eine Finsternis vorhersagen?
Fast alle steinzeitlichen Kalender, wie Stonehenge und auch der steirische Teufelstein, haben Peilsteine oder Peilrichtungen, die ein Mondextrem anpeilen. Einen Punkt am Horizont, wo der Vollmond seinen nördlichsten oder

südlichsten Aufgangspunkt erreicht. Der Vollmond erreicht diesen Punkt alle ca. 18,6 Jahre durch die Nutation, die Präzession des Mondes, daraus ergibt sich die Sarosperiode, die Periode der Wiederkehr ähnlicher Finsternisse. Daß bereits die Babylonier eine Finsternis berechnen konnten, scheint ziemlich wahrscheinlich, berechneten sie doch die durchschnittliche synodische Mondperiode bereits auf 6 Stellen genau. Doch warum wissen wir nicht mehr darüber, wann und wer der erste war, der eine Finsternis vorhersagen konnte? – Hier beginnt der Zauber! Die Magie! Und Magie hat nur eine wichtige Grundregel, die jeder Zauberlehrling als erstes lernt. Kennen Sie sie? Nicht?
Ok! Hier ist sie: Sie dürfen sie nicht weitersagen!

ABB. 11

Sonnenfinsternis

Die ersten "Sonnen- oder Mondsüchtigen" entdeckten also Geheimnisse, die im wahrsten Sinn des Wortes hinter diesen Planeten lagen. Es scheint verständlich, daß den steinzeitlichen Astronomen – oder Himmelspriestern – jedwede Macht zugeschrieben und alle Bewunderung zuteil wurden. Konnten sie doch voraussehen und vorhersagen, wann sich der Lebensspender Sonne oder der bleiche nächtliche Mond verfinstern würden. Manche dachten vielleicht sogar, die Sonne gehorche den Befehlen des Priesterastronomen.

"Seine Majestät König Cheops verbrachte seine ganze Zeit damit, herauszufinden, wie viele geheime Kammern es im Heiligtum des Thot gab, um für seinen eigenen "Horizont" (Pyramide) etwas Ähnliches zu schaffen."
Dies ist im Papyrus Westcar im Ägyptischen Museum in Berlin zu lesen.
Warum hat Cheops wohl seine ganze Zeit mit dem Studium der Pyramide des Thot (Merkur) verbracht, dem Gott der Wissenschaft und Weisheit? Im Ägyptischen Totenbuch wird Thot wie folgt angerufen:
"...Gib, oh mächtiger Thot, daß das, was der Gott Atum verfügt hat, in Erfüllung gehe! Und nimm es nicht übel und laß dich nicht erzürnen, wenn sie ihre Jahre durcheinander werfen und herbeiströmen und die Reihenfolge der Monate in Unordnung bringen; denn in allem, was sie dir angetan haben, betreiben sie insgeheim Frevel!"

Die Finsternisprognose

Scheint wohl ein klarer Hinweis auf kalendarische Unstimmigkeiten zu sein.
Der Kalender aber, genau Kalenderaufzeichnungen, sind die Basis für Prognose von Finsternissen, die mit Bauwerken wie den Pyramiden sicher möglich waren.
Übrigens: Am 11. August 1999, genau zu Mittag, werden wir über Europa eine totale Sonnenfinsternis erleben. Sie wird uns ermöglichen, zur Tagesmitte die Sterne zu sehen. Und: Wir werden sehen, welchen Eindruck ein solches Ereignis auch auf den "aufgeklärten" Menschen des ausgehenden 20. Jahrhunderts haben wird. Ein halbes Jahr vor 2000!! ...
Die wohl älteste, in der Literatur beschriebene Vorhersage einer Finsternis ist von Herodot überliefert worden:
Als sie den Krieg auch im sechsten Jahre unentschieden fortsetzten, trat dies Ereignis ein:
Noch während der Schlacht wurde der Tag plötzlich zur Nacht.
Diesen Wechsel des Tages hatte Thales von Milet den Ioniern vorausgesagt."

Thales von Milet war jedoch sicher nicht der erste. Die Gründung der Stadt Persepolis steht in enger Beziehung zu einer totalen Finsternis im Jahr 521 v. Chr., die offenbar dem Perserkönig Darius bekannt war und die er für

Persepolis und Gizeh am 30. Breitengrad

seine politischen Zwecke nutzte. Persepolis liegt übrigens, genauso wie die Pyramiden von Gizeh, fast genau am 30. nördlichen Breitengrad. Die geringe Abweichung beider Orte vom genauen 30. Breitengrad nach Süden ergibt sich, wenn man den Winkel von 30° von der Polhöhe her aufsucht, aber die Refraktion, die Brechung der Lichtstrahlen durch die Atmosphäre nicht beachtet. Der 30. Breitengrad gewinnt auch dann eine besondere Bedeutung, wenn man die Kugelgestalt der Erde kennt. Er liegt in jener Ebene, die genau

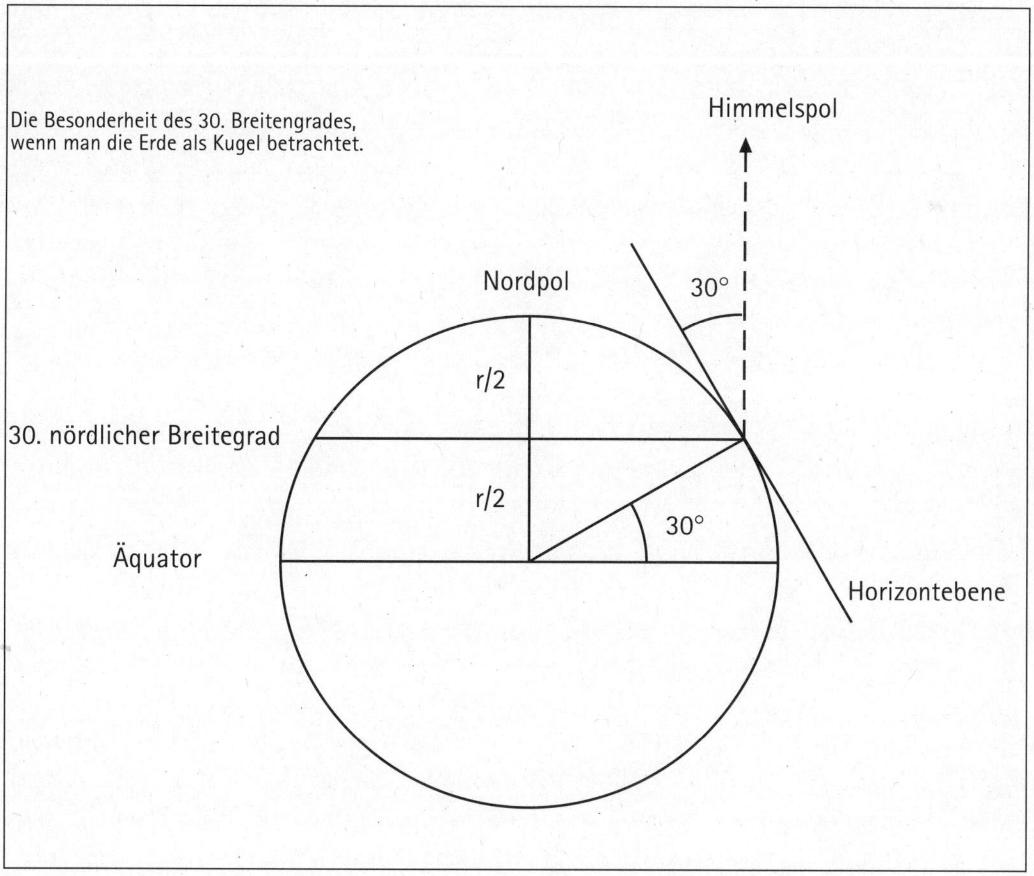

ABB. 12

30. Breitengrad
Er befindet sich auf der Ebene, die genau zwischen Nordpol und Erdmitte liegt.

zwischen Pol und Erdmittelpunkt liegt. *(Abb. 12)*

Es liegt nahe, daß bereits vor Aristoteles die Kugelgestalt der Erde bekannt war und lange vor Thales eine Finsternis vorhergesagt wurde.

Der erste Astronom, der eine Finsternis voraussagte, hat sich mittels seines Wissens bestimmt den Gestirnen sehr verbunden gefühlt. Diese Machtposition konnte er seiner Familie, seinem Stamm, seinem Volk gegenüber instrumentalisieren: Er wurde Politiker. Er wurde mächtig.

Macht manifestiert sich. Des Astronomen Status war ein illustrer. Der seiner ganzen Familie mit. Der Machterhalt mußte gepflegt werden. Es kam zum äußeren Sichtbarmachen seiner Macht: Der Astronom wurde Bauherr – er initiierte zum Beispiel den Bau der Pyramiden.
Sein geheimes Wissen indes wurde – bewußt oder automatisch – weitergegeben. Und zwar in Form kultischer, religiöser Handlungen. Geheim und in Ritualen und von Generation zu Generation.

Durch die Macht der Priesterastronomen entstehen die Götter im Himmel

Die zuvor in Form von Tier, Pflanze oder Gewässer personifizierten Götter erhielten in Sternen und Planeten ihre neue Ansprechform, sie bekamen ihren Platz im Himmel.
Ordnung ist fast zwangsläufig mit Hierarchie verbunden. Daher ist es auch nicht weiter verwunderlich, daß die beweglichen Himmelskörper wie Sonne, Mond und Planeten die höchsten Stellungen im Götterhimmel zugesprochen bekamen: Sie konnten sich ja bewegen, verfügten also über eigenen Willen. Die Fixsterne wurden hingegen zu Bildern zusammengefaßt, und der Tierkreis wurde so als Bühne installiert, auf der sich das Schauspiel der Götter vollzog.
Der Himmel wurde alsbald natürlich zum Spiegelbild der Erde; wie oben, so auch unten – "Wie im Himmel, so auch auf Erden" heißt es noch immer in unseren Gebeten. Hatten sich die Himmelspriester ihre Macht doch vom Himmel geholt, so projizierten sie diese Macht natürlich auch selbst wieder dort hinauf.
Die Geburt eines Kindes war gleichzeitig auch die eines Sternes. Je bedeutender etwa ein Herrscher war, um so stärker mußte seine Herrschaft auch mit Göttern (Sternen) belegt und abgesichert werden. Die Geschichte der Pharaonen ist übersät von Fälschungen ihrer Geburtsdaten, um nur ja ihre göttliche Herkunft mit einem astrologischen Ereignis, wie einer besonderen Planetenkonjunktion zu legitimieren. Die Herrscher auf Erden begründeten oft ihre Macht aus göttlicher Herkunft aus den Sternen. Und so ist auch Jesu Herkunft hergeleitet: als Gottes Sohn im Sternbild der Fische und dem Stern von Bethlehem. Jesus fuhr folgerichtig nach seinem Tod wieder in den Himmel auf, wo er jetzt noch "mit seinen himmlischen Heerscharen" sitzt. Doch davon später.

Warum entstanden auf der Südhalbkugel keine Megalithkulturen?

Über dem gesamten nördlichen Erdball können wir vor etwa 6000 Jahren beinahe synchron das Entstehen der Megalith-Kulturen beobachten. Sie verbreiteten sich über alle Kontinente des Nordens und kamen vor 2000 Jahren entlang der Anden im Reich der Inka ins heutige Peru, also auch südlich des

Äquators in eine Region, wo der nördliche Polarstern nicht zu sehen ist. Warum geschah das fast gleichzeitig auf allen Erdteilen nur auf der der nördlichen Hemisphäre? Warum gibt es im südlichen Afrika, in Australien und Neuseeland damals keine derartigen Hochkulturen mit entsprechenden Kalendern und einer hoch entwickelten Astronomie?
Es gibt keinen genetischen Unterschied zwischen den Völkern der südlichen Kontinente und denen des Nordens, der Mittelamerikaner und Indoeuropäer, der auf geringere Intelligenz der auf der Südhalbkugel lebenden Menschen schließen ließe. Sie sind der Bevölkerung im Norden intellektuell wie genetisch völlig gleich. Die Gehirnmasse der Menschen aller Völker zeigt seit Jahrtausenden keinerlei Unterschiede. Und trotzdem ist es denen im Süden nicht gelungen, eine ähnliche Kultur zu entwickeln wie die abendländische. Alle unsere Errungenschaften sind solche, die wir unserer etwa 6000 Jahre dauernden Kultur verdanken. Der Entwicklung der Zeichen, der Schrift und der Zahlen.

Kein Polarstern am südlichen Himmel

Zählen und Erzählen sind die Bausteine der Kultur. Welches sonstige Ereignis trat auf der Nordhalbkugel synchron mit der Entstehung von Hochkulturen auf?
Es war Thuban als nördlicher Polarstern, mit dem die Sternkunde begann, wie die alten Drachenmythen zeigen. Die Völker der Nordhalbkugel fanden im Sternenhimmel vor 6000 Jahren gleichsam einen leeren Sternenhimmel vor, den sie mit ihren Geschichten füllen konnten und der ihnen Halt und Orientierung bot; mit einem Stern, der sich nicht von der Stelle bewegte. In diesen Sternenhimmel hinein erzählten sie Geschichten, schrieben sie quasi mittels der Sterne ihre ewigen Mythen, wie wir sie bis heute kennen. Mythen, verankert in den Sternen, deren Zentrum Thuban war, der Polarstern und Kristallisationspunkt der Mythen vor 6 000 Jahren. Er war für sie das Zeichen für ein unverrückbares Zentrum; und wer diese Mitte gefunden hatte, der war im Besitz der Mühle und konnte auch an die politische Einigung seines Volkes herangehen. Er wußte, wo er war!
Das Märchen vom Rumpelstilzchen kommt mir hier immer in den Sinn und die Rumpelmühle und die Sonnwendfeuer und die Spule, mit der das Gold gesponnen wird.
Wer, wann, wo hieß das uralte Spiel, das im Rumpelstilzchen beschrieben wird, mit dem man jede Königstochter gewinnt.
Wer nun im Himmel einen unverrückbaren Anker findet, findet ihn auch auf der Erde. Warum aber geschah das nur auf der Nordhalbkugel? Kann eine Erklärung sein, daß es auf der Südhalbkugel keinen Polarstern gab? *(Abb. 13)*

ABB. 13

Der südliche Sternenhimmel

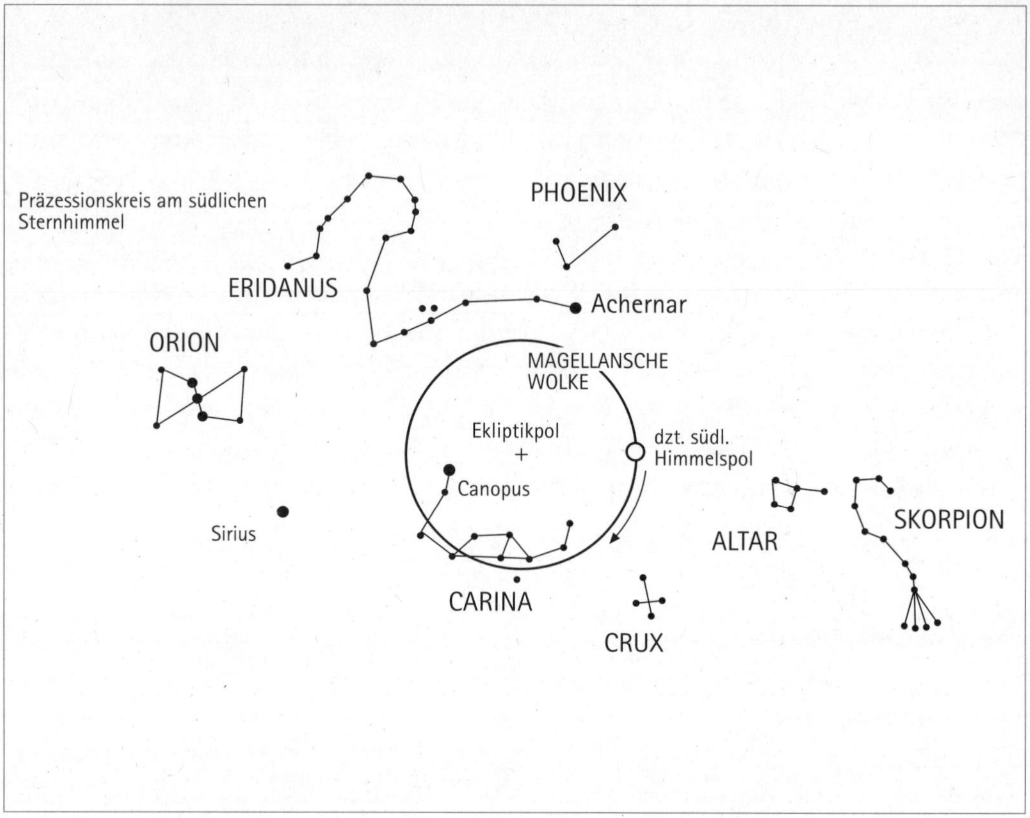

Auf dem südlichen Präzessionskreis der Erdachse gibt es tatsächlich keinen einzigen gut sichtbaren Stern, der im Lauf des 25 800jährigen Zyklus als Polarstern in Frage käme. Einzig Canopus wäre dazu geeignet, er ist jedoch räumlich – und somit auch zeitlich – zu weit entfernt.

Vor etwa 13 000 Jahren, während auf der Nordhalbkugel Wega der Polarstern war, stand auf der Südhalbkugel Canopus im Zentrum der "Mühle". Auf beiden Erdhälften waren die Menschen jedoch damals noch nicht in der Lage, Hochkulturen zu errichten. Es war eben für beide noch zu früh. Der Norden jedoch schaffte es ab Thuban. Der Süden versank gleichsam im Dunkel der aufeinanderfolgenden Tage – ohne die Chance, seine Geschichte rund um einen Polarstern im Sternenhimmel zu kodieren ... Die Menschen der Südhalbkugel konnten ihr Erlebtes zwar in Sternen festschreiben und so den folgenden Generationen erzählen.

Animismus

Der Norden konnte vor allem aus der Magie der Finsternisse Kapital schlagen oder zumindest die Kundigen und Mächtigen des Nordens durch die Bildung großer politischer Strukturen, die sich für die frühen Astronomen daraus ergab.

Es gibt bei den Aborigines ebenfalls zahlreiche Sternenmythen, die mit dem Lauf der Jahreszeiten zusammenhängen, doch sie kannten als Himmelsrichtungen nur Ost und West, das sie mit Geburt und Tod gleichsetzten. Begriffe wie Nord und Süd waren unbekannt, fehlte ihnen doch dazu der Orientierungspunkt, der Polarstern. Sie leben in der Gegenwart, doch ihre Vergangenheit ist in ihrer "Traumzeit" ständig ebenfalls präsent. Ihre Kultur kannte nur zwei Zahlen und kein Erzählen, keine Schrift in unserer intellektuellen Weise. Und – sie hatten keine Astronomen oder Sternenpriester, die Finsternisse vorhersagen konnten und so die ungeheure politische Macht entwickeln konnten, die nötig war, um riesige Städte zu errichten und ganze Völker zu regieren.

Noch einmal, dies soll keinesfalls heißen, diese Menschen seien minderwertig. Sie sind indes anders. Ihre Erkenntnisse sind uns freilich verschlossen. Die Aborigines Australiens, die Maoris Neuseelands und die afrikanischen Buschmänner haben wahrscheinlich Fähigkeiten emotioneller Art, die uns erschaudern ließen, könnten wir sie fühlen! Wir sollten daher diese Völker mit Respekt behandeln; könnte es doch sein, daß wir gerade ihre emotionellen Fähigkeiten noch dringend brauchen, wenn wir mit unserem intellektuellen Latein am Ende sind. Diese Völker haben Jahrtausende hindurch ihre Kultur ohne die politisch einigende Kraft eines Polarsterns bewahrt.
Es scheint, daß die Verteilung zwischen Nord und Süd nicht nur, was Land und Güter betrifft, sondern auch was die Polarsterne angeht, ungleich ist. Dies könnte womöglich für den Süden letztlich ein Vorteil sein: Die derzeitige Konzentration der Macht, des Geldes und die Zuspitzung der Zeit auf einen Punkt hin – diese Polarisierung auf Grund der politischen Situation, die wiederum durch Kalender und Sternenkonstellation bestimmt ist –, diese Konzentration und ihre mißlichen Folgen könnten uns bald schon einen sehnsüchtigen Blick auf die scheinbar eintönige Kultur der Aborigines werfen lassen. Und so manche werden glauben, dorthin "aussteigen" zu können. Doch so einfach streift niemand eine Jahrtausende alte Tradition ab und lernt, im Busch zu überleben.

Die Macht der Finsternisse

Über die Art und Weise, wie die Menschen der Nordhalbkugel der Antike den Himmel und die Sterne sahen, gibt es jede Menge Bücher, also wäre es sinnlos, dies alles hier zu wiederholen. Es ist ein Faktum, daß die megalithischen Hochkulturen über eine hochentwickelte Astronomie verfügten. Mit den Sonnenuhren der Ägypter, den Obelisken oder anderen Gnomons läßt sich bei genauer Aufzeichnung der Tage, des Laufes der Sonne und des Mondes innerhalb einiger Generationen erkennen, daß Finsternisse nur unter bestimmten Bedingungen auftreten. Diese Erkenntnis läßt dann natürlich auch ihre Prognose zu.

Stellen wir uns einmal bloß die Macht des ersten antiken Astronomen vor, der eine Sonnenfinsternis vorausberechnet hat, die dann auch tatsächlich eingetroffen ist! Er war nicht nur nach Ansicht seines Volkes mit den Mächten des Himmels im Bund – er mußte sich auch selbst so fühlen ... Ja, das war die Geburtsstunde der Priester und der Moment, an dem die Götter in den Himmel fuhren.

Eine Sonnenfinsternis vorherzusagen konnte für die antiken Astronomen nicht unmöglich sein, ja sogar höchstwahrscheinlich leicht möglich, wiederholen sich doch alle 18,6 Jahre (Lunation) die Mondextreme, d.h. die nördlichste oder südlichste Abweichung des Mondes, die in zahlreichen megalithischen Denkmälern kodiert sind. Die Finsternisse wiederholen sich regelmäßig im Saroszyklus (18 Jahre und 11 Tage), bedingt durch den Umlauf der Mondknoten, auch genannt Drachenpunkte. Wurde nicht eine Sonnenfinsternis mythisch oft so beschrieben, daß ein Drache die Sonne verschluckte?

Die Macht der Religionen entstand aus den Finsternissen und dem Kalender

Daß die frühen Priester ihr Wissen geheimhielten und es sogar politisch auszunützen verstanden, darf nicht verwundern. Es ließ sich ja mit diesem Wissen ein unwissendes Volk wunderbar regieren; heute wird mit weit weniger Wissen immer noch recht leicht geherrscht ... Nur: Die Vorhersagen mußten stimmen, und ein politisches System mußte entstehen, das auch den Untertanen zumindest das Überleben als Arbeitskräfte sicherte. Und die Kalender mußten stimmen. Das war das Hauptproblem und führte im Lauf der Jahrhunderte durch die Präzessionsbewegung zum Auf- und Untergang der Weltzeitalter.

Jede neue Ära entwickelte nicht nur neue Gesetze, sondern auch neue Kalender und Zeitrechnungen, wenn diese auch oft rückdatiert wurden. Jedes Herrschaftssystem nützte die Messung der Zeit als Instrument zur Führung der Untertanen, zur Disziplinierung also. "Du sollst den Tag des Herrn heiligen" ist eines der populärsten unter den kalendarischen Führungsinstrumenten, die wir kennen. Allen Religionen gelang es, durch die Festsetzung bestimmter Tage im Jahreslauf Regeln und Gesetze im Bewußtsein der Menschen zu verankern. Im Christentum geschah dies mittels der Floskel "Tut dies zu meinem Gedächtnis!" Doch auch jeder von uns feiert zum Beispiel seinen eigenen Geburtstag als wiederkehrendes, meist

unbewußtes Gedächtnis seines eigenen Lebens.
Das Christentum eroberte im Lauf der Zeit mittels seines Kalenders alle Bereiche des täglichen Lebens, besonders mit der Besetzung der Tage durch Heilige. Gefeiert wurden nicht die Geburtstage, sondern die Namenstage und christlichen Feiertage, und die Jahre wurden ab Christi Geburt gezählt. Damit schien die Zeit von Gott gegeben. Und die Menschen konnten darüber nicht mehr verfügen. Die derzeit schwelende Aufregung in Sachen "Sonntagsruhe" macht diesen Machtkampf durchaus bewußt.

Durch den religiösen Kalender wird die Zeit (von) Gott gegeben und ein Volk regierbar

Alle Religionen benutzten Zeit und Kalender als Herrschaftsinstrumente. Der Gregorianische Kalender, der Islamische Kalender, alle Kalender sind religiöser Art. Eine Ausnahme ist da vielleicht der Julianische Kalender, den Gaius Julius Caesar aus Ägypten mitbrachte. Er sollte endlich dem römischen Kalenderchaos ein Ende bereiten. So gab es damals den geflügelten Satz "Die Römer siegten zwar bei jeder Schlacht, doch wußten Sie nie, an welchem Tag." Der Julianische Kalender führte jedoch zuletzt zu einer gottähnlichen Verehrung der römischen Cäsaren. Denn sie bestimmten, welches Fest an welchem Tag zu feiern sei, und legten so den Jahreslauf fest.
Wir nehmen die Einteilung des Jahreslaufs als gottgegeben und können uns eben nur Wochen zu sieben Tagen vorstellen. Was wäre, die Woche zählte zehn Tage? Im alten Ägypten war dies der Fall.

Wird unser Kalender ewig so weiterlaufen? Oder scheint sich der starre alte Kalender aufzulösen? Große Firmen, die ihre Produktionsstätten rund um die Uhr auslasten möchten, nähern sich einem Zehner-Rhythmus an. Und manche Berufsgruppe – etwa in der Touristik oder im Verkehrswesen – kann Ostern oder Weihnachten nicht feiern, da sie da arbeiten müssen. Und mit etwas Sophistik darf festgestellt werden, daß gerade die in geistlichen Berufen Tätigen am Sonntag und an Festtagen die meiste Arbeit zu verrichten haben ...! Doch dies soll keine Feiertagsdiskussion sein – oder ist es bereits eine?!

Sie sagen, daß Saturn die Genitalien seines Vaters Caelus (Uranus) abgeschnitten hat und ins Meer geworfen hat und daß aus ihnen Venus geboren wurde, die nach dem Schaum (aphros), aus dem sie geformt wurde, den Namen Aphrodite erhielt.
Daraus schließen sie, daß, als das Chaos herrschte, keine Zeit existierte insofern, als Zeit ein festes Maß darstellt, welches von der Revolution des Himmels hergeleitet wird.
Dort beginne die Zeit; und mit dieser, so glaubt man, wurde Kronos geboren, der, wie bereits gesagt, mit Chronos identisch ist.

Macrobius (Sat. 1.8.6-7)

Von einem einmal aufgestellten Opferpfosten wird gesagt, er sei ein geschleuderter Donnerkeil, und noch allgemeiner:
"das Jahr ist ein Donnerkeil und ist ident mit dem Opferpfosten"
Besagter Donnerkeil hat schlechterdings nichts mit Blitz und Donner zu schaffen, sondern ist sozusagen ein Instrument zur Regulierung des Kalenders.
Der von Zeus' oder Indras' oder Vishnus' Keil getroffene Topos (Ort) ist der Punkt Null, von dem aus die himmlischen Bewegungen von Stund an gezählt werden.

H. v. Dechend, Prismata. Festschrift Willy Hartner.

Über die Veränderung der Wende- und Nachtgleichenpunkte gelangt nämlich Hipparch durch Vergleichung von zu seiner Zeit genau beobachteten Mondesfinsternissen mit solchen, welche noch früher von Timocharis (ca. 290 v.) beobachtet worden waren, zu dem Ergebnis, daß die Spika von den Herbstnachtgleichenpunkten gegen die Richtung der Zeichen zu seiner Zeit 8°, zu Timocharis' Zeit dagegen nahezu 2° entfernt stand.

Ptolemaios, Almagest

Der Mensch als Wesen, das gelernt hat, zu abstrahieren und zu kombinieren, erkannte natürlich auch in den periodischen Abläufen der Zeit Gesetzmäßigkeiten und Parallelen.
Der immer wiederkehrende Wechsel von Tag und Nacht, der Mondlauf und der Wandel der Jahreszeiten sind die von der Natur vorgegebenen Zeitabschnitte. Der Tag und wann nach Ablauf eines Jahres derselbe Tag

wiederkehrt, macht die Zeit meßbar. Wie mißt man aber diesen Tag? Wie erkennt man, wann derselbe Tag im Lauf der Sonne oder, wie wir jetzt sagen, im Lauf der Erde wiederkommt? Am Beginn der Megalithkulturen war dies mit Peilsteinen möglich. Der Ort, wo am Horizont die aufgehende Sonne erscheint, wird zum Maßstab. Die Zählung der Jahre, die Geschichte tritt damit ins Bewußtsein. Doch an welchen Tag des Jahres beginnt das neue Jahr? Auf der Nordhalbkugel gibt die Natur mit dem Frühlingsbeginn auch den Jahresbeginn vor. So begann logischerweise in der Antike das Jahr, wenn die Felder grünen, die Bäume sprießen, auf den Feldern die Aussaat erfolgt und die Tiere ihre Jungen gebären. Der Frühling!

Zur Zeit Thubans als Polarstern war Stier das Neujahrssternbild

Ein Tag des Frühlings läßt sich mit dem Schattenstab ganz leicht bestimmen. Die Frühlings-Tag- und Nachtgleiche. Durch den schnelleren Sonnenlauf läßt sich durch einen Schattenstab dieser Tag auch wesentlich genauer bestimmen als die Sonnenwende, wo die Sonne ja mehrere Tage stillsteht (Solstitium), der genaue Tag sich mit einem Schattenstab daher kaum ermitteln läßt. Die Frühlings-Tag- und Nachtgleiche wurde gleichsam für ewig Stichtag für den Neujahrsbeginn und Basis für die Zählung der Jahre.

Zum Beginn der Hochkulturen, als eben mit Thuban zum erstenmal ein Polarstern erstand und damit den Menschen zum erstenmal ein Stern als Fixpunkt des Kosmos ins Bewußtsein kam, war damit gleichzeitig das Prinzip der Peilung erfunden. Durch Peilung von Raum wurde Zeitrechnung möglich und wird bis heute nach diesem Prinzip gemacht.

Auch die Zeiger der Uhr peilen einen bestimmten Ort der Uhr (nämlich am Zifferblatt) und messen so die Zeit. Auch die heutigen Astronomen messen die genaue Jahreslänge mittels Sternpeilungen. Es ist ja nicht anders möglich, die genau gleiche Position wieder zu finden, an dem sich die Erde bei ihrer letzten Sonnenumrundung befand. Man kann ja im Weltraum auf der Bahn der Erde keinen Stipfel schlagen, wie die Bauern sagen. Es geht nur mit Peilung!

Am Beginn der Hochkulturen zur Zeit Thubans als Polarstern, also vor etwa 6000 Jahren, stand zur Frühlings-Tag- und Nachtgleiche, dem damaligen Neujahrstag, aber auch immer dasselbe Sternbild vor Sonnenaufgang am morgendlichen Sternenhimmel genau an jener Stelle, wo dann nach dem Morgengrauen (Aurora, Eos) die Sonne den eigentlichen Neujahrstag erhellte: Dieses Sternbild war der Stier! *(Abb. 14)*

Alle Neujahrstage begannen mit dem Stier. Alle Jahre begannen mit dem Stier. Der Stier bot so zugleich auch zeitliche Orientierung! Und Stier wurde so der älteste Kalenderkult der nördlichen Hemisphäre.

ABB. 14

Präzession TNG Stier

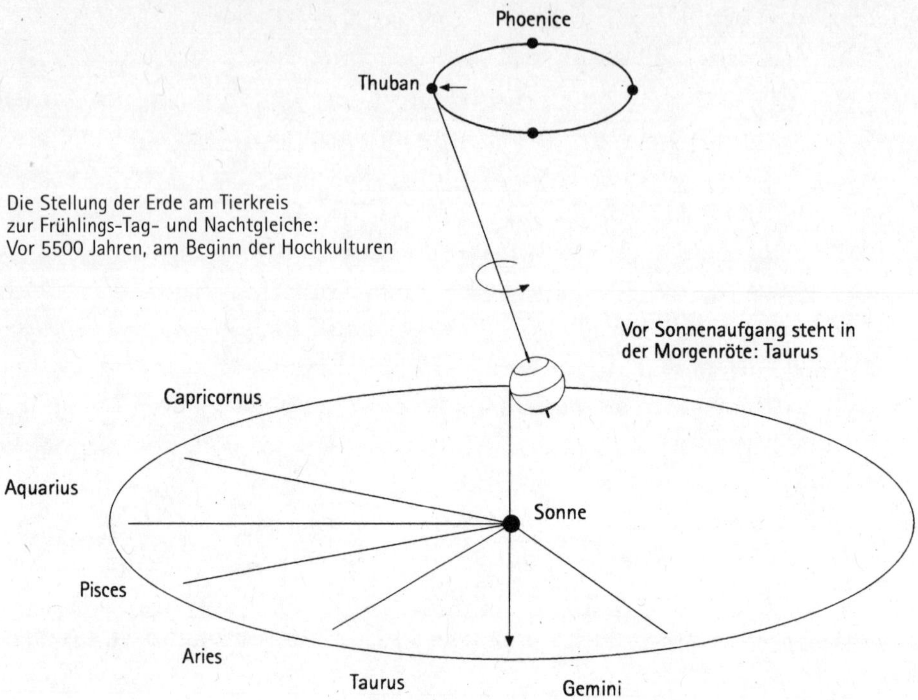

ABB. 15

Stier, heliakischer Aufgang

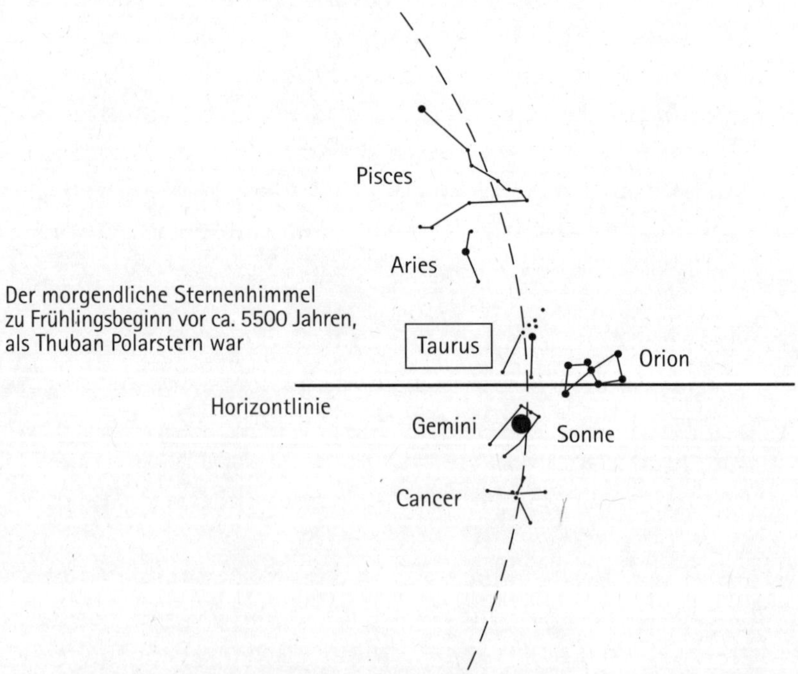

1. Das Zeitalter Stier

Stier gewordener,
auf deinem Rücken trägst du Europa
sternenumhüllt an fernes Gestade.

Ovid

Der Stier als Kult zieht sich durch fast alle Völker der Nordhalbkugel. Die minoische Kultur ist die älteste Kultur Europas und die Sage darüber sogar Namensgeber unseres Kontinents und unserer zukünftigen Währung, dem Euro. *(Siehe Farbteil Abb. 16: Zeus und Europa)*

Die Stierkulte: Baal, Apis, Nandhi, Goldenes Kalb, Minos, Minotaurus

In Ägypten ist der Stierkult in Memphis mit dem Apiskult besonders ausgeprägt, der, vermischt mit Osiris (Orion und Sirius) sich später zum Serapis-Kult wandelt.
Im indischen Mythos hat der Stier den Namen Nandhi; auf ihm reiten die Verkörperungen des Gottes Vishnu. Dies ist der Grund, warum die Kühe im Hinduismus als heilig gelten. In den Schöpfungsmythen der nordamerikanischen Indianer tritt der Stier als White Bull auf. In Mesopotamien ist dieser Kult als Baalskult ausgeprägt. Im Alten Testament entspricht er dem Goldenen Kalb, dessen Opferung ja Moses bekanntlich ein Ende zu bereiten versuchte. Der archaische Stierkult überlebte in zoroastrischen Kulten und war als Mithraskult besonders bei römischen Legionen beliebt und verbreitete sich an die Grenzen des römischen Kaiserreiches. Vieles davon wurde ins Christentum übernommen, auch die zentrale Gebetsformel der Stiertötung, die lautete: "Wer nicht von meinem Blut trinkt, der wird das Heil nicht haben." Die Mithräer legten auch besonderen Wert auf die Ausrichtung und Anordnung ihrer Heiligtümer nach dem Lauf der Sonne. Allerlei Lichtspiele der Sonnenstrahlen, die je nach Sonnenstand für besondere Magie sorgten, wurden für religiöse Zwecke genutzt. Auch hier finden sich zahllose Parallelen in katholischen Kirchen. Als letztes religiöses Relikt lebt der Stierkult noch in den Stierkämpfen der Arenen Spaniens und Mexikos und den Sonnentemplern. "Kein Wunder, daß die letzten Sonnentempler die Erde verlassen, ist ihre Zeit doch schon mindestens 4000 Jahre vorbei", könnte hier ein ironischer Kommentar zu den jüngsten Massenselbstmorden dieser Sekte lauten.

2. Das Zeitalter Widder

Goldfelliger,
hoch durch die Lüfte Hinreitender,
du bist zum Opfer bestimmt.

Ovid

Durch die Präzessionsbewegung wanderte nicht nur die Erdachse am nördlichen Himmelspol, und Thuban verlor somit seine Stellung als Polarstern, gleichzeitig verschob sich auch das Neujahrssternbild, d.h., am Morgen der Frühlings-Tag- und Nachtgleiche löste der Widder den Stier ab.
Der Wandel der Frühlingssternbilder ist in der dritten Bewegung der Erde begründet, der Präzession. Und diese dritte Bewegung ermöglicht auch eine dritte Maßmöglichkeit der Zeit, eine dritte Dimension der Zeit, die in den Weltzeitaltern, Religionen und Kulten ihren Ausdruck fand.
Nach dem Stier stand also vor etwa 4000 Jahren der Widder vor Sonnenaufgang am Himmel des ersten Neujahrstages. Der Widder gab zeitliche Orientierung für den Beginn des neuen Jahres.

ABB. 17

Präzession Aries

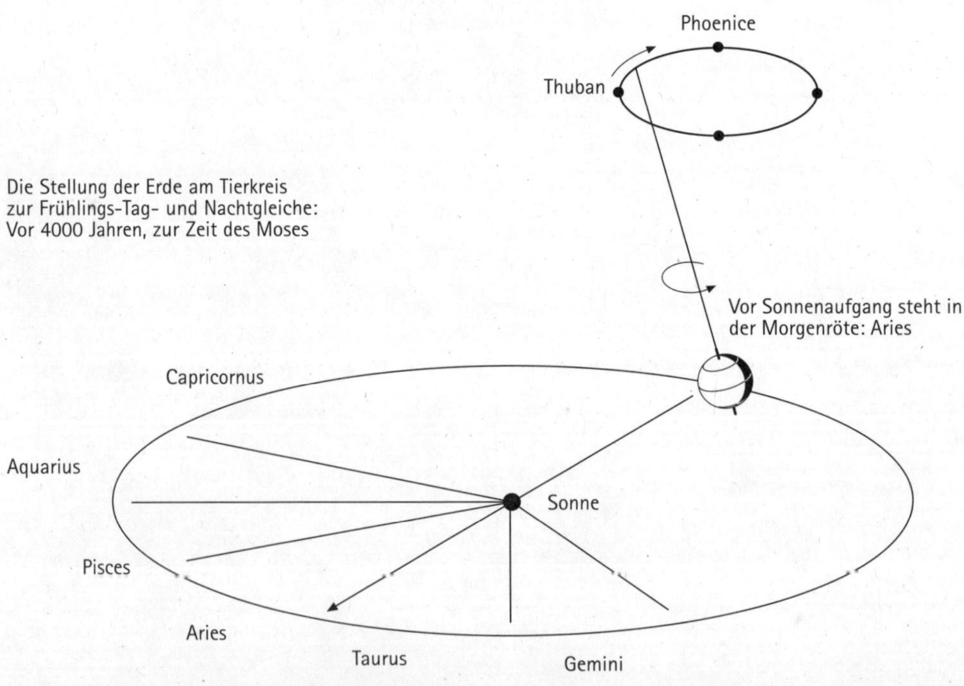

ABB. 18

Widder, heliakischer Aufgang

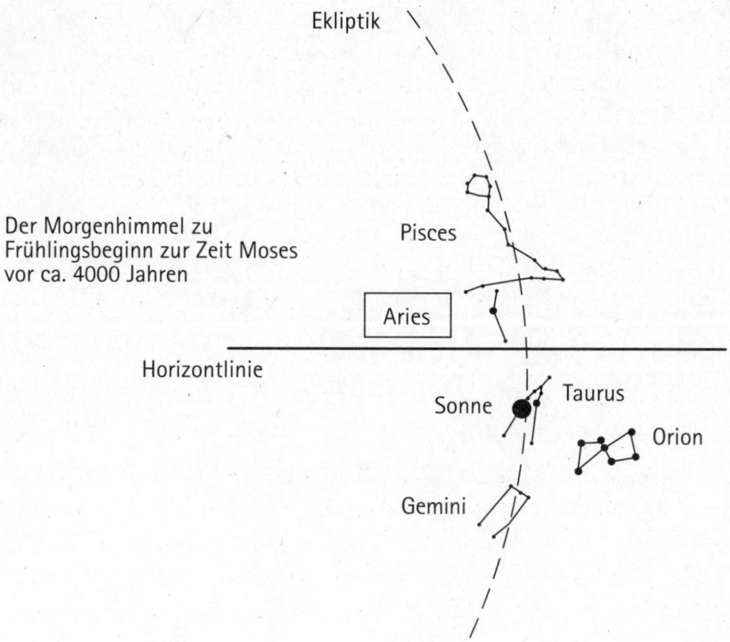

Die Widderkulte: Moses, Kai Chosrau, Amun, Goldenes Vlies, Argonauten

Der Widder löste den Stier auch in den Kulten ab. So folgte in der jüdischen Tradition auf das Goldene Kalb die mosaische Religion mit den verschiedenen Widdersymbolen. Die häufige Darstellung des Moses mit Widderhörnern geht auf diese Vorstellung zurück; brachte Moses doch das neue Zeitalter "Widder". *(Siehe Farbteil Abb. 19: Moses (Michelangelo)*

Die Bibel berichtet, daß er die Tafeln des neuen Gesetzes am Goldenen Kalb zerschlägt, woran wohl sonst als an Taurus, dem himmlischen Stier, dessen Sternstunde untergegangen war.
(Siehe Farbteil Abb. 20: Moses und das Goldene Kalb aus der Vorauer Volksbibel)

In Ägypten entsprechen der neuen Stunde der Tierkreisuhr die Kulte um die Widder-Sphinxe von Karnak und die neue Tracht und Namengebung der Pharaonen mit AMUN oder AMEN. Der Name wurde Synonym für das schneckenförmige Widderhorn. Ammoniten nennt man daher auch die Versteinerungen der schneckenförmigen Gehäuse des Nautilus.
(Siehe Farbteil Abb. 21: Widdersphinxe Karnak)
Im griechischen Mythos entstand das Goldene Vlies im Zentrum der Argonautensage: Sie handelt vom Zeitraum zwischen dem "Feuer speienden"

Stier und den heraufkommenden eisernen Männern – eine Anspielung auf die Vorzeit, Taurus, und die Zukunft, Pisces, das eiserne Zeitalter.
"Mit dem Goldenen Vlies an Bord mußten die Argonauten die Symplegaden durchqueren, die zusammenschlagenden Felsen. Wenn ein Schiff mit seiner Besatzung erst einmal durchgekommen war, würden die Symplegaden – so hatten es die ‚Seligen' vor langer Zeit beschlossen – in ihrer Erstarrung bleiben und keine zusammenschlagenden Felsen mehr sein. Nach dieser neuen Anerkennung der neuen Gesetze ... würden sie allen weiteren Schiffen eine leichte Durchfahrt gewähren. Dies ist eine Station der ‚Wege öffnenden' Reise der Argonauten, die – das Goldene Vlies eines Widders transportierend – ... unternommen wurde, um das Zeitalter Widder einzuleiten."
So lautet die "kalendarische" Botschaft der Argonautensage, der Sage über den Aries. Eine Art Himmelstür für die griechischen Seefahrer des Widderzeitalters.
Was hier die Symplegaden, also Felsen sind, die nicht mehr zusammenschlagen, das entspricht, bloß umgekehrt, den wohl zusammenschlagenden Fluten des Roten Meeres auf dem biblischen Weg des Moses beim Exodus aus Ägypten ins Heilige Land. Hinter den Juden kam nämlich keiner mehr durch. Das neue Gesetz holte Moses von einem anderen Felsen, nämlich dem Berg Sinai.

Es gab jedoch noch andere "Arier", so den persischen Kai Chosrau:
"Die ganze Welt ist mein Königreich. Mein ist alles, von den Fischen bis hinab zum Haupt des Stiers." Dies ist der Ausruf des Schah Kai Chosrau bei seiner Inthronisation in Firdausis persischem Königsepos Shanameh. Was meinte er wohl sonst als das Zeitalter Widder, es liegt ja zwischen Stier und Fische!

"Schlummere nicht länger! Wirf den süßen Schlaf ab, und denke an die Zeiten, die kommen werden, denn von heute an wird sich alles ändern, es werden neue Festtage und Sitten die alten ablösen, denn heute nacht wurde Kai Chosrau geboren." Das war die Formel, die im persischen Königsepos Shanameh das neue Gesetz und die neue Zeit ausrief.
Das Zeitalter Aries, das im Abendland noch bis ins späte Mittelalter mit dem Orden des Goldenen Vlieses, zu bewundern in der Schatzkammer zu Wien, machtvoll wirkte und 1945 mit einem anderen Arier hoffentlich auch politisch ausklang. Daß es noch immer (aus der Zeit?) Verrückte gibt, die sich Arier oder Arianer nennen, macht irgendwie deutlich, daß diese (um einige Jahrtausende) zurückgeblieben sind.

3. Das Zeitalter Fische

Fisch gewordene,
ihr stürzt, vom rasenden Typhon verfolgt,
in des (palästinischen) Euphrats errettende Flut.

Ovid

Nach wiederum etwa 2000 Jahren hat sich das Frühjahrssternbild weiter verschoben, und die Fische standen am Beginn des neuen Jahres.

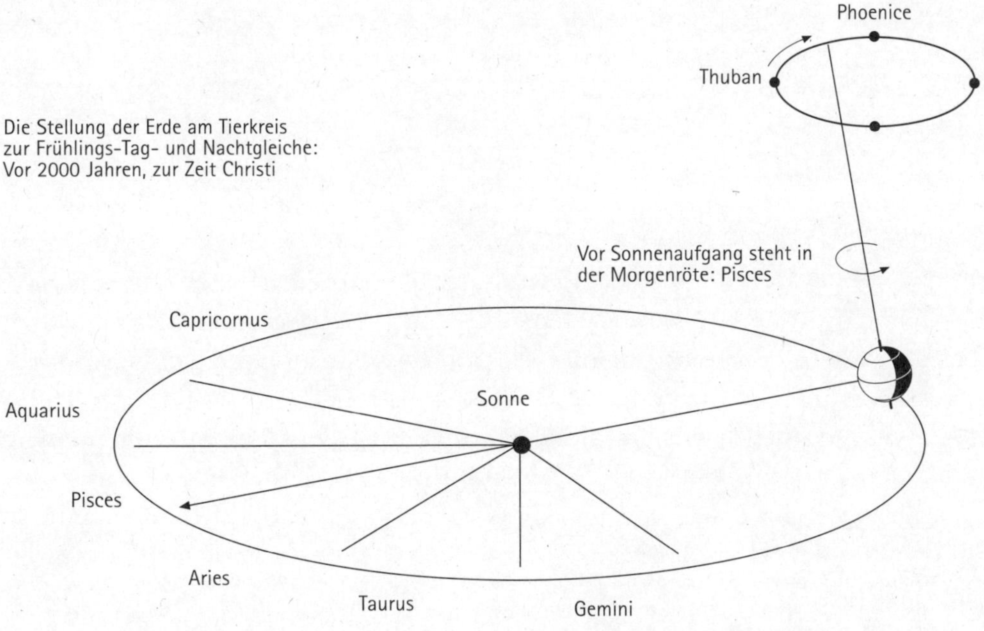

ABB. 22

Präzession Fische

Vor etwa 2500 Jahren kommt es, fast zeitgleich auf der ganzen Nordhalbkugel, zu neuen geistigen Ideen und philosophischen und religiösen Schulen. Ihre Lehrer sind Laotse, Zarathustra, Konfuzius und Buddha, die am Beginn des Kali Yuga (eisernes Zeitalter) stehen. Die Schule der abendländischen Philosophie um Aristoteles und Plato verkündete das Fische- Zeitalter, und es entspricht dem Beginn des neuen eisernen Zeitalters. Karl Jaspers und auch der österreichische Physiker Pietschmann sprechen von der Achsenzeit

ABB. 23

Fische, heliakischer Aufgang

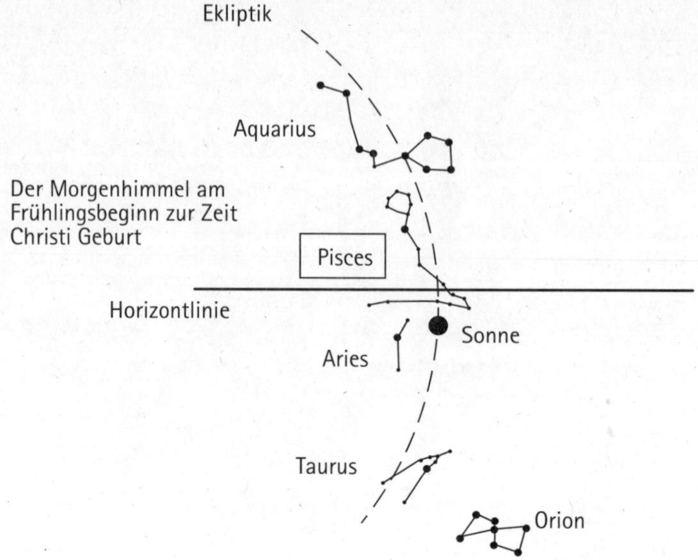

oder dem Achsensprung. Was sonst ist hier gemeint als das Wandern der Erdachse in eine neue Sternstunde?

Die griechischen Philosophen

Hier sei bemerkt, daß es auffällig ist, daß besonders Physiker mit zunehmendem Alter beginnen, sich mit Philosophie und Mythen zu beschäftigen. Dies war bei Newton so und scheint sich bei Hawking und Pietschmann fortzusetzen. Was meinen die heutigen Physiker wohl bei den Alten finden zu können? Neue naturwissenschaftliche Erkenntnisse wohl nicht, aber vielleicht Strategien und Modelle für das Verständnis der Welt. Und vor allem eine Basis! – eine Basis für den geschichtlichen Beginn der Wissenschaft. Die Philosophie des Abendlandes.

Abendland – Morgenland

Das Abendland nimmt nämlich eine etwas andere Entwicklung als das Morgenland. Es kommt nämlich in Persien mit Darius zu einer Neuorientierung des Jahresbeginns zur Sommersonnenwende mit einer spektakulären Sonnenfinsternis am 10. Juni 521 v. und einer dreifachen (Großen) Konjunktion von Jupiter und Saturn in der Jungfrau im Jahre 522 v., die Darius politisch mit der Gründung von Persepolis zu nutzen verstand. Damit kam es auch zur "zeitrechnerischen" Spaltung zwischen Abend- und Morgenland. Nicht nur die Schlacht Alexanders bei Issos (333 Keilerei) ist ausschlaggebend für diese Trennung, sondern auch die Zeitrechnung. Der Osten orientiert sich vorerst an Sommersonnenwende und Jungfrau, dem

Sternbild, das im Westen aufging, während der Widder im Osten durch die Präzession unterging. Später orientiert sich das Morgenland kalendarisch unter dem Einfluß des Islam nur mehr am Mond. Die morgenländische Zeitrechnung ist nach dem Untergang des Darius und seiner Nachfolger vom Islam und seinem ganz nach dem Mond ausgerichteten Kalender überlagert worden und hat so den Bezug zum Sonnenlauf und den Jahreszeiten verloren. Nicht zufällig ist das Symbol des Islam daher auch der Mond.

Der Mondlauf oder besser derjenige, der für sich in Anspruch nimmt, den ersten Mond (das erste Erscheinen der Mondsichel nach Neumond) auszurufen, hat das eigentliche, auch politische Sagen in islamischen Ländern. Diese Macht wird offensichtlich am Ende des Fastenmonates Ramadan. Besonders bewußt wird diese Skurrilität, wenn Moslems zu Ende Ramadan alljährlich an astronomischen Instituten erscheinen und um schriftliche Bestätigungen ersuchen, wann genau Neumond ist. Auf diese Weise ist es ihnen nämlich schon einen Tag früher erlaubt, das Ende des Fastenmonats zu feiern, etwas, was sonst als grober Verstoß gegen das Fastengebot gilt und drakonisch bestraft wird. In manchen islamischen Ländern steigen solche "Mondsucher" sogar in Flugzeuge, um durch die klarere Sicht und größere Höhe als erste den jungen Mond und damit Ende Ramadan ausrufen zu können.

Soweit das Morgenland, doch auch der Okzident hat seine kalendarischen Besonderheiten.

Auch das Abendland gibt seine zeitliche Orientierung am Frühlingsäquinoktium auf. Ursache ist wahrscheinlich der Julianische Kalender Cäsars, der den Jahreswechsel zur Wintersonnenwende verlegte, um seine meist "mithräischen" Soldaten bei Laune zu halten. Der Frühlingsbeginn, die Iden des März, wurden für Cäsar dennoch schicksalhaft, wie für viele weitere, mußte er doch da sein Leben lassen bei einem Mord, der beinahe rituellen Charakter hatte. Sein Name aber lebte weiter im Wort Kaiser und Zar, ebenso wie sein Kalender.

Jesus, der Zeitenwender des Fische-Zeitalters

Die katholische Kirche übernimmt im wesentlichen Cäsars Kalender. Jesus, als das Licht der Welt, kommt so symbolisch in der längsten Nacht zur Welt. Als Zeichen des neuen Zeitalters werden die Fische (griech.-lat. ICHTHYS) zum ersten Piktogramm der Christen und wurden mit Widderblut auf Wände und Türen gemalt.

Die Große Jupiter-Saturn-Konjunktion in den Fischen, tatsächlich bereits

ABB. 25

ICHTHYS = Fisch (griechisch)

ICHTHYS

(griech. Fisch)

Iesous **CH**ristos **TH**eou **HY**ios **S**oter

(Jesus Christus, Gottes Sohn Heiland)

IHS

In **H**oc **S**igno

(unter diesen Zeichen)

♓

(Sternzeichen Fische)

im Jahre 7 vor der Zeitenwende, wurde zum Stern von Bethlehem, der zeitlich - mythisch die Geburt Jesu markiert, der Jahreswechsel blieb jedoch wie im Julianischen, so auch im Gregorianischen Kalender bei der Wintersonnenwende. Die ursprüngliche Verknüpfung der Neujahrskulte mit dem Frühlingssternbild geht damit verloren.

Die christlichen Fische-Symbole

Obwohl die Fische für das Christentum das bestimmende Symbol für das neue Zeitalter wurden, blieb doch vieles von der Vergangenheit erhalten. Um sich vom Judentum abzugrenzen, wurde zwar das Alte Testament vorübergehend sogar verboten, der Widder, als Opferlamm aber doch wichtiges weiteres Symbol für Jesus. War doch das Sternbild Widder zur Zeit Jesu am Morgen zu Frühlingsbeginn der Sonne bereits untergegangen, geopfert, wie die Alten es verstanden! Die vielen Fische Symbole, die Apostel als Menschenfischer, die Schuhe des Fischers, in denen der Papst auf Erden schreitet, usw. deuten auf die zeitliche Orientierung des Christentums auf das Fische-Zeitalter hin.

Bekommt hier gar die Offenbarung des Johannes mit der Ankündigung einer

Endzeit, auf die ja eine neue Zeit folgen muß, die natürlich mit einem ersten, sprich "jüngsten Tag" beginnt, eine reale kalendarische Bedeutung als phantasievolle Beschreibung der Sternbilder zum Morgen des Frühlingsbeginns? Was meint Johannes mit dem Drachen, der gebärenden Frau, dem Engel an den Wassern mit dem Mühlstein und dem Tier, das brüllt wie ein Löwe und aus dem Meer steigt? Beschreibt Johannes nicht bildhaft die Präzession des Frühlingsäquinoktiums und wie 2000 Jahre nach seiner Zeit der Wassermann in der Morgenröte steht, während zugleich im Westen der Löwe sich erhebt? Sind das Fehlinterpretationen und unterliegt man hier denselben Irrtümern wie Adson von Melk in Umberto Ecos Roman "Der Name der Rose" oder gar jenen der Rosenkreuzer im "Foucault'schem Pendel"?

4. Das Zeitalter Wassermann

Hüter der Quellen,
auf ewig Wasserspendender, du,
öffne die Reusen der Sterne.

Ovid

Je mehr eine Kultur begreift, daß ihr aktuelles Weltbild eine Fiktion ist, desto höher ist ihr wissenschaftliches Niveau.

Albert Einstein

Wie ist das Universum beschaffen? ... woher kommt es, woher kommen wir? ... Indem wir versuchen, diese Fragen zu beantworten, machen wir uns ein "Weltbild" zu eigen. Nicht anders als der unendliche Turm von Riesenschildkröten, auf dem die flache Erde ruht, ist auch die Superstringtheorie ein solches Weltbild.

"Eine kleine Geschichte der Zeit", Stephen W. Hawking

Durch das Wandern der Erdachse um das Sternbild des Drachen hat sich die Erdachse nun so weit an den Deichselstern des kleinen Wagens angenähert, daß fast unbemerkt ein neuer Polarstern entstanden ist: Phoenice, Polaris, Alpha Ursae minoris.
Wir haben also wieder einen nördlichen Polarstern, etwas, worauf der Südhimmel mit Canopus noch ca. zwölf Jahrtausende warten muß.

ABB. 26

Präzession Aquarius

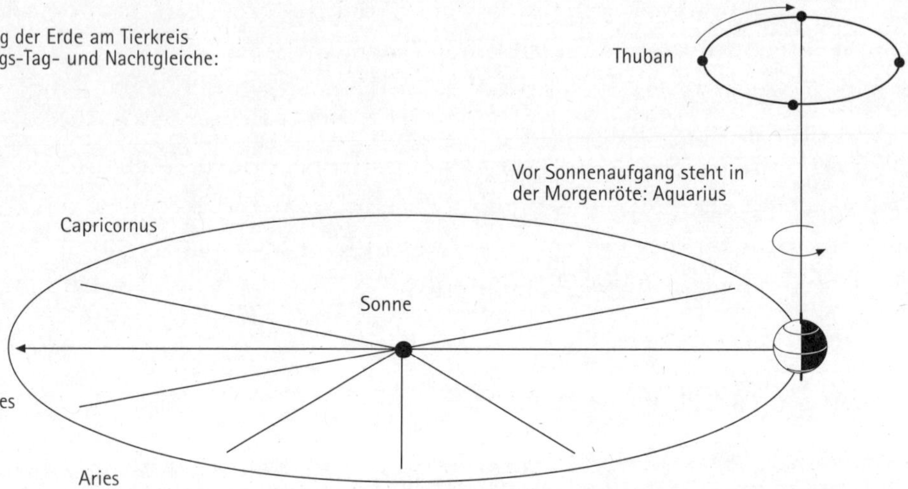

Wann beginnt das Wassermann-Zeitalter?

Gleichzeitig mit Phoenice als Polarstern steht zur Frühlings-Tag- und Nachtgleiche aber auch der Wassermann am Morgenhimmel, bevor das Morgengrauen den Sternhimmel verlöscht und die Sonne sich am 21. März erhebt. Die Erdachse hat sich weiter gedreht, und die Fische sind am uralten Stichtag untergegangen. Das Zeitalter Wassermann steht also vor der Tür, und viele meinen, es habe bereits begonnen. Die Wassermannsage, verknüpft mit dem Mythos der Sintflut, erzeugt sogleich auch Assoziationen zum drohenden Treibhauseffekt und zum Klimawandel. Die Sage steht aber auch für einen Neubeginn und ein neues Menschengeschlecht, wie es im Song "Aquarius" des Musicals "Hair" zum Ausdruck kommt:

Harmonie und Recht und Klarheit!
Sympathie und Licht und Wahrheit!
Niemand wird die Freiheit knebeln,
niemand mehr den Geist umnebeln.
Mystik wird uns Einsicht schenken,
und der Mensch lernt wieder denken,
dank dem Wassermann, dem Wassermann!

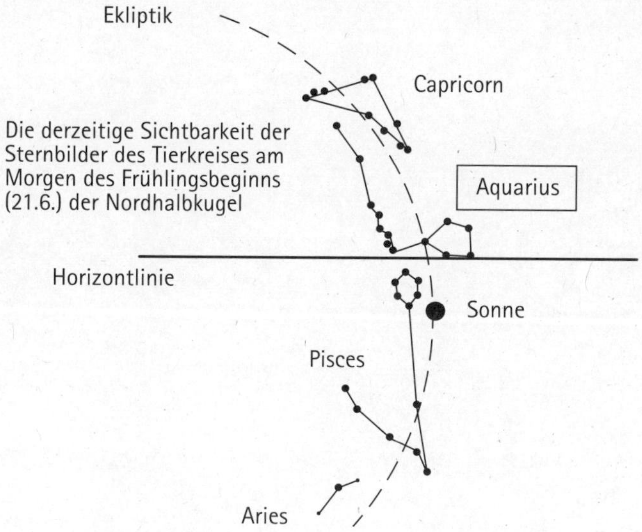

ABB. 27

Aquarius, heliakischer Aufgang

Bricht wirklich schon ein neues Zeitalter an? Tatsächlich beginnen sich christliche Traditionen aufzuweichen, was fanatische Fundamentalisten zu apokalyptischen Visionen und Aktionen treibt. Esoterische Zirkel sind auf der Suche nach neuen Werten in alten Kulturen und neuen Denkmustern. New Age heißt das Schlagwort.
Doch hat die alte Tradition für uns noch Bedeutung? Unser Jahreswechsel ist bei der Wintersonnenwende! Haben die alten Sternstunden für uns noch Gültigkeit? Wir haben uns längst anders orientiert! Das Sternbild am Morgenhimmel des ersten Tages des neuen Jahres des christlichen Kalenders (1. Jänner) ist der Skorpion bzw. der Schlangenträger (Ophiuchus), der zwar keine Entsprechung in den 12 Tierkreiszeichen findet, dennoch zu den Sternbildern der Tierkreises gehört. Er steht nämlich mit einem Bein auf der Ebene der Ekliptik und ist das 13. Sternbild des Tierkreises. Schlägt es mit Ophiuchus gleichsam 13 auf der Tierkreisuhr?
Die beiden Sternbilder zur Deutung des neuen Zeitalters entsprechend ihrer alten mythischen Bedeutung heranzuziehen ist besonders reizvoll. Ist doch der Skorpion der Todesbringer für den himmlischen Jäger Orion, das mächtige kreuzförmige Sternbild am jetzigen Himmelsäquator. Welchem heutigen Kult wird der Skorpion wohl ein Ende bereiten?
Der mächtige Schlangenträger, der im Sonnenlauf auf den Skorpion folgt, ist entsprechend der griechischen Mythologie Äskulap, der Bringer des Heils. Seine Schlange windet sich in der bildenden Kunst um einen Stab. Ist es die-

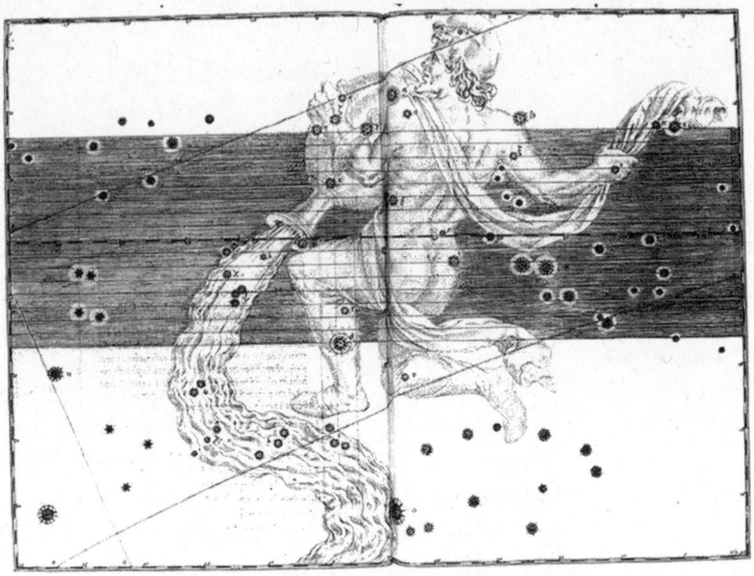

ABB. 28

Sternbild Aquarius

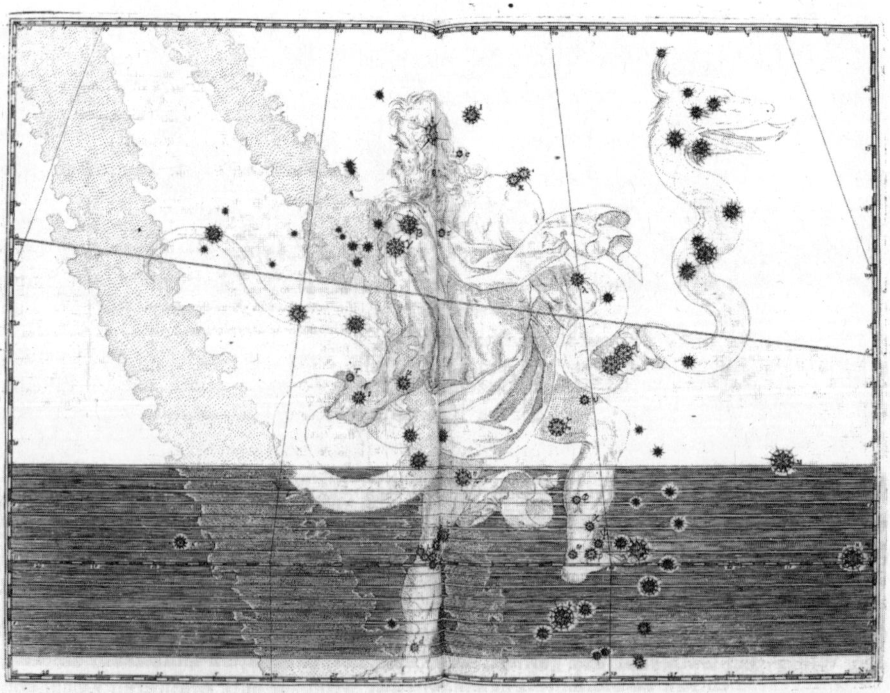

ABB. 29

Sternbild des Ophiuchus

selbe, die sich einst um den Baum des Paradieses wand – als Kundalini in Indien, als gefiederte Schlange Quetzalcoatl der Neuen Welt oder als Sternbild Drache um den nördlichen Ekliptikpol? Was hat wohl Ovid einst gemeint, als ihm Äskulap im Traum erschien und sagte: "Fürchte dich nicht! Ich werde kommen und von meinem Bildnis scheiden. Betrachte nur diese Schlange, die sich um meinen Stab schlingt und windet, und merke sie dir genau, damit du sie wieder erkennst! In sie will ich mich verwandeln, doch werde ich größer sein und so stattlich erscheinen, wie es einem Himmlischen geziemt." *(Abb. 29)*

So gesehen erhält auch der Jahresbeginn mit Äskulap eine positive Deutung, und die Jahre im Äskulap könnten auch ein Zeitalter des Heilens für die Menschen und hoffentlich auch für Mutter Erde bringen. Ein Zeitalter des Äskulap würde uns helfen, die alten Wunden zu heilen.
Doch eine Deutung der Sterne oder gar der Zukunft aus ihnen soll hier unterbleiben, erlaubt sei höchstens eine Geschichte der Deutung bzw. ein Blick in die Zukunft der Zeitrechnung. Was der einzelne Mensch in den Bildern der Sterne sieht, bleibt wohl ihm selbst überlassen; die Punktmuster der Fixsterne bzw. gewisse Fixsterne selbst, die jedoch nur in der Struktur der Sternbilder gefunden werden können, bieten Orientierung. Sei es Canopus für die Navigation von Raumsonden, die Spika oder gar Pulsare, die als kosmische Uhren Basis für künftige Zeitrechnung sein könnten.

Die polare Uhr

Die Präzession spiegelt sich in einem ganz einfachen "Zifferblatt" wider, das allerdings auf einer ziemlich großen Himmelsuhr liegt. Die Erdachse und damit der nördliche Himmelspol wandert in ca. 26 000 Jahren um das Sternbild des Drachen, wodurch alle ca. 6000 Jahre ein neuer Polarstern auftritt. Synchron dazu laufen in ebenfalls ca. 26 000 Jahren die Sternbilder des Tierkreises durch den Frühlingspunkt. Legt man diese beiden Bewegungen übereinander, so ergibt sich eine mächtige Uhr, mit den "Viertelstunden" der Polarsterne (alle ca. 6000 Jahre) und den 12 oder 13 Stunden der Platonischen Monate (ca. 2000 Jahre). *(Abb. 30)*

Ein Blick auf diese Uhr macht nachdenklich: Der Viertelbogen des Platonischen Jahres von Thuban, dem Drachen, bis Phoenice, unserem jetzigen Polarstern, entspricht der Zeit seit Entstehen der Hochkulturen bis heute – etwa 6000 Jahre. Noch einmal so lange, nämlich ca. 13 000 Jahre, dauert es, bis Wega Polarstern sein wird. Etwa 13 000 Jahre lang müssen wir auf Grund der langen Halbwertszeit aber den Atommüll sichern lagern. – Bis Wega! Unseren jetzigen Atommüll müssen wir doppelt so lang, als es Hochkulturen gibt, sicher lagern und bewachen!

ABB. 30

Tierkreis mit Polarsternen und Weltzeitalter

Die Position der Erdachse in bzw. vor jeweils 1000 Jahren.

Die Weltzeitalter, das Sternbild, das zur Tag- und Nachtgleiche im Frühling vor dem Sonnenaufgang zu sehen ist.

Die 4 Polarsterne des Nordhimmels (Die Weltjahreszeiten)

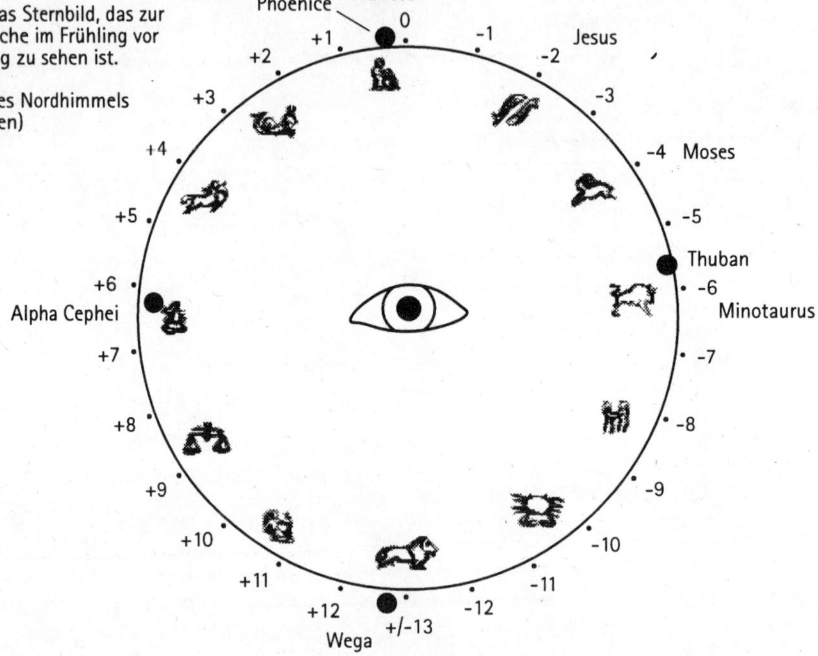

ABB. 31

Sternbild Drache

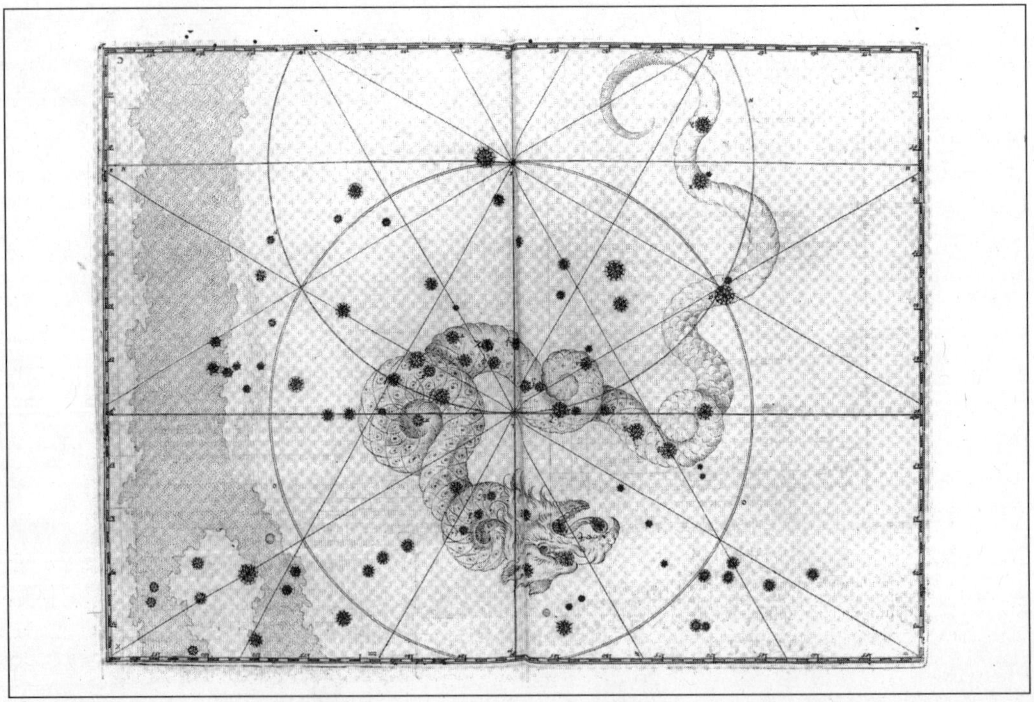

Hoffentlich schaffen unsere Kinder den Weg nach Wega! Der Weg dahin entspricht den 180° eines Kreises. In 71 Jahren wandert die Erdachse um 1° weiter. Ein Grad der Kreiselbewegung entspricht so etwa der Dauer eines Menschenlebens. Daraus ergibt sich, daß wir in ca. 180 Menschenleben bei Wega sind! – oder genauer: in 180 x 71 Jahren ist Wega nördlicher Polarstern, während etwa zugleich Canopus südlicher Polarstern sein wird!

In 13 000 Jahren ist Wega nördlicher und Canopus südlicher Polarstern

Diese Uhr macht durchaus auch in biologischen Dimensionen Sinn: Der Mensch macht pro Tag ca. 26 000 Atemzüge und hat nach ca. 26 000 Tagen das Alter von 71 Jahren erreicht und damit 1° des Platonischen Jahres zurückgelegt.
Der Blick auf diese Große Uhr macht durchaus Sinn, erkennt man daran doch eine reale Bewegung und entspricht sie doch der menschlichen Tradition, Kultur und Religion. Im Detail steckt jedoch auch hier, wie so oft, der Teufel! – und das im wahrsten Sinn des Wortes. Will man nämlich ablesen, wann jeweils ein Zeitalter genau beginnt, so begibt man sich auf das gefährliche Parkett der Religionen, das glitschige der Astrologie oder das obskure der Esoterik.
Mit keinem der drei zu kollidieren wird wohl unmöglich sein. Um die Realität nicht zu verlieren und sichere Orientierung zu bewahren, hilft nur das HIER und JETZT. Dies ist die einzige Realität.

Sternstunden

Dennoch ist ein Blick in die Geschichte, die Archäoastronomie und die Kalenderkunde reizvoll. Ob sich die Geschichte wiederholt, weiß niemand, Verhaltensmuster und Denkschemata der Menschen ändern sich jedoch kaum und werden über Jahrtausende oft unbewußt beibehalten. Aus diesem Grund könnten sich die Handlungen und Entscheidungen der Menschen, tief verwurzelt in archaischen Denkmustern, wiederholen.
Um allen Mißverständnissen vorzubeugen: Es sind sicher nicht die Sterne und Sternbilder, die das Verhalten der Menschen beeinflussen, es sind die Erwartungen, die Menschen selbst in die Zukunft und damit die Zeit setzen, und dieses Vergehen der Zeit spiegelt sich nun mal in den Sternen bzw. kann man in den Sternen am einfachsten ablesen. Die Menschen haben nämlich mit den Religionen Ziele gesetzt auf der großen Uhr. Es sind Sternstunden, die zu Ende gehen und beginnen mit Tagen, besonderen Tagen: letzten Tagen und ersten Tagen.
Verschiedenste Uhren bestimmen ganz unbewußt wesentlich unser Leben und Handeln. Denken Sie an das erste Rendezvous, das Sie vereinbart haben, und wie Sie warten, gespannt, alle Augenblicke auf die Uhr schauend. Die Uhr ist scheinbar die U(h)rsache, daß der oder die Geliebte noch nicht da ist!

Oder denken sie an eine Firma, die jedes Jahr eine Bilanz macht oder vorlegt! Der Kalender wird zum Motor, der alle antreibt. Sogar das Wort Bilanz selbst hat Bezug zum Sternenhimmel – Bilancia heißt das Sternbild Waage, in der einst die Sonne im Herbst zum Äquinoktium stand, wenn eben Tag und Nacht sich die Waage hielten und die eingebrachte Ernte gewogen wurde.
Der Tag der Bilanz einer Firma wird vom Kalender bestimmt. Der Kalender aber wird letzten Endes vom Sternen- bzw. Sonnenlauf bestimmt.

Zeitenwende = Paradigmawechsel

Es ist somit ziemlich einleuchtend, daß spezielle Organisationen, die besondere "Waren", wie Seelen, behandeln und auch handeln und Plätze im Himmel, Zeit und Kalender verwalten, gleichsam verkaufen, vom Sternenlauf abhängen. Die Ursprünge der Religionen liegen in der frühen Sternenkunde, und sie begründen bis heute ihre Macht darauf. Doch dadurch sind die Religionen auch vom Wandel der Sterne abhängig geworden. Wo ein Anfang ist, muß auch ein Ende sein. Auch für Jesus gilt das Symbol Alpha und Omega. Bisher war es in der Geschichte der Religionen zumindest immer so. Eine Zeitenwende wurde von einem Wandel der Kulte begleitet. Gleichsam eine religiöse Bilanz am Ende eines Platonischen Monats, eines Zeitalters. Für streng Gläubige kann dies das Ende der Welt bedeuten – es geht ja auch wirklich eine Welt unter: ein Weltbild, ein Denkrahmen, ein Paradigma! Was lange Zeit als Gott galt, ist wissenschaftlich berechenbar geworden, übernatürliche Phänomene werden erklärbar. Woran man früher glauben mußte, weiß man jetzt oder glaubt es zumindest zu wissen.

Glauben heißt: nicht wissen! Ein Satz aus dem Volksmund, an dem was Wahres dran ist. Umgekehrt bedeutet er, was man nicht weiß, muß man glauben, oder, was man weiß, braucht man nicht mehr glauben.
Unwissende müssen glauben und werden leicht durch den Glauben lenkbar. In der Vergangenheit war es zumindest lange so, und es scheint sich in manchen Kirchen kaum geändert zu haben. Ein jüngstes Beispiel macht dies deutlich, das uns der wohl berühmteste derzeit lebende Physiker schildert:
"... ich nahm an einer Konferenz im Vatikan über Kosmologie teil ... Die katholische Kirche hatte im Falle Galilei einen schlimmen Fehler begangen ... Am Ende der Konferenz wurde ... eine Audienz beim Papst gewährt. Er sagte uns, es spreche nichts dagegen, daß wir uns mit der Entwicklung des Universums nach dem Urknall beschäftigen, wir sollten aber nicht den Versuch unternehmen, den Urknall selbst zu erforschen, denn es sei der Augenblick der Schöpfung und damit das Werk Gottes. Ich war froh, daß

ihm der Gegenstand des Vortrages unbekannt war, den ich gerade auf der Konferenz gehalten hatte: die Möglichkeit, daß die Raumzeit endlich sei, aber keine Grenzen habe, was bedeuten würde, daß es keinen Anfang, keinen Augenblick der Schöpfung gibt. Ich hatte keine Lust, das Schicksal Galileis zu teilen, mit dem ich mich sehr verbunden fühle ..."

So lautet der Bericht aus dem meistverkauften Buch der Welt "Eine kleine Geschichte der Zeit" des berühmten Physikers Stephen W. Hawking.

"Jüngster Tag"

Der Papst und die Kirche unterliegen hier wohl der ihr selbst geschürten Angst, mit ihren Vorstellungen von Himmel und Hölle, der Erschaffung der Welt in sieben Tagen und den Visionen der Apokalypse des Johannes, dem Jüngsten Tag. Doch was bedeutet eigentlich „jüngster Tag"? Eigentlich doch wohl auch erster Tag eines neuen Zeitalters, so wie es auch einen ersten Tag des eisernen Zeitalters mit Christi Geburt am Beginn unserer Zeitrechnung, dem Gregorianischen Kalender, gab. Im Englischen heißt der "Jüngste Tag" übrigens "Last Day" und macht so deutlich, daß tatsächlich die zwei Seiten derselben Medaille gemeint sind! Ende und neuer Anfang. Wie bei einer Firma die Bilanz am Jahreswechsel. Der Jahresabschluß ergibt Verlust und Gewinn und Anlaß zu neuen Strategien für die Zukunft auf Grund der Geschäftserfolge der Vergangenheit. Für "Firmen" mit langen Strategien, die mit Weltbildern und Gottesbildern handeln: Die Zeitenwende.

Und die bevorstehende Zeitenwende kann und wird auch für ganz junge Firmen zum Stolperstein oder zur Himmelstür werden. Denken Sie das Kalenderproblem, den "millennium bug" zum Jahreswechsel von 1999 auf 2000.

Eine Computerfirma, die diesen Sprung nicht schafft, wird verflucht werden; eine, die vorgesorgt hat und alle Probleme mit ihren "bug busters" meistert, in den Himmel gehoben werden. Eine neue Art von Geisterjagd und Geisterbeschwörung? Wird daraus wieder ein neuer Kult, eine neue Religion entstehen, vielleicht sogar wieder wie einst im Paradies ein Kult mit einem Apfel und einem Himmelstor? Apple? und Gates? oder Sun?

Wie war es bei längst vergangenen Zeitenwenden? Oder bei der Zeitenwende, die der Gregorianische Kalender mit vor und nach Christus definiert? Welches astronomische Phänomen war der Auslöser und stand am Beginn unseres jetzigen Zeitalters? Welches Ereignis markiert den ersten, "jüngsten" Tag unseres Kalenders? – Was war der Stern von Bethlehem?

Wisse, daß die ganze Welt ein Spiegel ist,
in jedem Atom befinden sich hundert flammende Sonnen.
Wenn du das Herz eines einzigen Wassertropfens spaltest,
werden sich daraus hundert klare Ozeane ergießen.
Wenn du ein beliebiges Staubkorn untersuchst,
kannst du darin tausend Adams entdecken ...

Ein ganzes Universum ist in einem Hirsekorn versteckt;
alles konzentriert auf den gegenwärtigen Moment ...
Von jedem Punkt dieses Kreises
gehen Tausende Formen aus.
Jeder Punkt ist, wenn er rotiert,
bald ein Kreis,
bald eine Kreislinie, die sich dreht.

Mahmud Shabestari
persischer Sufi-Dichter (14. Jh.)

Man sagt also zuerst, o Freund, diese Erde sei so anzusehen, wie wenn sie jemand
von oben herab betrachtete,
wie die zwölfteiligen ledernen Bälle, in so bunte Farben geteilt ...

Sokrates, 470-399 v.

Bevor wir uns dem Stern von Bethlehem zuwenden, sei es dem Leser zugemutet, noch etwas trockene Astronomie zu konsumieren. Hier soll eine etwas andere Sichtweise oder ein anderer Maßstab den Zugang hoffentlich erleichtern. Kalender und Zeitrechnung haben mit der Bewegung der Erde und mit den Himmelskörpern zu tun. Die Astronomie liefert uns da – traditionell überkommen, wie modernst erforscht – wichtige Erkenntnisse.

Um unser Sonnensystem besser verstehen zu können und anschaulicher zu machen, hilft die Verwendung eines Maßstabes, der es auf ein "menschliches Maß" verkleinert. Am besten – der Milliarden-Maßstab, durch den alles milliardenfach verkleinert wird, also im Maßstab M 1: 1.000,000.000. Eine Million Kilometer entspricht so einem Meter, die Erde schrumpft auf annähernd Haselnußgröße, aus dem Mond wird ein Stecknadelkopf, während die Sonne immer noch groß wie ein Kutschenrad erscheint und Jupiter einer Zuckermelone gleicht.

Nehmen Sie sich bitte einmal die Zeit, und stellen Sie sich die Abstände der

Himmelskörper in diesem Abstand vor, wie sie alle in einer Ebene, der Ekliptik, um die Sonne kreisen.
Erde – Mond: zirka 30 Zentimeter, Erde – Sonne: 150 Meter, Erde – Saturn: 1430 Meter ...

Auf diese Weise bekommt man ein neues Gefühl für unseren Kosmos – oder?! Ja, doch. Und man kann sich ihn besser vorstellen. Bringen Sie es auf ein vorstellbares Maß, und alles wird verständlicher. Setzen Sie sich auf die Haselnuß – pardon: auf die Erde! – und kreisen Sie mit ihr um das 150 Meter entfernte Kutschenrad, also die Sonne. Ein Kutschenrad in der Entfernung von 150 Metern wird Ihnen in derselben Größe erscheinen wie die tatsächliche Sonne am Himmel. Das Licht hat übrigens in unserem gewählten Maßstab die Geschwindigkeit von einem Stundenkilometer. Sie können somit in diesem Maßstab viermal so schnell gehen wie das Licht! Also vielleicht – fast so schnell, wie Ihre Gedanken sind ...!

M:10h9	Durchm.	Erdmassen	Entfern. 10^9	Licht Sonne-Planet	Umlaufzeit	Umlaufzeit M 1:10^9
Sonne	1.4 m	333.000				
Merkur	5 mm	0.05	58 m	3 min	88 Tage	
Venus	12 mm		1o8 m	6 min	224 Tage	
Erde	13 mm	1	1 AE 149 m	8 min	365.24 Tage	0,03 sec
Mond	3.5 mm	1/80	0,3 m	1 sec (Erde)	29,5 Tage syn	
Mars	7 mm	0,11	228 m	12 min	780 Tage	
Jupiter	14.3 cm	318	778 m	43 min	11.9 Jahre	0,4 sec
Saturn	12 cm	95	1.43 km	1h 19 min	29,6 Jahre	0,9 sec
Uranus	53 mm		2.9 km	2h 40 min	84 Jahre	
Neptun			4.5 km	4h 10	165 Jahre	
Pluto			5.9 km			

Die Namen und die Reihenfolge der Planeten kann man übrigens ganz leicht durch die Anfangsbuchstaben des folgenden Merksatzes im Gedächtnis behalten:
Mein **V**ater **E**rklärt **M**ir **J**eden **S**amstag **U**nsere **N**eun **P**laneten.

Die Geschwindigkeit des Lichtes beträgt in unserem Maßstab – wie gesagt und wenn nur der Raum verkleinert wurde, nicht jedoch die Zeit – ca. 18 Meter/Minute oder einen Stundenkilometer. Die Zeit läuft quasi in extremer Zeitlupe ab. Gut so, wir wollen die Zeit ja auch unter die Lupe nehmen; und dazu braucht es – Zeit! Also haben wir sie zehn hoch neunmal verlangsamt. Denn ohne Zeitlupe würde die handliche Haselnuß Erde in nur drei Hundertstel Sekunden (0,03 sec) um das 150 Meter entfernte Kutschenrad Sonne laufen.
Wir nähern uns damit gedanklich an Beschleuniger wie CERN an, in denen Elementarteilchen auf Kreisbahnen beschleunigt und erforscht werden.

Es macht aber auch die Größe oder Kleinheit unserer Erde und unseres Sonnensystems bewußt.
Um mit einem herkömmlichen Raumschiff unser Sonnensystem zu verlassen und den nächsten Fixstern, "Alpha Proxima Centauri", zu erreichen, würden wir etwa 20 000 Jahre benötigen. Und dieser Stern ist in unserem Milliarden-Maßstab bereits 400 000 Kilometer weit entfernt - etwa so weit wie der wirkliche Mond von der "Haselnuß"-Erde.

Das soll auch erklären, daß es unrealistisch ist, die Erde in absehbarer Zeit verlassen zu wollen. Wir werden sie folglich noch sehr lange brauchen. Und eine zweite haben wir nicht, sollte sie eines bösen Tages kaputt sein ...

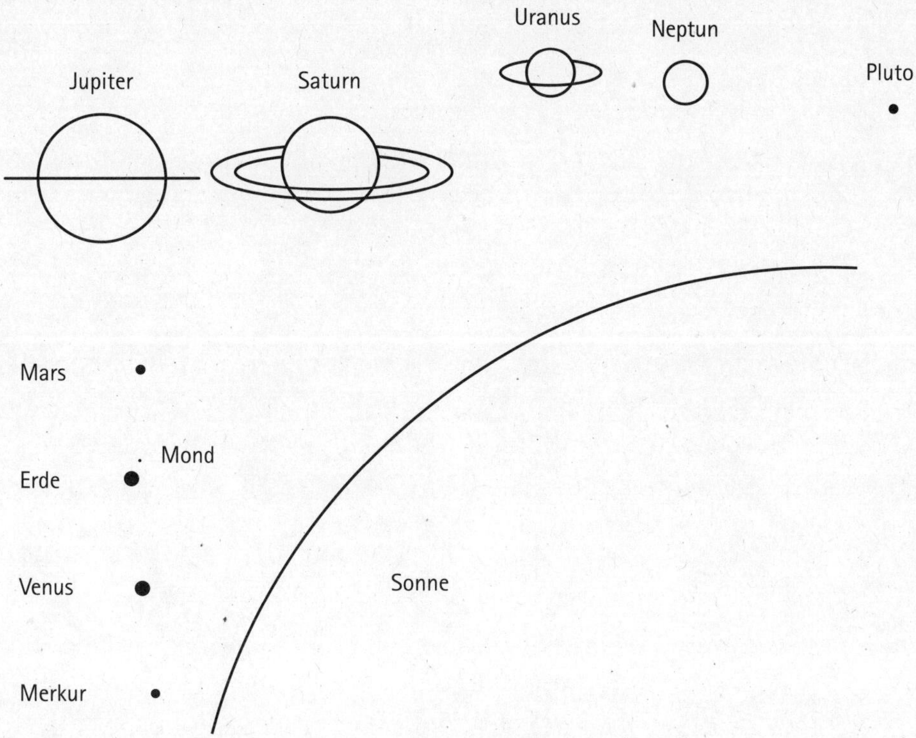

ABB. 32

Die Himmelskörper des Sonnensystems im Maßstab 1:10 Milliarden

Sonne = Wagenrad
Erde = Haselnuß
Mond = Stecknadelkopf

Je planmäßiger der Mensch vorgeht, um so wirkungsvoller trifft ihn der Zufall.

Friedrich Dürrenmatt

Zuerst werden die Leute eine Sache leugnen; dann werden sie sie verharmlosen;
und dann werden sie beschließen, sie sei seit langem bekannt.

Alexander von Humboldt

Schlummere nicht länger! Wirf den süßen Schlaf ab, und denke an die Zeiten,
die kommen werden, denn von heute an wird sich alles ändern,
es werden neue Festtage und Sitten die alten ablösen,
denn heute nacht wurde Kai Chosrau geboren.

Firdausi, persisches Königsepos Shanameh

Er machte sein Köfferchen auf. In unbeschreiblichem Durcheinander lagen dort falsche Krägen, Gummibänder, Küchengeräte, Abzeichen diverser Technischer Hochschulen, ja sogar ein Monogramm der Zarin Alexandra Fjodorowna und das Kreuz der Ehrenlegion. Auf all dem glaubte er in seinem Wahn das Siegel des Antichrist zu erkennen in Form eines Dreiecks oder zweier überkreuzter Dreiecke.

Sergeij Nilus, Protokolle; zit.: Umberto Eco, Das Foucault'sche Pendel

Es kann keinen Zweifel mehr geben. Mit der ganzen Macht und Schrecklichkeit Satans nähert sich das Reich des triumphierenden Königs von Israel unserer nicht erneuerten Welt; der aus dem Blute Zions geborene König, der Antichrist, nähert sich dem Throne der universalen Macht.

Sergeij Nilus, Protokolle; zit.: Umberto Eco, Das Foucault'sche Pendel

Wir haben diverse kuriose Uhren; auch solche, die rückwärts gehen ... Wir haben auch Häuser zur Täuschung der Sinne, in dem wir alle Arten von Gaukelspiel vorführen, falsche Erscheinungen, Trug und Illusionen ... Dies, mein Sohn, sind die Reichtümer des Salomonischen Hauses.

Francis Bacon, New Atlantis

Der Mensch war beim Bemessen der Zeit immer auf Sternenbewegungen angewiesen – und ist es noch immer.
Wir haben die eigentliche Ursache von Zeitabschnitten erkannt: Tag, Woche, Monat, Jahr, Weltzeitalter oder Weltenmonate (Stier, Widder, Fische und Wassermann) und Weltjahreszeiten (die Polarsterne Wega, Thuban und Alpha Ursae Minoris) sowie Platonisches Jahr. Sie werden ausgelöst durch Erdbewegungen beziehungsweise durch Bewegungen von Himmelskörpern. Auch die Sternenkundigen der Antike orientierten sich nicht nur an den Bewegungen der Erde und des Mondes, sondern auch an den Bewegungen der Planeten. Da war es vor allem Jupiter, der sich durch seine Umlaufzeit von zwölf Jahren sehr harmonisch in den Jahreslauf auf Erden einfügte: Er steht dadurch jedes Jahr in einem weiteren Sternbild des Tierkreises. Die Venus-Periode von 584 Tagen wurde Bestandteil des Maya-Kalenders.

Die Juden, ein Volk mit Geschichtsbewußtsein

Doch ganz besonders präzise und lang ist die Periode des Saturns. So wurde er der Planet, den sich die Juden als ihren Stern erwählten und dem sie ihren geheiligten Wochentag widmeten: den Sabbat (im englischen Saturday finden wir die Wurzel). Der Saturn verfügt über die längste Periode aller für uns mit freiem Auge sichtbaren Planeten – 29,5 Jahre. Er gab das längste Maß! Und die Juden, die sich als auserwähltes Volk und gleichsam "Gottes Uhrwerk" sahen, suchten sich den Planeten mit der längsten Periode aus. Ihr Zeitbewußtsein ist in der Tat optimal entwickelt: Noch heute sagen sie, wenn sie etwa jene Bibelstelle erwähnen, "als wir auf der Flucht aus Ägypten das Rote Meer durchquerten ..." Aus diesem "wir" spricht echtes Geschichtsbewußtsein.
Ihr heiliger Planet Saturn (Periode: 29,5 Jahre) trifft sich mit Jupiter (12 Jahre) alle zwanzig Jahre zu einer Konjunktion am Tierkreis. Das heißt: Jupiter überholt Saturn, und sie kommen dabei nebeneinander zu stehen. Dieses Treffen der beiden Planeten findet alle 20 Jahre in einem Sternbild statt, das um etwa 240°– also um acht Sternbilder – weiter ist. Johannes Kepler hat dies als einer der ersten Astronomen der Neuzeit in Form eines Dreiecks dargestellt. *(Abb. 33)*

Das Trigon, das Sternrad wandert

Die Treffen der beiden Planeten ergeben somit im Zodiac ein gleichseitiges Dreieck, das sogenannte "Trigon der Jupiter-Saturn-Konjunktion". Jeder Winkel des Trigons wandert langsam weiter und benötigt etwa 2800 Jahre, um einmal den ganzen Tierkreis zu umrunden. Die Art, wie so eine Konjunktion auftritt, wurde bei den Übergängen der Weltzeitalter besonders beachtet und intensiv gedeutet. Sie rief bei den Herrschern oft große Angst hervor, da sich diese vor dem neuen Zeitalter und einem etwaigen Untergang

ABB. 33

Jupiter-Saturn-Treffen als Sternrad

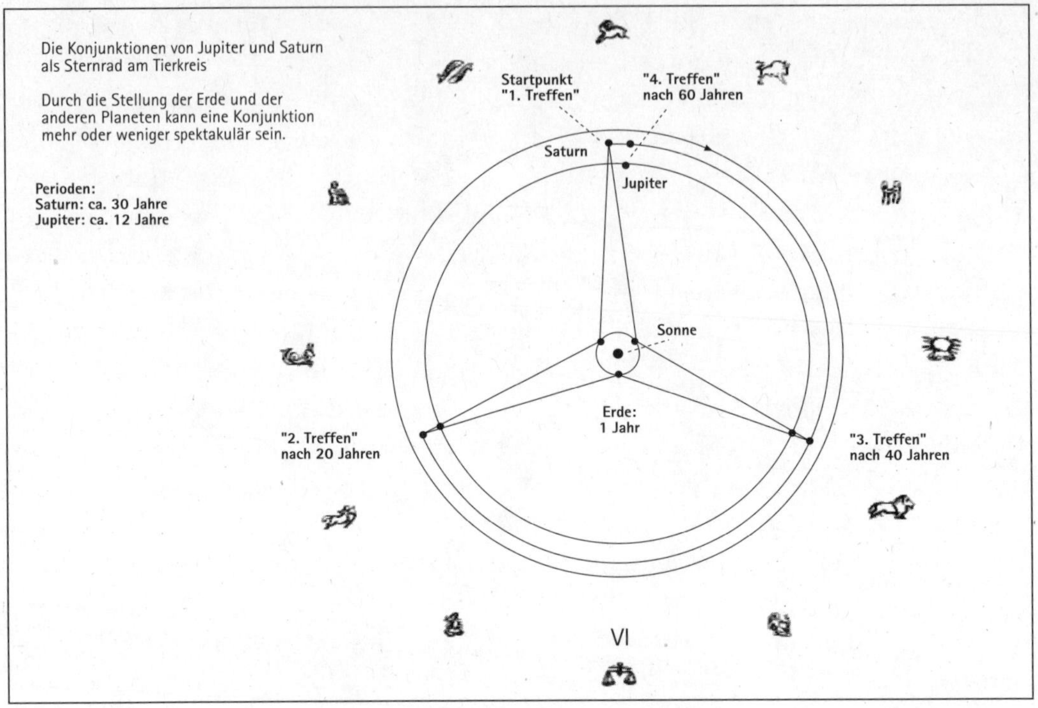

ABB. 34

Keplers Trigon.
Skizze von Keplers Darstellung der Bewegung der Jupiter-Saturn-Konjunktionen von 1583 bis 1763

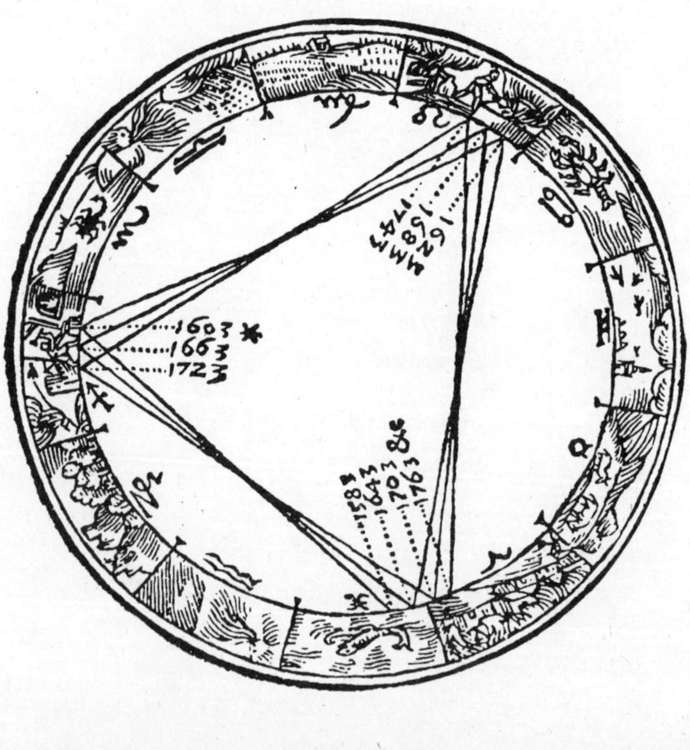

ihres Regimes fürchteten ...
In der gesamten Antike fand dieser Wettlauf der beiden Planeten größte Beachtung. So hatten die Babylonier die Jupiter-Saturn-Konjunktionen bereits für 800 Jahre im voraus berechnet, und für die Griechen galt der Kampf zwischen Kronos / Saturn und Zeus / Jupiter als Götterdämmerung. Der wohl bekannteste Bericht über die Jupiter-Saturn-Konjunktion steht im Neuen Testament der Bibel: Im Evangelium des Matthäus finden wir bei der Geburtsgeschichte von Jesus die berühmte Geschichte über die Sterndeuter (Magier) aus dem Osten (Babylon), die Herodes aufsuchten und ihm von einem Stern berichteten, der den neuen König der Juden verkünde. Dieser Stern ist – nach den wissenschaftlich glaubhaftesten Untersuchungen – eine Große Konjunktion im Zeichen der Fische (des heiligen Sternbildes von Palästina!), er wurde wegen der Stellung und Bewegung der Erde als gegenseitiges Überholen der beiden Planeten im Sternbild der Fische wahrgenommen. Ihre Stellung am Abendhimmel, auf dem Weg von Jerusalem nach Bethlehem, entsprach tatsächlich dieser Richtung. Die beiden Planeten standen am Abendhimmel, von Jerusalem aus gesehen, tatsächlich über Bethlehem.
Das Lebenswerk des berühmten österreichischen Astronomen Konradin Ferrari D'Occhieppo befaßt sich mit diesem Ereignis, und dem näher Interessierten sei sein Buch über den Stern von Bethlehem empfohlen.

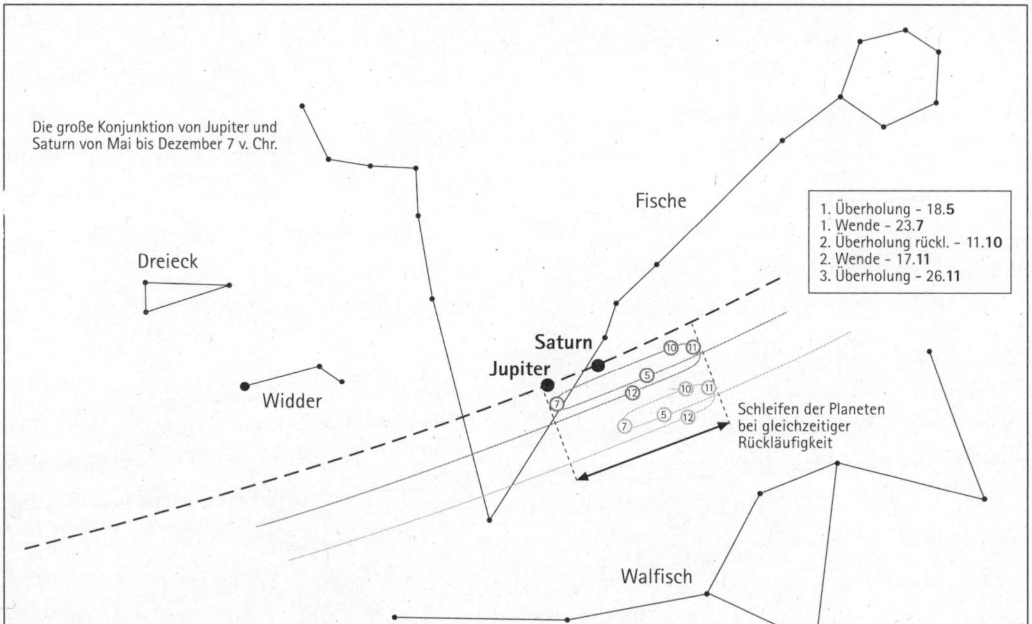

ABB. 35

Jup., Sat. in Pisces 7 v. Der Stern von Bethlehem. Zwischen Mai und Oktober kam es zum dreimaligen gegenseitigen "Überholen" der beiden Planeten

Es mag den Magiern erschienen sein, als stehe der Stern (im Original hieß es sogar "astraias", also die Sterne) über Bethlehem still, auf alle Fälle standen Jupiter und Saturn in den Fischen still, das ja mit Palästina gleichgesetzt war. Wie bekannt führte die Ankündigung dieser Sternenkonstellation zu großer Aufregung: "Herodes erschrak und mit ihm ganz Jerusalem", heißt es in der Bibel. Die Folge war der in der Bibel beschriebene Kindermord.

Ein neuer König bekommt das Sagen, ein neues Paradigma, eine neue "Real"ität

Herodes wollte im Bericht des Matthäus auf unmenschliche, aber rigorose Weise seine Macht sichern. Und die Weisen aus dem Morgenland, die vermutlich gedacht hatten, eine für die Juden erfreuliche Neuigkeit (einen neuen König) zu überbringen, waren zu Verbreitern von Entsetzen geworden. Die Nachricht schien dem Herodes gar nicht so freudig, ließ er doch genau erforschen, wo und wann denn ein neuer König erstanden sei, um diesen dann beseitigen zu können. Auf ihrem Heimweg fanden die Magier tatsächlich in Bethlehem die Familie mit dem kleinen Jesus und warnten sie wohl und kehrten, ohne dem Herodes davon zu berichten, nach Hause zurück. Auch die Heilige Familie suchte ihr Heil in der Flucht nach Ägypten. *(Siehe Farbteil Abb. 36: Flucht nach Ägypten)*

Und so vermochte Herodes den Messias des Zeitalters der Fische genauso wenig zu töten wie der Pharao 2000 Jahre zuvor, am Übergang von Stier zu Widder, den kleinen Moses. Auch den ägyptischen Herrscher hatte damals eine Weissagung veranlaßt, alle neugeborenen Knaben ermorden zu lassen. Doch Moses war ausgesetzt in einem Weidenkorb im Nil, dem Tod entronnen und hat dann sein Volk durch das Rote Meer in das Gelobte Land geführt. War diese Weissagung die Große Konjunktion im Widder 1536 v.?

In vielen ländlichen Gemeinden erinnert noch heute ein Brauchtum an den biblischen Kindermord des Herodes: der "Unschuldige-Kinder-Tag". Die Kinder dürfen dann, mit einer Rute bewaffnet, mit den Worten "Frisch und g´sund!" auf die Erwachsenen "einschlagen". Sie tun das mit riesiger Freude so lange, bis es die paar üblichen Schillinge gibt. Es ist ein Ritual, dessen Sinn die Kinder freilich nicht verstehen. Es ist jedoch klar, daß sich darin die Schuld der Herrschenden (also der Erwachsenen), die beladen sind mit dem Erbe des Herodes und des Pharaos, widerspiegelt. Eine Schuld, die diese Herrscher einst mit dem Kindermord auf sich geladen haben, dessen Rächer die kleinen Kinder dann sein dürfen. Ein kleines Beispiel dafür, wie unauslöschlich durch Brauchtum und Ritual über Jahrtausende die Greueltaten der Vergangenheit in der Erinnerung bewahrt bleiben.

Der Bericht über den Stern von Bethlehem, wie ihn Matthäus in seinem Evangelium überliefert, erfährt in der Tradition der jüdischen Literatur erst seinen wahren Sinn.

Stern Davids

Im Buch Numeri wird erstmals in der Geschichte des Biliam ein Stern als Zeichen für den Messias erwähnt. Und laut dem Propheten Micha mußte der Messias aus der Stadt Davids, aus Bethlehem, kommen.
Wie stark Astronomie und Astrologie in der jüdischen Tradition und Religion verwurzelt sind, zeigt die Ausgrabung der Synagoge von Bet Alfa in Israel.

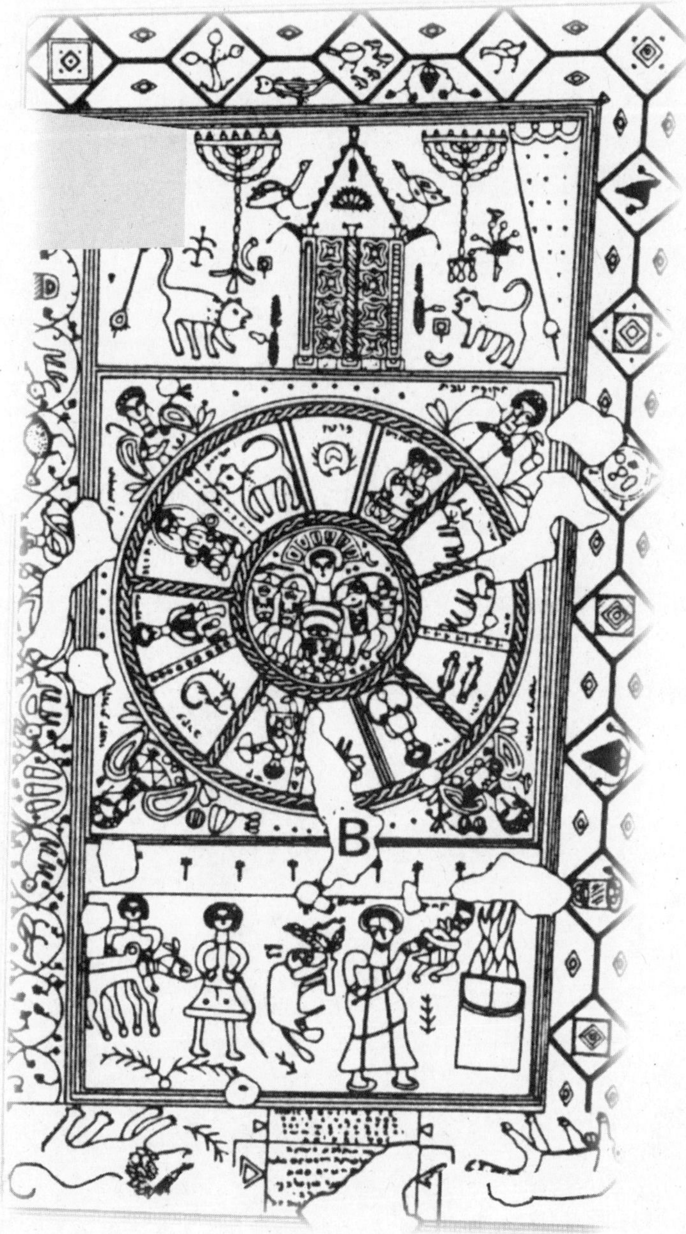

ABB. 37

Der Tierkreis im Bodenmosaik der Synagoge Bet Alpha

Das Bodenmosaik der Synagoge stammt etwa aus dem 5. Jahrhundert nach Christus. Im Zentrum befindet sich ein Tierkreis, der fast die Hälfte der ganzen Synagoge einnimmt. Die Sternkunde und die Astrologie hatten also auch bei den Juden eine nicht unwesentliche Bedeutung.

Die Herkunft politischer Führer aus den Sternen herzuleiten (und ihre damit verbundene göttliche Legitimation) ist aus dem Ägyptischen bekannt und setzt sich im Judentum fort. So verehrten die Juden um 135 nach Christus einen vermuteten Messias in Bar-Kochba, dies heißt wörtlich "Sternensohn".

Bar-Kochba

Über seine Person sind in der talmudischen Literatur verschiedene Sagen enthalten, und die darin geschilderten Heldentaten erinnern stark an die Samsons, dem jüdischen Gegenstück des Herkules.

Aufstieg und Fall Bar-Kochbas waren engstens mit seinen militärischen Erfolgen und der Umdeutung seines Namens verbunden: Sein ursprünglicher Name dürfte Bar-Koseba gelautet haben, nach seiner Heimatstadt Koseba im Stammesgebiet Judas. Unter Kaiser Hadrian (Publius Aelius Hadrianus, 76–138), der die Kastration und auch die Beschneidung der Kinder verbot, kam es zum Aufstand der frommen Juden, dessen Anführer Bar-Koseba wurde. Die Hohepriester und Schriftgelehrten bezogen sich auf Prophezeiungen und Bibelverse, wie: "Es ist ein Stern von Jakob aufgegangen ...", eine Jupiter-Saturn-Konjunktion wurde zu seiner Geburtsstunde erklärt, und die aufständischen Juden bezeichneten ihn von da ab als Bar-Kochba – eben Sternensohn–, ein Messias und ein wenigstens vorübergehend erfolgreicher politischer und militärischer Führer. Tatsächlich vertrieb

ABB. 38

Münzen des Bar-Kochba

Bar-Kochba die Römer aus Jerusalem und bald aus ganz Israel. Nach der Eroberung Jerusalems ließ er sogleich neue Münzen prägen und führte eine neue Zeitrechnung ein: Ähnlich dem römischen "ab urbe condita", also "Nach der Gründung Roms", wurden die Jahre nun "Nach der Befreiung Jerusalems und Israels" gezählt.

Das Kriegsglück verließ Bar-Kochba jedoch. Es kamen Nahrungsmittelknappheit, Krankheit und Schlangenbiß, sein Ende fand Bar-Kochba bei der Belagerung der Feste Betar unter Kaiser Hadrian durch Verrat oder eben den Biß einer Schlange. Seine Kampfgefährten wurden getötet oder versklavt, ebenso die Gelehrten und Priester. Auch sein Name wurde erneut umgedeutet – in Lügensohn, nach dem talmudisch "koseba" ähnlich klingenden Wort für lügen. Und somit erlitt Bar-Kochba das Schicksal vieler Unterlegener.
Soweit ein unglückliches Schicksal von so vielen Rettern, Heilanden, Helden, Propheten usw., die es in allen Religionen gibt, doch nun zurück zum Stern von Bethlehem.

Die heiligen Drei Könige

Die Magier aus dem Osten, von denen Matthäus berichtete, wurden erst später, etwa um 500 nach Christus, durch Interpretation der Schriften des Propheten Jesaia, betreffend die drei Geschenke Gold, Weihrauch und Myrrhe, und Psalm 72 ("Die Könige der Welt werden dem Messias huldigen!") zu den Heiligen Drei Königen umgedeutet: Melkion (Persien), Gaspar (Indien) und Balthasar (Arabien). Dies zeigt zudem, wie sich mit zunehmender Macht und zunehmendem Einfluß des Christentums die Legenden in so schwindelnde Höhen rankten, daß sich an der Krippe Jesu gar die Könige der Welt einfanden, dem göttlichen Kind die gebührende Reverenz zu erweisen.
Die Geschichte von den Weisen aus dem Morgenland mag ein Mythos sein, um Jesu göttliche Herkunft vom Himmel und den Sternen her zu belegen. Es kann freilich auch stimmen, daß Jesus und Maria, von den Magiern gewarnt, nach Ägypten flüchteten. Jedenfalls wird der Mythos bis heute benutzt, um die Welt mittels Sternsinger zu missionieren und Jesu göttliche Geburt zu belegen!
Die Geschichte der Weisen des Matthäusevangeliums hat einen Hintergrund, der nicht nur in der jüdischen Tradition basiert, die Zeitrechnung der gesamten Antike ist eng verwoben mit der Großen Konjunktion. *(Abb. 39)*
Eine Große Konjunktion ist nämlich etwas ganz besonderes:

Durch die Stellung der Erde kann es nämlich passieren, daß die beiden

ABB. 39

Eine Große Konjunktion. Durch die Erdbewegung werden die Planeten vor den Fixsternen rückläufig

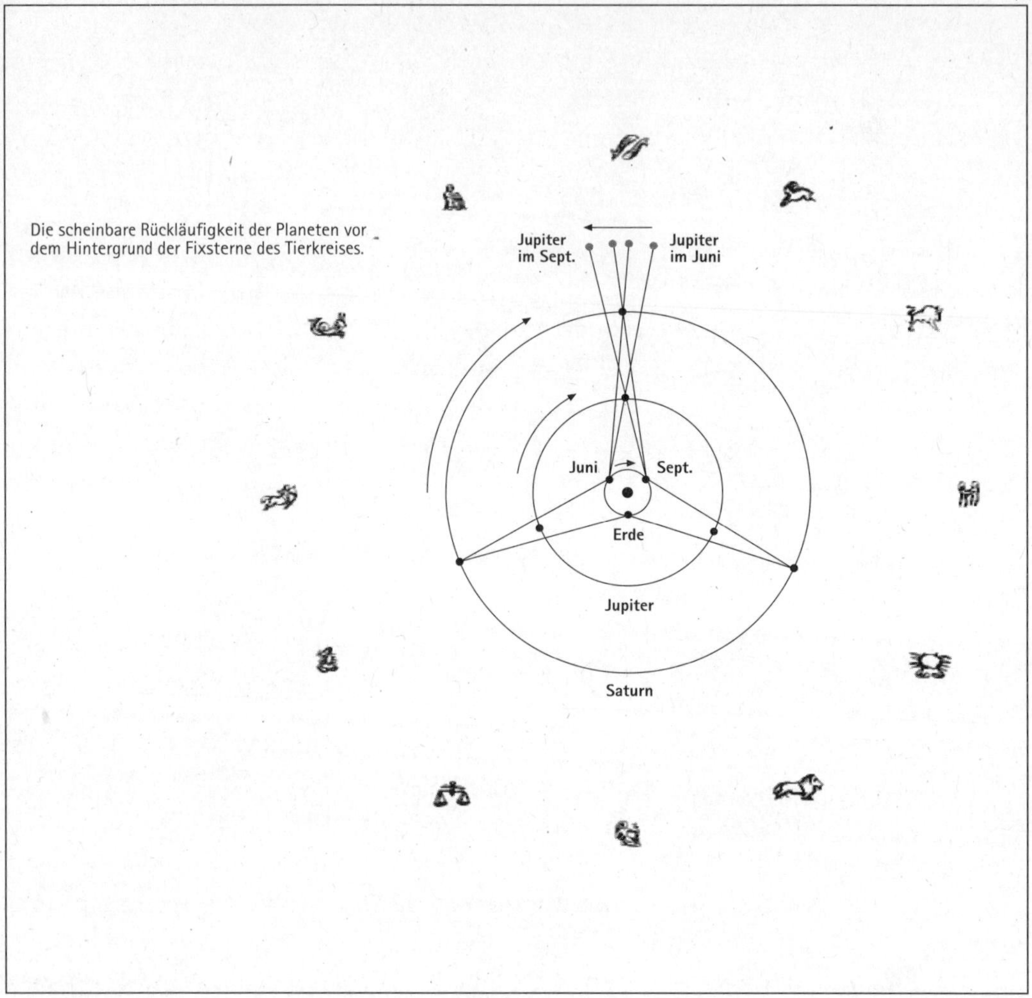

Planeten Jupiter und Saturn gleichzeitig "rückläufig" werden. Vor den Fixsternen des Tierkreises laufen beide Planeten für einige Monate zurück, es sieht so aus, als würden sie einander mehrere Male gegenseitig überholen. *(Siehe Farbteil Abb. 40: Die Schleifen der Planeten bei Rückläufigkeit)*

Die Olympischen Spiele

Im Denken der Antike ein Wettlauf oder Kampf der Götter. Ein entscheidender Moment. In der griechischen Antike geht der Beginn der Olympischen Spiele auf dieses himmlische Wagenrennen von Kronos und Zeus zurück, das dann Pelops und Oinomaos wiederholten. Noch heute steht nahe dem Hippodrom von Olympia der Kronos-Hügel. Der Volksmund beschreibt ihn, wohl der Rundungen wegen, als den Abdruck des "himmlischen Hinterteils" von Kronos, den er nach dem Sturz aus dem Himmelswagen dort hinterließ.

Auch bei Pausanias findet sich darüber ein Bericht:

"Es geschah nicht aus bloß religiösen Gründen,
daß in dem Hippodrom die Säule,
die den Startpunkt markierte,
an ihrer Seite einen Altar der Himmlischen Zwillinge hatte."

Pausanias V 15. über die Olympischen Spiele

Das Paradies, "bei den zwei", die Zeit der himmlischen Zwillinge

Man muß hier berücksichtigen, daß die Olympischen Spiele in der Antike auch Basis für die Zeitrechnung waren: die Olympiaden! Die Anspielung auf die Zwillinge bezieht sich auf das Zeitalter Zwillinge, das Goldene Zeitalter, das Zeitalter vor Stier, also die Zeit vor Entstehen der ersten Hochkulturen, das Dunkel der Vorzeit. Was längst vergangen ist, wird immer verklärt, ... aurea prima sata'st ... (am Anfang war das Goldene Zeitalter) lauten daher auch die ersten Lateinübungen, die man nie vergißt.

Ein weiteres Zeugnis aus jüdischer Tradition zeigt die Parallelen von Sternbildern, Religionen und Zeitalter. Das 2500 Jahre alte Wandgemälde der Synagoge von Dura Europos (Israel) veranschaulicht diese Form der

ABB. 41

Stifthütte Dura Europos mit den Zeitaltern Zwillinge, Stier und Widder

Zeitrechnung deutlich.
Es zeigt die Zeitalter, die Sternbilder Zwillinge, Stier und Widder, die im Bewußtsein der damaligen Menschen vergangen waren, also die Neujahrssternbilder, die bis dahin durch die Frühlings-Tag- und Nachtgleiche gewandert waren. Die Zwillinge: das Paradies (die zwei!), der Stier: das Goldene Kalb und der damals eben gegenwärtige Widderkult. Das Zeitalter Widder war damals jedoch an seinem Ende angelangt. Eine Situation, die wohl auch damals einige an ein Ende der Welt denken ließ. Das Sternbild Widder war untergegangen, die Fische wurden das neue Frühlingssternbild. Die Fische sind jedoch noch nicht zu sehen auf diesem "Kalender". Wohl ein Zeitalter außerhalb der Maßmöglichkeit im damaligen Denken, jenseits der damaligen religiösen Zeit-Dimensionen.

Das Ende der Widder-Zeit = ein Welt(bild)ende

Ein Vorläufer Jesu war Johannes der Täufer, den man wohl mit einem heutigen Aussteiger oder Guru vergleichen könnte. Er ernährte sich von Heuschrecken und wildem Honig und taufte die Menschen im Jordan, dem Palästinischen Euphrat, und machte sie so, wohl in Anlehnung an die Fische-Sage, symbolisch zu Fischen, ein neuer Ritus, der wohl damals ein Sakrileg der alten jüdischen Kulte bedeutete. Kein Wunder, daß ihm dieser Verrat den Kopf kostete. In Unterweltkreisen soll es heute noch üblich sein, ermordeten Verrätern einen toten Fisch in den Mund zu stecken als Zeichen für ihren Verrat.
Die ersten Anhänger Jesu sind vielleicht mit "New-Agern" im heutigen Sinn zu vergleichen: Sie nahmen sich das Zeichen der Fische, das sie als Erkennungssymbol mit Widderblut (der Widder war ja der Sonne geopfert) auf die Türen malten. Als Zeichen der Zugehörigkeit zur neuen Gemeinschaft. Jesus bekam als "Logo" das Piktogramm ICHTHYS, das sich unter Konstantin zu IHS wandelte. *(Abb. 42)*

Die Fische wurden für die Christen ein häufig strapaziertes Symbol. Noch heute betritt der Papst die Erde in den Schuhen des Fischers.
Ob die Geburtsgeschichte von Jesus wahr ist oder nicht, ist letztlich Glaubenssache, im Kern beschreibt sie jedoch den bevorstehenden Macht- oder Paradigmawechsel durch das Eintreten einer neuen Sternstunde.

Die Parallele des Kindermordes durch Herodes bei Jesus und Pharao bei Moses

Von der ägyptischen Tradition, die Geburtsdaten der Pharaonen auf eine Jupiter-Saturn-Konjunktion hin zu trimmen, ja zu fälschen, um damit dem Pharao göttliche Geburt und Macht zu verleihen, könnte vielleicht auch im frühen Christentum, ähnlich wie später bei Bar-Kochba, eine Anleihe genommen worden sein. Gleichsam eine symbolische Flucht, eine literarische Anleihe aus Ägypten, um dadurch Jesu Göttlichkeit zu belegen. Die Wieder-

ABB. 42

Piktogramm ICHTHYS

ICHTHYS

(griech. Fisch)

Iesous **CH**ristos **TH**eou **HY**ios **S**oter

(Jesus Christus, Gottes Sohn Heiland)

IHS

In **H**oc **S**igno

(unter diesen Zeichen)

♓

(Sternzeichen Fische)

holung der Geschichte vom Kindermord bei Moses' Geburt und seine Parallele bei Herodes ist auffällig. Beide Male spielen Deutungen von Sternen eine wichtige Rolle. Es war eben in der Denkweise der damaligen Zeit. In den Gebeten finden wir es heute noch: "so wie im Himmel, so auch auf Erden". Kam es im Himmel zu einem Umsturz oder Wandel (der Götter), so mußte er auch auf Erden folgen ... ein klassischer Fall eines Paradigmawechsels! Doch nicht nur bei Matthäus finden wir astrologische oder astronomische Aspekte, auch in den Qumranrollen gibt es Hinweise auf Erwartungen auf einen Stern:

... ein Stern geht auf aus Jakob, und ein Zepter erhebt sich aus Israel ...
... wandelt den Weg der Vollkommenheit, bis der Prophet und Gesalbte (Messias)
Aarons und Israels, Davids und Salomons kommt.

Ein Stern wird emporsteigen aus Jakob, ein Mensch wird erstehen aus Israel.

Gemeinderegel der Qumranrollen der Essener, entdeckt 1947 in Höhle 1

Jupiter – Saturn, eine Planetenuhr

Noch heute heißt das Hexagramm Magen Davids, Salomons und Aarons oder Stern der Weisen und wird von den Sternsingern alljährlich als Stern von Bethlehem voran getragen. Es zeigt symbolisiert die beiden konträren Stellungen des Großen Trigons, also die Jupiter-Saturn-Konjunktionen am Tierkreis.

Dies erklärt, warum für Jesus die Jupiter-Saturn-Konjunktion in den Fischen als Stern von Bethlehem solche Bedeutung bekam. Die Fische waren das neue Sternbild zum Frühlingsbeginn und gaben so zeitliche Orientierung, und die antike Fische-Sage wird wohl auch damals besondere Wertschätzung gefunden haben. Sie sagt: Amor und Venus wurden von zwei Fischen vor dem heulenden Titanen Typhon über den Palästinischen Euphrat gerettet. Der Palästinische Euphrat wurde mit dem Jordan, das Sternbild Fische gleichsam mit Israel gleichgesetzt. Für Israel, das Heilige Land, wurden die Fische das heilige Sternbild. Tatsächlich hat Israel ja eine gewisse Ähnlichkeit mit dem Sternenzügen des Sternbildes Pisces. Die ursprünglich jüdische Sekte, die Christen, fühlten sich so als die Retter der Liebe, verkörpert durch Amor und Venus. Retten hat jedoch immer auch mit Sichern zu tun und hat damit Verdecken und Verbergen zur Folge. Verbergen kann man am besten im Unterbewußten, in der Unterwelt. Mythisch und symbolisch kam Venus so in die Unterwelt. Nicht nur die Venusbars sind in den Händen der Unterwelt – die reale Erscheinung von Venus als Morgenstern, der ja auch den ersten Tag des neuen Jahres ankündigt, wurde als Luzifer (wörtlich Lichtbringer) auch religiös zum Fürsten der Unterwelt. *(Abb. 43)*

Als die Fische-Sage das Sagen hatte

Durch Tabuisierung versuchten also die Christen die geschlechtliche Liebe zu retten. Der Sex, in der Antike relativ frei und ohne Scham, kam unter ein Tabu, das nur unter dem Mantel der Kirche mit dem Sakrament der Ehe ausgeübt werden darf. Die Lust selbst wurde zur Sünde, und den Frauen, die ja diese Lust bereiten konnten, sogar das Menschsein und der Besitz einer Seele abgesprochen.

Soweit das Zeitalter Fische bei seiner Entstehung vor etwa 2000 Jahren.

Die Venus, die geschlechtliche Liebe, in die Zukunft, ins Jenseits ("über den Jordan, den Palästinischen Euphrat") zu bringen oder über das Zeitalter Fische zu retten schien auch im Mittelalter ein beliebtes Motiv gewesen zu sein.

Die Venusfahrt des Ulrich von Liechtenstein

Der berühmte Minnesänger Ulrich von Liechtenstein versuchte offenbar, zum Mißfallen der damaligen Kirchenfürsten, an der alten heidnischen Fische-Sage anzuknüpfen. Verkleidet als Frau Venus begab er sich, im Jahr

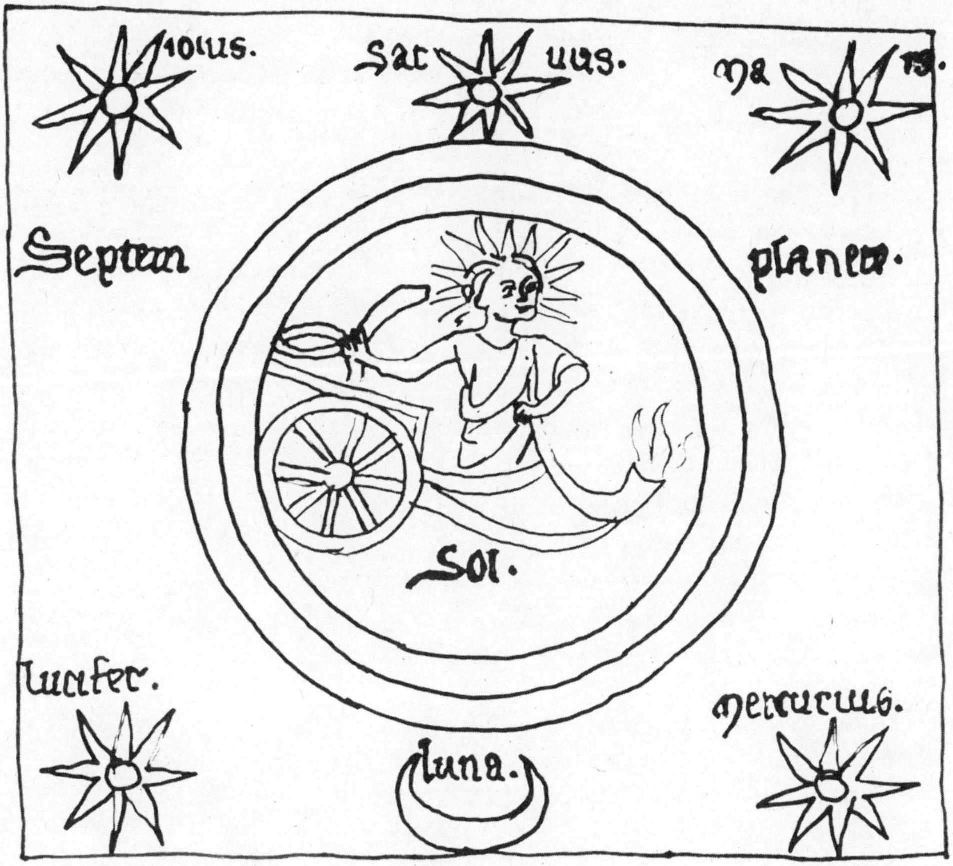

ABB. 43

Skizze einer mittelalterlichen Handschrift der 12 Planeten mit Venus als Luzifer

1227 von Venedig aus, auf seine berühmte Venusfahrt, die ihn bis an die Grenzen Böhmens führte. Ein Bildnis der Venusfahrt zeigt Ulrich als Venus über den Fischen und Dämonen. Die Venusfahrt des Ulrich war später dann Vorbild für Cervantes Epos "Don Quixote de la Mancha", den wohl ersten Liebes- und Entwicklungsroman der Neuzeit. Auch darin ist bekanntlich vom uralten Mythos der Mühle die Rede.

Der Sage nach sollen die Ahnherren seines Geschlechts, Aribo und Gerold, in Diensten Karls des Großen gestanden sein. In einer Schlacht gegen die Sachsen fand Gerold einst einen leuchtenden Stein, den er auf seinem Helm befestigte. Die Strahlen des Steins blendeten die Feinde so sehr, daß er die Feinde in die Flucht schlug. Gerold schenkte dem Kaiser dann den Karfunkel. Ob der Stein der "Waise" ist, von dem wir gleich hören werden?

(Siehe Farbteil Abb. 44: Die Venusfahrt des Ulrich von Liechtenstein)

Doch nicht nur Religionen und Dichter bezogen sich in ihren Werken auf

Die eckige Reichskrone mit den Platten von David und Salomon

diese regelmäßige astronomische Erscheinung der beiden Planeten in der Form des Trigon und als Stern von David und Salomon. Auch die Mächtigen der Politik bedienten sich, wie einst die Pharaonen, der Magie dieser "Sternenuhr". Die Krone des Heiligen Römischen Reiches "deutscher Nation", zu besichtigen in der Schatzkammer in Wien, hat zwei Platten mit Abbildungen der Könige David und Salomon, wohl eine mythologische Herleitung der Macht des Kaisers auch vom Alten Testament. Zwei weitere Platten, nämlich die Jesajas, den wohl wichtigsten jüdischen Propheten, und die Christusplatte mit dem Spruch Salomons: "Durch mich herrschen die Könige", enthalten weitere Anspielungen auf den Stern von Bethlehem als Schild Davids und Salomons.

(Siehe Farbteil Abb. 45: Die Reichskrone mit den Platten von David und Salomon)

Der Waise

Ein besonderes Merkmal der Reichskrone war ein leider verlorengegangener Edelstein, der sogenannte "Waise". Dieser "Waise", er saß in der Nackenplatte der Krone, hatte den Charakter des Mysterium, des Sakramentalen und bringt einen weiteren Bezug zum "Stern der Weisen".

Ein anderer Minnesänger, nämlich Walther von der Vogelweide, schrieb über den "Waisen" in den berühmten Königssprüchen:

"swer nu des riches irre ge,
der schouwe wem der weise ob sime nacke ste:
der stein ist aller vürsten leitesterne."

Nach der Übersetzung von Lachmann-Kraus 19, 2-4:

Wer jetzt nach dem Reiche sucht,
der schaue, wem der Waise auf seinem Nacken steht.
Der Stein ist aller Fürsten Leitstern.

Dies zeigt deutlich, welche Macht vom Zauber von Stein und Krone des Heiligen Römischen Reiches ausging. Die Königsprozession Philipps von Schwaben zu Weihnachten 1199 zu Magdeburg beschrieb Walther von der Vogelweide so:

"er trouc des riches zepter und die krone.
Er trat vil lise, im was niht gach:
im sleich ein hohgeborniu küneginne nach ...
die Düringe und die Sahsen dienten also da,
daz ez den wissen muoste wol gevallen."

Nach der Übersetzung von Lachmann-Kraus 9, 13-15:

Er trug des Reiches Zepter und die Krone.
Er schritt würdevoll daher, ihm nicht eilig.
Gemessen folgte ihm eine hochgeborene Königin nach ...
Die Thüringer und Sachsen leisteten da ihren Gefolgschaftsdienst,
daß es den Weisen aus dem Morgenlande wohl gefallen müßte.

Besondere Bedeutung wurde auch der eckigen Form der Krone beigemessen, die sich dadurch von den sonstigen runden Kronen unterschied. Ein weiterer Spruch Walthers zeigt, welche Macht von der eckigen Form der Krone und dem "Waisen" ausging:

"die circel sind zu here, die armen künege dringent dich:
Philippe setze en weisen uf,
und heiz si treten hinder sich."

Nach der Übersetzung von Lachmann-Kraus:

Die Rundkronen sind zu keck,
die kleinen Könige bedrängen dich.
Setz Philipp den Waisen auf und laß sie nach hinten treten.

Soweit das Auftreten und einige Auswirkungen der Großen Konjunktion in den Fischen als Stern von Bethlehem bis zum Mittelalter. Die zeitliche Nähe der Kalenderreform von 1582 mit einer Jupiter-Saturn-Konjunktion im Sternbild Fische (1583), die später dann Kepler darstellte, scheint mehr als Zufall zu sein. Kepler hat wohl als einer der ersten Astronomen der Neuzeit den realen Hintergrund des Sterns von Bethlehem als Jupiter-Saturn-Konjunktion erkannt.

Der Stern von Bethlehem war kein Komet

Warum aber im Bewußtsein vieler Menschen der Stern von Bethlehem ein Komet sei, hat seine Ursache im Kometen Halley, der fälschlich für den Stern von Bethlehem gehalten wurde. Der Halley'sche Komet wurde von dem berühmten italienischen Maler Giotto di Bondone (1266–1337) gesehen. Giotto war so beeindruckt vom Halley'schen Kometen, daß er meinte, so müsse der Stern von Bethlehem ausgesehen haben. Sein berühmtes Gemälde der Geburt Christi in der Arenakapelle von Padua war Vorbild für nachfolgende Malergenerationen bis zum heutigen Tag.

(Siehe Farbteil Abb. 46: Giotto. Die Anbetung der Könige)

Die Umlaufzeit des Kometen Halley ist jedoch heute mit 76 Jahren bekannt.

Er kommt daher als Stern von Bethlehem nicht in Frage, da er in der fraglichen Zeit nicht in Erdnähe war. Es gab bei den damaligen Astronomen auch keine Sichtung anderer Kometen. Die Chinesen führten schon damals genaue Aufzeichnungen, und sie sahen auch keinen Kometen.
Der Stern von Bethlehem kann nur die Große Konjunktion im Jahr 7 v. Christus gewesen sein. Dafür gibt es weitere Gründe:
Die Geburt Christi kann, wenn man der Geschichte des Matthäus glauben darf, nicht am Beginn des Gregorianischen Kalenders gewesen sein. Herodes der Große starb nämlich auf Grund sicherer römischer Quellen im Jahre 4 vor Beginn der Zeitrechnung. Christi wahre Geburt könnte durchaus mit der im Gregorianischen Kalender übereinstimmen, nach der Geschichte des Matthäusevangeliums mußte sie aber zumindest 4 Jahre davor gewesen sein.
Dies wirft allerdings eine Frage auf, die für die katholische Kirche zum Problem wird: Eines von beiden stimmt nicht: der Kalender oder das Evangelium.
Die Sterne bringen es an den Tag, durch ihre Präzision lassen sich solche Ereignisse noch nach Jahrtausenden genau berechnen, und uralte Berichte bewahrheiten sich oder werden als Fälschungen enttarnt oder können zumindest genau datiert werden.
Doch jetzt, am Übergang des Zeitalters der Fische zum Wassermann, genau im Jahr 2000, kommt wieder (zufällig?) eine Jupiter-Saturn-Konjunktion auf ganz spektakuläre Weise zustande:

Die Neuauflage des Trigons als Perlenreihe aller "naked-eye"-Planeten

Erneut treffen einander Jupiter und Saturn, doch diesmal nicht nur diese beiden, sondern am 5. Mai des Jahres 2000 finden sich, gleichsam der Sonne, auch Merkur, Venus und Mars ein. Alle diese mit freiem Auge sichtbaren Himmelskörper unseres Sonnensystems bilden dabei fast genau eine gerade Reihe! Erde, Mond, Sonne, Merkur, Venus, Mars, Jupiter und Saturn scheinen aufgefädelt wie auf einer Perlenschnur – eine Perlenreihe der Planeten. Sie stehen von der Erde aus gesehen in den Sternbildern Widder und Stier, im Sternzeichen Stier (nur Mars ist bereits 51' im Zeichen Zwillinge). *(Abb. 47)*

Die Erde steht ganz allein im Planetensystem gegenüber allen anderen Planeten, und der Schwerpunkt des gesamten Planetensystems gelangt dabei sogar außerhalb des Sonnenrandes.
Über diese besondere Konstellation gibt es bereits einige Literatur, die ihre Wellen in esoterischen, astrologischen, apokalyptischen und endzeitlichen Kreisen schlagen.
Die gemeinsamen Gravitationskräfte, so meinen manche Untergangspropheten, aller Himmelskörper kommen dann aus derselben Richtung und

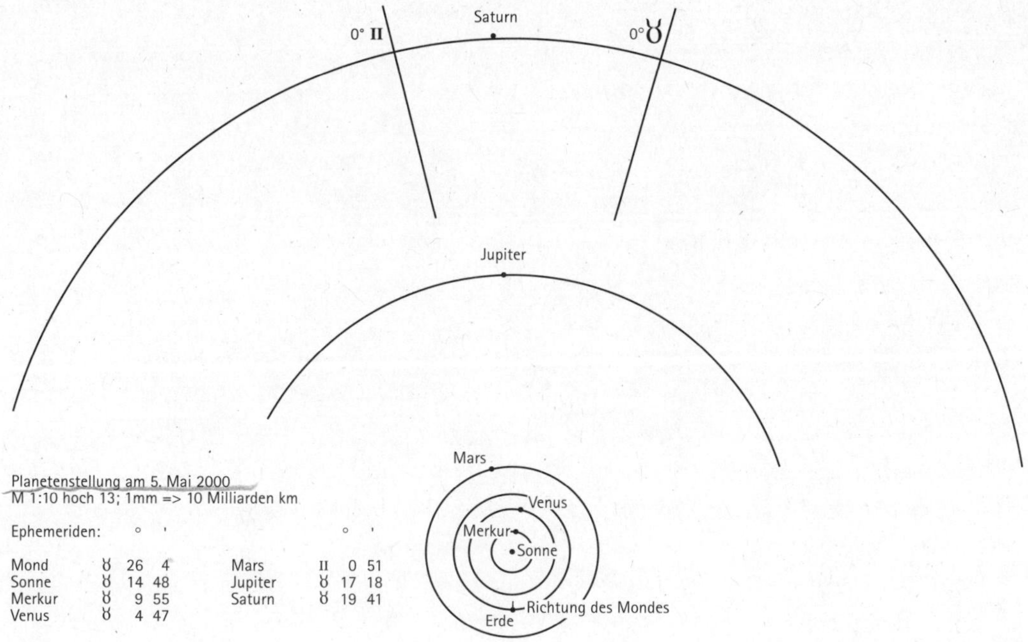

ABB. 47

Graphik Planetenstellung 5/5/2000 im Sonnensystem mit Ephemeriden

Gefährliche Auswirkungen der Perlenreihe?

lösen auf der Erde womöglich Flutwellen und Erdbeben aus.

Die Auswirkungen sollen laut Meinung der Astronomen glücklicherweise sehr gering sein, doch schon die Nutationsperiode des Mondes von 18,6 Jahren (Studie von 1983 ULCA Kilston und Knoppoff) zeigt eine Parallele zur Häufigkeit von Erdbeben.

Die Erdbeben werden hauptsächlich aus dem Erdinneren heraus verursacht, das Erdinnere baut Spannungen in Richtung Erdkruste auf. Diese aufgebauten Spannungen können sich ruckartig lösen, ein Beben ist die Folge, wodurch die Spannung wiederum abgebaut wird. Ist jedoch so eine Spannung aufgebaut, so könnte sie natürlich auch durch verstärkte Gravitationswirkung zur Auslösung gebracht werden.

Leider ist freilich nach Ansicht der Plattentektoniker und Geophysiker das Problem schwer zu berechnen, da es keine entsprechenden Rechenprogramme gibt. Zudem ist die Planetenstellung so selten, daß keine Vergleichsdaten vorhanden sind. Die Gravitationskräfte der Planeten sind jedoch so gering, daß sie kaum ins Gewicht fallen.

Doch es gibt noch weitere düstere Prognosen von Schwarzmalern.

Ein zwar unrealistisches, dennoch bemerkenswertes Buch heißt "5/5/2000, The Ultimate Disaster", des amerikanischen Autors Richard Noone. Dieses Buch ist beinahe symptomatisch, wie sich uralte Tradition, über Jahrtausende im Unterbewußtsein mystisch verborgen, in der Realität zu äußern versucht.

Noone = Niemand?

Noone beschreibt ein Szenario, daß sich wegen der Planetenstellung des 5. Mai 2000 durch die einseitige Gravitation die Pole verschieben würden, es käme zum "Poleshifting". Die Erdachse würde plötzlich zu taumeln beginnen wie ein Kreisel, der nicht mehr genug Schwung hat, der Nordpol würde sich zum jetzigen Äquator verlegen, die Polkappen würden blitzartig abschmelzen, und sich neu formieren. Dies sei dasselbe Szenario wie einst die Sintflut. Die Apokalypse kommt hier verständlicherweise wieder ins Bewußtsein.

Apokalypse = Offenbarung. Calypso = verbergen

Das Wort hat seinen Ursprung in Calypso, der Nymphe in Homers Epos über Odysseus. Odysseus strandete bei ihr, auf der sagenhaften Insel Ogygia, dem unterirdischen Gegenpol, in deren Höhle auch Kronos/Saturn/Vulcanus/Satyr schläft, bis er am Ende der Zeit wiederkehrt. Symbol für die Unterwelt, die Hölle. Das Wort Calypso kommt vom griechischen Wort für "verbergen" oder "verstecken", symbolisiert also das Verborgene, Unbewußte und Verbotene – die Unterwelt. Für einen gläubigen Christen kann Calypso nur die Teufelin persönlich sein. Auch manche Reaktionen auf das Buch "Calypso" von Michael Köhlmeier zeigen dies deutlich!

Die Apokalypse jedoch bedeutet eigentlich das Gegenteil von Verbergen – die Offenbarung, die Enthüllung. Als "Geheime Offenbarung" des Johannes, wurde sie mächtigstes Führungsinstrument, das den Gläubigen als Rute von der katholischen Kirche ins Fenster gestellt wurde. Am "Jüngsten Tag" wird nämlich alles geoffenbart! Aber jetzt ist es noch geheim und nur Eingeweihten zugänglich.

Sie spiegelt einen Mechanismus wider, wie er auch heute noch immer bei diversen Sekten gängig ist. Eine geheime Botschaft, die meist völlig unverständlich ist, wird dem Eingeweihten als größte Wahrheit übermittelt. Das Geheimnis verbindet die Gruppe, und das Verlassen der Gruppe wird zum Verrat, den ja schließlich niemand begehen will!

Die Johannesapokalypse, die Ankündigung des Jüngsten Gerichtes, des Jüngsten Tages als geheime Offenbarung, als verhüllte Enthüllung – welch ein Doppelsinn in Wort und Bedeutung – leider für viele Gläubige Grund für ekklesiogene Psychosen und Schizophrenie:

... und das Zeichen des Menschensohnes wird am Himmel erscheinen ...

... die sieben Engel mit den sieben Posaunen hatten sich gerüstet zu blasen ...
... und der sechste Engel blies seine Posaune,
und ich hörte eine Stimme aus den vier Ecken des goldenen Altars von Gott.

Er sprach zu dem ersten Engel, der die Posaune hatte:
"Laß los die vier Engel, die gebunden sind an den großen Strom Euphrat"
... und es wurden losgelassen die vier Engel,
die bereit waren für die Stunde und den Tag und den Monat und das Jahr,
zu töten den dritten Teil der Menschen ...

Die Schilderung der Endzeit aus der Offenbarung des Johannes

Betrachtet man aber diesen Text aus der Sicht der Astronomie, bekommt natürlich der Mai 2000 besondere Bedeutung: Sind die sieben Engel (Himmelswesen) die sieben Planeten (Himmelskörper)?, haben nicht die Erzengel Gabriel und Michael, die Drachentöter, auffallende Ähnlichkeit mit den alten Gottheiten, die Mars, Jupiter und Saturn repräsentierten? Wurde nicht der gefallene Engel Luzifer eindeutig als Venus, der Morgenstern identifiziert?

Planet Venus als (Himmelskörper) Morgenstern = der gefallene Engel (Himmelswesen) Luzifer

Sie erscheinen im Mai 2000, alle an einem Winkel des Trigons zu einer Konjunktion und bilden, verglichen mit dem Stern von Bethlehem (7 v. Zeitenwende) das Hexagramm, das Zeichen des Menschensohnes, den Stern Davids oder den Stern von Bethlehem. *(Abb. 48)*

Richard Noone mit seinem Buch "5/5/2000, The Ultimate Disaster", war tatsächlich einer der ersten, der über den 5. Mai 2000 berichtete, wenn auch in einem anderen und unrealistischen und mystischen Zusammenhang. Doch sein Name macht im Hinblick auf die Odyssee und die Apokalypse des Johannes Sinn: Noone kann auch als no one (niemand) gesehen werden – "niemand kennt die Stunde und den Tag"–, so lautet ein weiterer Satz der Johannesapokalypse. Hier ergibt sich plötzlich eine weitere überraschende Parallele zu Odysseus: Vor dem Riesen Polyphem hatte sich Odysseus einst als "Niemand" ausgegeben und entkam so dem Verderben nach der Blendung des einäugigen Riesen. Polyphem rief mit den Worten "Niemand hat mich geblendet" seine benachbarten Zyklopen um Hilfe. Diese, in der Meinung, jetzt sei er verrückt geworden, verlachten ihn nur.

Odysseus = Niemand

Was bedeutete wohl der einäugige Riese in Homers Odyssee? Er war ein Sohn des Poseidon! Hat sein Auge nicht Ähnlichkeit mit dem magischen Auge (Gottes) im Zentrum antiker Tierkreise? *(Abb. 49)*

Die Darstellung des Auges im Dreieck, in Kirchen das Symbol der heiligen Dreifaltigkeit, findet so ihren Ursprung als Sternbild des Sternenhimmel und den realen Planetenbewegungen, dem Trigon. *(Abb. 50)*

ABB. 49

Antike Darstellung des Tierkreises mit Auge im Zentrum

ABB. 50

Heilige Dreifaltigkeit: Dreieck mit Auge

Die Perlenreihe, ein Symposion der alten Götter

Die himmlische Perlenreihe der Planeten im Mai 2000 ist jedoch nichts Mystisches, obwohl sie einmalig ist in dieser Art, stehen doch alle alten Planeten zugleich innerhalb eines Winkels von etwa 25°. Innerhalb einer Stunde einer Uhr, wenn man sie als Zeiger einer himmlischen Tierkreis-Uhr sieht. Sie stehen alle innerhalb einer Handfläche, wenn man die Hand gestreckt vor sich zum Himmel streckt! Ein Symposion der Götter, hätten die Alten wohl gesagt!

Aristoteles, der mit Plato und Sokrates die Philosophie und die Kultur des Abendlandes (und damit des Christentums und des Fische-Zeitalters) einleitete, beschrieb so eine Konstellation der Planeten als die Große Stunde des Universums. Sie wünschten sich sehnsüchtig, den Moment miterleben zu können, da alle Himmelskörper (der Antike) auf einem Ort zusammenstehen. Könnte man ihnen davon berichten, so wäre der Bericht vermutlich ebenso komisch wie jener des Gehilfen Alfred an Professor Abronsius in Roman Polanskis (*1933) Spielfilm "Der Tanz der Vampire" (1967): Der furchtsame Gehilfe Alfred berichtet dem skurrilen Professor, wie er mit einem Vampir vor einem Spiegel gestanden sei und dabei wohl sein eigenes Spiegelbild gesehen habe, nicht aber das des Blutsaugers. Abronsius seufzt inbrünstig: "Wie gerne würde ich so etwas einmal sehen!" Und Alfred antwortet unschuldig: "Aber man sieht doch gar nichts ..."

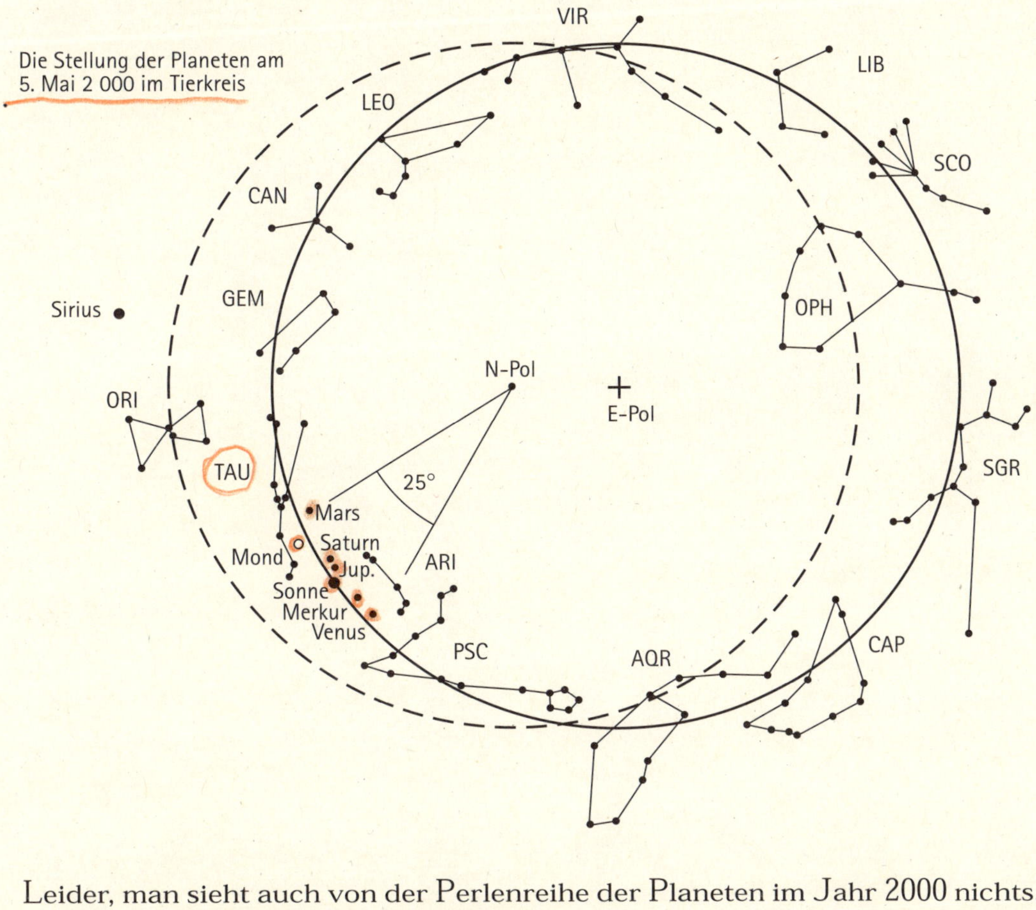

ABB. 51

Planetenstellung 5. Mai 2000 mit allen Sternbildern des Tierkreises

Leider, man sieht auch von der Perlenreihe der Planeten im Jahr 2000 nichts, weil sie hinter der Sonne stattfindet und das Licht der Planeten von der Sonne überstrahlt wird; zudem ist Neumond.
Die Perlenreihe des Jahres 2000 hätten unsere Vorfahren in der Antike allenfalls als etwas Besonderes gedeutet. Vielleicht als ein Symposion der Götter, die über das Schicksal der Menschen beraten wie in jenem Symposion, wo sie im Olymp über die Unsterblichkeit der Menschen berieten.

Die dunkelste Nacht

Die Nacht zum 5. Mai 2000 ist eine der dunkelsten Nächte! Es gibt ja keinen Mond und keine Planeten am Nachthimmel zu sehen – sie sind nur am Tag am Himmel, und da ist außer der Sonne keiner sonst zu sehen. Vielleicht wären sich die Alten von allen Göttern verlassen vorgekommen, weil sie ja alle verschwunden sind? Jedenfalls hätten sie es als einen neuen Anfang erkannt, wenn nach dem gemeinsamen Verschwinden der Götter (hinter der Sonne) diese dann langsam am Morgenhimmel wieder erscheinen ...

Ob es die heutigen Menschen auch so sehen, wird sich zeigen. Einige andere Himmelserscheinungen, wie der Komet Hale Bopp haben ja schon leichte geistige Erschütterungen verursacht, und drei totale Sonnenfinsternisse in den Jahren 1998 und 1999, die über allen Kontinenten gut sichtbar sein werden, könnten das Ihre dazu tun, die Menschen zum Nachdenken zu bewegen. Über die Anfänge von Religionen und Zeitrechnung.

1001 Nacht, Hale Bopp, Allen Ginsberg

Sonnenfinsternisse waren schon oft Anlässe zu Veränderungen und politischen Umstürzen. Hale Bopp hat übrigens eine Umlaufzeit von ca. 2400 Jahren. Es ist durchaus möglich, daß Aristoteles und Plato ihn einst auch sahen.

Die Zeit bis zum Jahr 2000 entwickelt bereits ihre eigene Dynamik für den, der sie erkennen will:

In der Nacht zum 6. April 1997, der 1001. Nacht zum Jahr 2000, der hellsten Nacht des Kometen Hale Bopp, starb Allen Ginsberg, der Poet und Prophet der Beat-Generation, die in der Hippie- und Peace-Bewegung und im Musical "Hair" mit dem Song "Aquarius" ihren Ausdruck fand.

Ginsbergs berühmtestes Gedicht "Howl" beginnt:

I saw the best minds of my generation destroyed by madness,
starving hysterical naked,
dragging themselves through the negro streets at dawn looking for an angry fix,
angelheaded hipsters burning for the ancient heavenly connection
to the starry dynamo in the machinery of night, ...

In einem anderen Kontext betrachtet, hat dieses Ereignis ebenfalls eine mythische Parallele. Im indischen Mythos begann das Kali Yuga, also das eiserne Zeitalter, in dem Moment, als Vishnu in den Himmel auffuhr. Die Werke von Ginsberg und der Beat-Generation gehören derzeit wiederum zu den meistgelesenen in Amerika. Wird Ginsberg, der Guru des "New Age", für das Wassermannzeitalter einmal das, was Vishnu für das Kali Yuga war? Die amerikanische Beat-Generation war in USA die geprügelte Generation, die am Beginn der jetzt vielbeschworenen 68er stand, die in Deutschland als

APO niedergeknüppelt wurde. Aus ohnmächtiger Wut darüber entstand daraus die RAF, deren Ende wohl Eingeständnis ihres Irrweges ist, aber nicht Ende einer Idee. Nämlich das Streben nach Friede und Selbstverwirklichung.
Das Zeitalter "Wassermann" beginnt, und, verglichen mit den vergangenen Zeitaltern Zwillinge, Stier, Widder und Fische und im Kontext zu vergangenen Kulturen, scheint seine Kraft kein esoterisches Gewäsch mehr.

Was ist Realität?

Es ist Ausdruck des Menschen und seiner Suche nach Orientierung in der Zeit. Seiner Suche nach einer Verankerung in der Realität. Eine Suche nach einer Struktur der Zeit. Eine Struktur, die sich im Lauf der Sterne und der Sternbilder finden läßt. Zwar sind die Sternbilder keine wirkliche Realität, eben nur Punktmuster, die von Menschen zu Bildern zusammengefaßt wurden. Von einem anderen Blickpunkt als der Erde aus ändern die Sterne ihre scheinbaren Positionen zueinander, ergeben also ganz andere Bildstrukturen, andere Bilder. Sie ergeben nur diesen Sinn von der Erde aus gesehen. Und eben nur den Sinn, den die Menschen ihnen geben, wenn sie Sterne betrachten und benennen. Nur Namen! Nicht wirkliche Realität!
Doch was ist Realität? Etwa ein Apfel, der am Tisch liegt? Sieht man ihn unterm Mikroskop, zerfällt er in Atome und diese in Quarks, von denen man auch nicht mehr sagen kann, wo und wann sie sind.
Das Weltbild erzeugt die Realität mit. Die Brille, durch die wir die Welt sehen, bestimmt das Bild mit. Der Denkrahmen ist mitverantwortlich für die erkannte Realität. Was außerhalb dieses Rahmens fällt, kann nicht erkannt werden, ist irreal, fiktiv, märchenhaft, mythisch, oder (zeitlich?) verrückt.
Die wirklichen Ereignisse finden immer nur hier und jetzt statt! Man muß sie daher mit den derzeit üblichen Mitteln und Maßstäben fassen und beschreiben.
So rückt das scheinbar plötzliche Auftauchen der Perlenreihe aller Planeten im Mai 2000, eine weitere Parallele, die derzeit durch alle Medien geistert, ins Bewußtsein und regt durchaus zum Schmunzeln an! *(Abb. 52)*

Die Perlenreihe, der Elchtest für Religionen

Stellt man das himmlische Wagenrennen, diese Konkurrenz von Jupiter und Saturn, wie auf einer imaginären Leinwand, die von den Fixsternen des Tierkreises gebildet wird, dar, so ergeben die Orte der Überholmanöver, von der Erde aus gesehen, ein Sternrad. Die Eckpunkte dieses langsam entlang der Ekliptik rollenden Sterns sind dieselben wie die Winkel von Keplers Trigon und entsprechen jenen des Sterns Davids. Dieses Sternrad bekommt als Darstellung einer himmlischen Bewegung aber zusätzliche Be-DEUT-ung, hat es doch eine auffallende Ähnlichkeit zum Markenzeichen eines welt-

ABB. 52

Das Trigon als Sternrad am Tierkreis

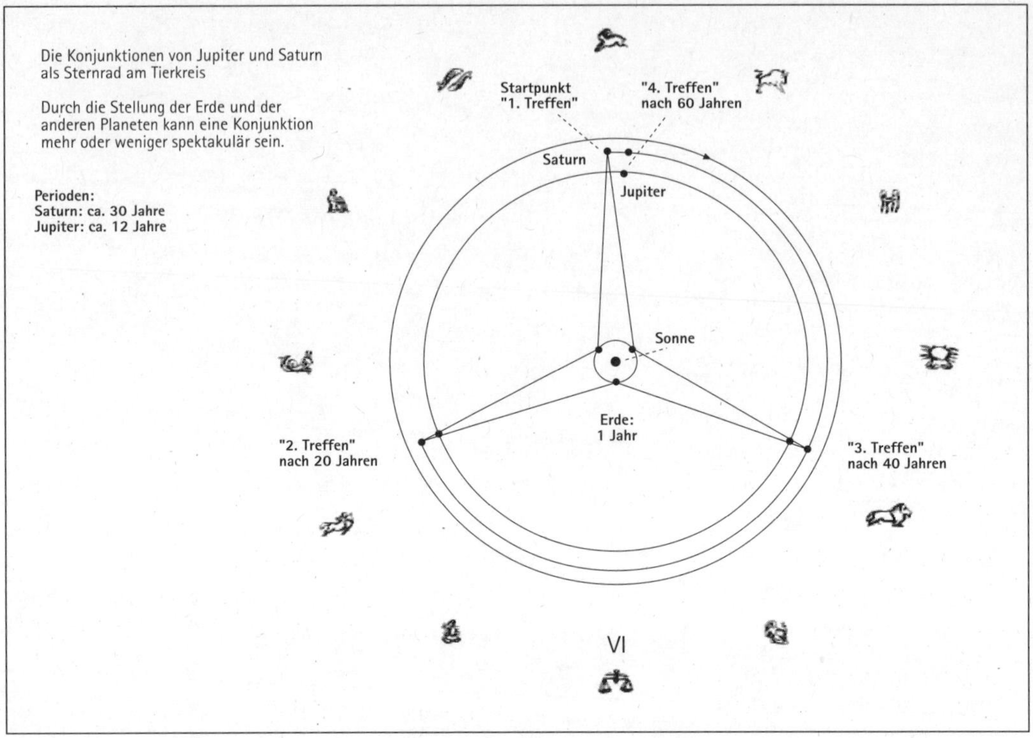

weiten Autokonzerns, der wahrlich himmlische Wägen herstellt und der vor kurzem durch den "Elchtest" in aller Munde kam. Der Autokonzern, durch das Umkippen neuester Automodelle bei den Ausweichmanövern des "Elchtestes" selbst beinahe im Schleudern, wird einen weiteren "Elchtest" durch Neukonstruktion seiner Modelle sicher in Zukunft leicht bestehen.
Wie wird aber die katholische Kirche mit dem Zeit- und Seelenschiff so einen Elchtest bestehen? Für sie muß die Neuauflage des Sterns von Bethlehem, das Auftreten des Trigons als himmlische Perlenreihe der Planeten im Mai 2000, wie ein gewaltiger Wassermann oder Poseidon erscheinen, der vor ihr auftaucht wie einst der Eisberg bei Nacht und Nebel vor der Titanic. War doch Kronos/Saturn wie Poseidon auch einer der Titanen.
Was werden die christlichen Kirchen machen, wenn der "Zeit-Gott" das Haus der Fische verläßt, auf das so viel Magie, wie der Stern von Bethlehem, so viele Symbole wie ICHTHYS und Riten wie die Taufe aufgebaut sind, und in jenes des Wassermanns weiterwandert? Werden sie einen neuen Zauber beginnen? Doch wer wird ihnen aber dann noch Glauben schenken?
Denn Glauben schenkt man! Doch wird man ent-täuscht, erkennt man den Zauber als faul, so wird man dem Täuscher keinen Glauben mehr schenken. Ob der Steuermann des Seelen- und Zeit-Schiffes "Kirche" den Kurs so

schnell ändern oder gar stoppen kann? Geht es dem Papst wie dem Kapitän der Titanic? Für eine Neukonstruktion, wie bei Autos beim Elchtest, von Modellen, wie Groer und Krenn, ist es wohl zu spät. Und ob ein Bootsmann des Kirchenschiffes den Eisberg überhaupt noch sehen kann und erkennt? Ist das (Kirchen-)Schiff noch zu retten? – Modrig? – ein Seelenverkäufer?
Die Bezüge und zufälligen Parallelen sind so auffällig, daß man meinen könnte, eine Geisterhand schreibt die Geschichte. Steht gar, wie am Anfang so auch am Ende des Zeitalters der Fische, ein Fischer? Pater Udo Fischer, der Pfarrer von Paudorf – hat er nicht als Namensvetter einen anderen prominenten "Schiffeversenker"? Nicht Udo Lindenberg und die "Adrea Doria" – sondern "Lucona" ...?
Die ersten, die ein sinkendes Schiff verlassen, sind immer die Ratten, sagt der Volksmund, und auf eine Institution übertragen, gelten wohl jene als Verräter, die ein Geheimnis verraten. – Doch Ratten sind die Meister des Überlebens ...
Für eine neue Zeit braucht man neue Denkmuster, neue Paradigmen, einen neuen Denkrahmen. Den neuen Rahmen kann man jedoch weder erkennen noch füllen, wenn man noch dem alten verhaftet ist und diesen noch nicht einmal erkannt hat.
Den alten Denkrahmen erkennen heißt, die Mythen der Vergangenheit in die heutige Sprache übersetzen, so daß sie verständlich werden. Nach alten Mythen zu handeln, ohne ihren Sinn zu kennen, ist Mystik und verliert bald den Bezug zur Realität.

Hinter der Mauer spielen Götter. Sie spielen mit
Zahlen, aus denen das Universum gebildet ist.

Le Corbusier

Er überwältigte den Drachen ... und fesselte ihn für tausend Jahre ...
Sie kamen zum Leben und zur Herrschaft mit Christus tausend Jahre.
Die übrigen Toten kamen nicht zum Leben, bis die tausend Jahre vollendet waren

Joh., Offb. 20, 2-5

Der Fremde (Oheim) war ein afrikanischer Zauberer.
Er konnte Berge aufeinander türmen und verstand sich auch in der Sternenkunde ...

Aladdin und die Wunderlampe, 1001 Nacht

Der Endzeit-Boom

Was fasziniert uns eigentlich sonst so sehr an diesem ominösen "Jahr 2000"? Was hat es an sich, dieses Datum, das manche in Verzweiflung stürzt und manche in freudige Erwartung? In Euphorie, Melancholie oder Angst – vor dem Weltuntergang?
Was ist dran an der magischen Ziffernfolge 2-0-0-0, das andere wiederum betont abtun als bloß zufälligen Zahlensprung des Dezimalsystems, das nicht einmal die Jahrtausendwende sei? – Diese sie ja erst von 2000 auf 2001.
Was bringt manche Menschen dazu, voller Hoffnung auf irgend etwas besonders Glückbringendes für Silvester 1999 die Reisebüros zwecks Hotelbuchung zu stürmen?
Was läßt die Herzen höher schlagen im Vorgefühl dieses Jahreswechsels?
Kurz: Was ist der Grund für all diese Phänomene – einschließlich der Unterhaltungsindustrie, die etwa Milliarden Dollar-Summen in Filme wie "Apocalypse Now", "Strange Days", "Michael", "Twelf Monkeys", "Waterworld", "Der Unfisch", "From Dusk Till Dawn", "Batman", "Titanic" et cetera investiert hat und weiter investiert? Warum setzen Verlage auf Buchtitel wie "Megatrends", "Celestine", "Zeitenwende", "Der Alchimist" u. ä.? Wodurch ist der Boom in der Esoterik zu rechtfertigen? Oder der Trend zur Astrologie? Ist es wirklich bloß die Zahl 2 mal 1000?!

Zahlen spielen in unserer Kultur eine bedeutende Rolle und sind eine der größten menschlichen Denkleistungen. Sie sind dabei nicht "gottgegeben"

oder von der Natur bestimmt. Nein, der Mensch selbst hat sie erfunden. Nirgends in der Natur gibt es ein Lebewesen, das rechnet. Ja, ein Reh, das eines seiner beiden Kitze verloren hat, wird es suchen; aber nicht, weil es zählen kann, sondern weil ihm das verlorene Jungtier instinktiv fehlt.
Der Schnee verfügt über ein sechseckiges Kristall. Doch kann deshalb die Natur zählen?
In jeder Elektronenhülle eines Atoms findet nur eine bestimmte Anzahl von Elektronen Platz. Doch müssen wir daraus schließen, daß die Natur die Kunst des Zählens beherrscht?
Wer die und ähnliche Fragen mit Ja beantwortet, muß diese Art des Zählens von unserer unterscheiden. Denn anders als wir, zählt die Natur höchstens eins und noch eins und noch eins ... und so weiter ... und so fort. Doch es ist ihr anscheinend "egal", was die Summe ergibt. Und allein das unterscheidet sie grundlegend vom Menschen.

Der bedeutende österreichische Mathematiker Kurt Gödel (1906–1978) hat es in seinem "Unvollständigkeitssatz" so ausgedrückt: Es gibt keine axiomatisch formulierte Theorie (oder kein Kalkül), die sämtliche Wahrheiten der Arithmetik beschreiben kann – das heißt, daß "wahr" und "beweisbar" nicht dasselbe sind. Oder einfacher: Die Gleichung 1 + 1 = 2 läßt sich nicht als richtig beweisen.

1+1=2 läßt sich mathematisch nicht als "richtig" beweisen

Was bedeutet das nun? 1 + 1 = 1 + 1! Und weiter: die Annahme, 1 + 1 sei gleich 2, entspringt bloß einer kulturellen (oder mathematischen) Übereinkunft, ist also eine menschliche Leistung.
In unserem ausgeklügelten Zahlensystem haben wir zehn Ziffern entwickelt, ja erfunden, nämlich 0, 1, 2, 3, 4, 5, 6, 7, 8 und 9. Doch gilt die Übereinkunft nur für diese Ordnung. Früher gab es auch andere Systeme: Die römischen Ziffern zum Beispiel mußten ohne 0 auskommen. Die Mayas hatten 20 Ziffern zur Verfügung, kannten ebenfalls schon die Null wie wir und verfügten über eine hochentwickelte Mathematik. Sie beherrschten, wie wir später sehen werden, die Astronomie und arbeiteten mit dem Kalender. Ins Abendland dürfte die Null von den Chinesen (I Ging) über die Inder und Araber gekommen sein. Im Mittelalter taucht sie jedenfalls bei uns auf. Die Null zeigt, daß die Zahlen Erfindungen sind.

Warum haben wir heute ein Zehnersystem? Das ist wohl ein "Zufall" – oder der "Lauf der Geschichte"; wir könnten genauso gut im Zwölfersystem rechnen oder anhand eines binären ("2er"-) Systems, wie es manche afrikanische Stämme oder die Aborigines Australiens aufweisen. Oder wir könnten gar

keines haben ...
Jedem Kind wird heute das Rechnen mit diesem Zehnersystem eingedrillt – ob es will oder nicht. Und es gibt bekanntlich Kinder, die Mathematik nicht verstehen und sich dagegen wehren, rechnen zu lernen; weil sie es "logischerweise" nicht verstehen können. Diese Kinder verfügen möglicherweise über eine andere, wunderbare Logik. Doch die geht, so scheint es, für unsere Kultur verloren ...
Wir haben uns darauf geeinigt: 1 + 1 = 2. Basta!
Denn darauf ist letzten Endes ein wichtiger Teil unserer Kultur aufgebaut. Die meisten Menschen haben diese Regelung zudem so verinnerlicht, daß ein Hinterfragen ihrer Richtigkeit gleichsam als Unsinn, als Verrücktheit angesehen würde.

10 Finger - 10 Zahlen, 3 Dimensionen

Zehn Finger – zehn Zahlen. Das scheint natürlich. Das ist unser "Werkzeug". Darauf "zählen" (!) wir. Und damit bauen wir uns unsere Welt auf, denn das Zählen und das Erzählen bilden die zwei Standbeine unserer Kultur.
Mit den zehn Ziffern und unseren Gliedmaßen – und den daraus abgeleiteten Maßeinheiten Elle, Fuß und Schritt – haben wir auf wunderbare Weise gelernt, zu rechnen und zu messen. Ja, wir haben darüber hinaus sofort damit begonnen, die ganze Natur mittels der Länge unserer Ellen und Füße zu ordnen und zu vermessen – was in der Tat ein wenig vermessen erscheinen mag! Erst später einigten wir uns – als jüngstes Längenmaß – auf das Meter.
Unsere Gliedmaßen waren unsere ersten Meß- und Rechenmöglichkeiten, unsere ersten Dimensionen. Eine Linie, darauf einigten wir uns, verfüge über eine Dimension; eine Fläche über deren zwei, der Raum besitze drei Dimensionen: Länge, Breite, Höhe. Ein Punkt, so nahmen wir an, brauche keine Dimension, kein Ausmaß, wie es das Wort selbst schon erklärt. Und damit – Punkt.
Mehr als drei Dimensionen sind für unser "räumliches" Denken zuviel. Eine weitere Dimension ist für uns – hier und jetzt – nicht vorstellbar, weil sie über unser "übliches" Denken hinausgeht. Man kann in der Realität nur hier und jetzt sein, nicht gleichzeitig an zwei Orten – oder gar in verschiedenen Zeiten – existieren! Das wäre ja ungeheuer – un-ge-heuer ... nicht heuer, nicht in dieser Zeit ...
Wenn ein Kind seine Eltern im "Übermaß" nervt und sie glauben, ihm seine Grenzen (Dimensionen) abstecken zu müssen, wie weit zählen sie? Wie viele Denkrichtungen gestehen die solcherart Gestreßten dem Nachwuchs zu, ehe sie versuchen, ihn zur "Räson" oder "Vernunft" zu bringen ...?!

Also, ich habe noch keinen Vater gehört, der etwa zu seinem allzu lauten Sohn gesagt hätte: "Du hörst jetzt sofort auf! Oder ich zähle bis vier –." Zwar will der Herr Papa Frieden (oder was er dafür hält) in den eigenen vier Wänden, an Lösungsansätzen gibt es für ihn freilich bloß drei, um den Konflikt beizulegen. Er zählt daher – auch metaphorisch – nur bis drei.
Die Lösungsmöglichkeiten:
1. Eine räumliche: einer verläßt das Zimmer.
2. Eine zeitliche: einer verschiebt sein Verlangen – nach Lärm oder nach Ruhe – auf später.
3. Eine persönliche: einer setzt sich als der Stärkere durch – oder gibt nach.
Mehr Möglichkeiten läßt die Realität nicht zu. Nur drei Ansätze zur Lösung, drei, ähnlich den drei Dimensionen, in denen wir unsere Realität wahrnehmen und erleben. Denn der Mensch kann nur handeln im Hier und Jetzt. Er vermag zwar jetzt schon die Weichen zu stellen, die vielleicht zukünftig etwas beeinflussen; er vermag auch jetzt durch einen Blick in die Vergangenheit neue Einsichten in die Realität zu gewinnen. Doch das reale Handeln und Erleben ist auf die Dimensionen Hier und Jetzt beschränkt. Ich, Hier und Jetzt bestimmen als Begriffe den Menschen in Raum und Zeit.
Ein kleines Beispiel soll dies näher erläutern.
Was ist das ?
Welche Vorstellung ruft dieses Bild in Ihnen hervor?
Betrachten Sie das Bild ruhig länger, und merken Sie sich Ihr Ergebnis, oder schreiben Sie es auf, bevor Sie weiterlesen!

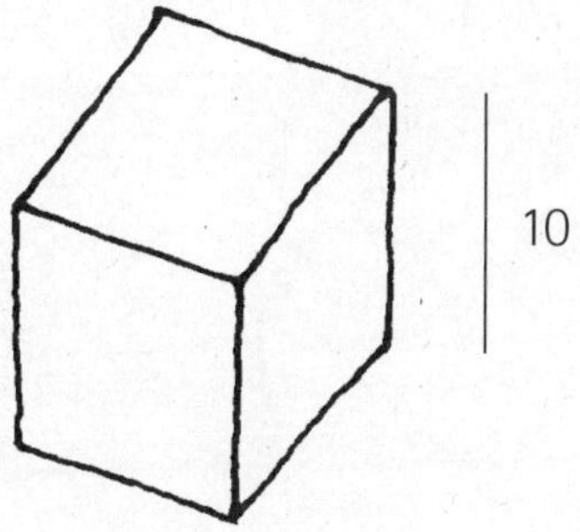

ABB. 53

Was ist das?

Zu welchem Ergebnis sind Sie gekommen?
Ist es ein Würfel?
Mit der Seitenlänge 10?
Sie befinden sich in guter Gesellschaft, denn die meisten Menschen erkennen sofort die "räumliche" Darstellung eines Würfels darin. Länge mal Breite mal Höhe ergeben also 1000 kleine Würfel, in die er zerfällt.
Doch daß sie einen Würfel darin sehen, ist das Ergebnis ihrer "Kopfarbeit", eine Leistung ihres Gehirns und ihres räumlichen Denkens.
Ein Kind oder ein Mensch eines anderen Kulturkreises kann darin vielleicht ein Sechseck, geteilt in drei Teile, sehen. Ein Imker sieht eine Bienenwabe, ein Gärtner eine stilisierte Rose, ein geometrischer Zeichner und ein "linearer" Denker wird neun gleich lange Linien erkennen, die an allen ihren Enden aneinandergefügt sind.
Daß Sie darin wahrscheinlich einen Würfel erkannt haben, ist eine phantastische abstrahierende Gedankenleistung. Ihr Gehirn hat aus ein paar Strichen einen Würfel in den Raum gezaubert.
Der Großteil der Menschen in unserer Kultur hat dies so gelernt, geprägt durch das Cartesianische System, das die moderne Technik hervorbrachte.
Dennoch ist es eine Prägung, ein "Kästchendenken", das uns eben in seinen Wänden gefangenhält.
Das Sechseck könnte nämlich auch als Teil eines Musters gesehen werden, das als Penroses Kachelmuster bekannt wurde.

ABB. 54

Penroses Kachelmuster

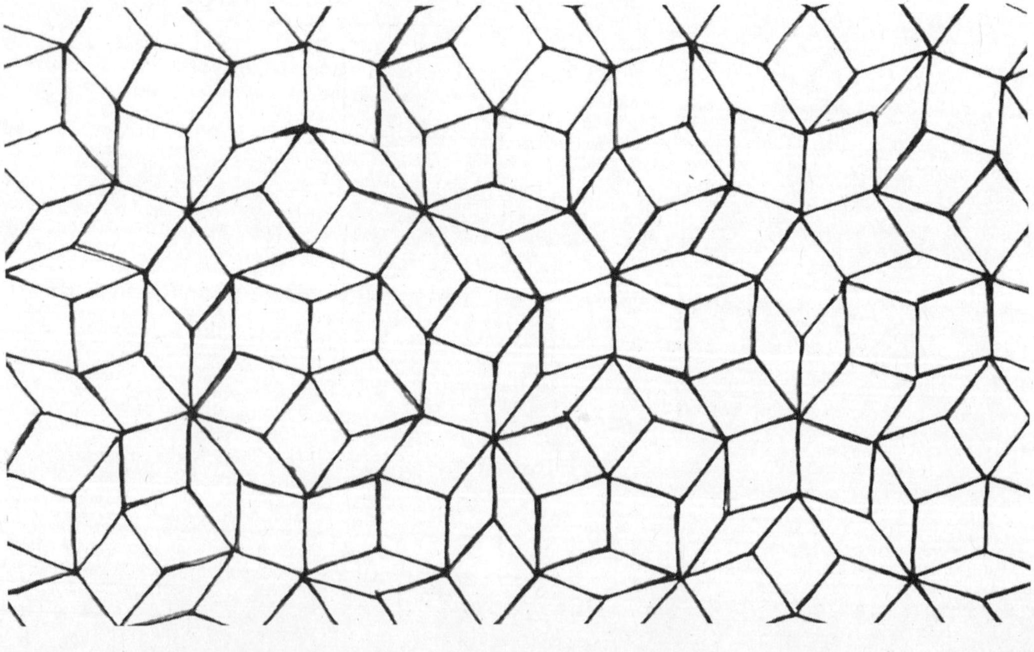

Das Muster wurde Modell in der Chaosforschung für Selbstorganisation, man nennt es Quasikristall, und es zeigt den Unterschied zwischen Symmetrie, Fernordnung und Wiederholung. So unglaublich es klingen mag, mit diesen zwei Formen kann eine Fläche lückenlos ausgelegt werden, dennoch werden Sie, soweit Sie es auch treiben mögen, keine regelmäßige Wiederholung eines lokalen Musters dieser Kachelung finden. Es ist das totale Chaos in dieser Ordnung oder umgekehrt, in diesem Chaos steckt Ordnung.

Im Chaos steckt Ordnung

Werkstoffe mit ähnlichen atomaren Strukturen bekommen zusehends Bedeutung in moderner Werkstoffkunde.

Dieser kurze Ausflug soll Ihnen auch als Ermunterung dienen, das "Kästchendenken" auch mal kurz zu verlassen; dies kann Ihnen bei der Lektüre dieses Buches behilflich sein.

Andere Erlebnisebenen tun sich freilich in Träumen, Gedanken, Phantasien und in den diversen Geschichten auf, die wir im Schlaf oder in entsprechenden Büchern, Filmen oder im Cyberspace vorfinden oder aufspüren. Die wahren Abenteuer fänden im Kopf statt, behauptete der Poet André Heller (*1947). Abenteuer, die eine Art von Erleben sind, sich jedoch eben *nicht* in der Realität abspielen, nichtsdestoweniger jedoch Auslöser für unser menschliches Handeln sein können. Wir handeln, weil wir denken und fühlen, bewußt und unbewußt, doch niemals ohne Grund. Das Unbewußte äußert sich in den Träumen des Menschen sowie im unbewußten Handeln. Und das Unbewußte ganzer Völker drückt sich in Mythen und Märchen aus. Ein bewußtes Kopfprodukt der Menschheit sind die Zahlen, die Null und die Stellenwerte. Doch auch dafür stehen uns im normalen Leben nur drei Dimensionen zur Verfügung.

Alles über 1000 wird inflationär

Wir haben uns daran gewöhnt, die räumlichen und körperlichen Dinge im Dezimalsystem zu messen und zu zählen. Für die Messung der Zeit freilich haben wir im wesentlichen ein 12er-System entwickelt, da wir den Ablauf der Zeit als "zyklisch" erkannt haben – und der Kreis sich sehr harmonisch durch zwölf teilen läßt.

Zum Messen und Zählen benützen wir ansonsten zehn Zahlen in drei Dimensionen. Zehn Finger, zehn Ziffern und unser räumliches Denken. Damit können wir uns in den drei Koordinaten Länge, Breite und Höhe vorstellen. 10 hoch 3 ergibt 1000, die größte "menschlich" vorstellbare Zahl. Alles darüber hinaus erscheint uns "inflationär" und bedürfte weiterer Hilfsmittel.

Wir haben unsere Maße danach abgestimmt: Es gibt keine größeren Sprünge als "Tausendersprünge". Von Gramm über Kilogramm geht es zur Tonne; die

Meile entspricht 1000 Schritten; und auch die Einteilung des Längenmaßes Meter verdeutlicht es: Kilometer, Meter. Millimeter, Nano- und Pikometer et cetera. Jeweils sind es Tausenderschritte, die wir benutzen. Nur Dezimeter und Zentimeter machen Ausnahmen, allerdings in Richtung hin zu Zehnerschritten. Wir schreiben bei "großen" Zahlen mit vielen Nullen nach drei Stellen einen Punkt – oder wir lassen einen Zwischenraum offen, etwa: 100 000 000. Nein, wir trauen uns keine größeren als Tausenderschritte zu. Manche Begriffe haben "Tausend-" als Zeichen der gewaltigen Vielzahl, und wir reden gerne vom "Tausendfüßler" oder vom "Tausendsassa" und dem "Tausendschönchen"; aber "Tausendundeine Nacht" geht bereits einen Schritt über das Begreifbare hinaus – eben ins Märchenhafte.
Ein Tausendersprung ist nun einmal etwas Besonderes: Es handelt sich dabei quasi um den Sprung über einen sehr tiefen Graben, auf eine neue Ebene. Man stelle sich einen Wasserhahn vor, aus dem es in ein Glas tropft, das mit 1000 Tropfen randlos gefüllt ist. Unter dieses Glas stellt man ein zweites, und jetzt müssen die Tropfen aus dem ersten Glas tief, bis auf den Grund des bis dato leeren zweiten fallen. So ähnlich geht es uns mit der Zeit, nur die Tropfen sind plötzlich Jahre, und das Glas ist ein Jahrtausend. Ja, und der Raum zwischen den zwei Gläsern gibt uns ein Gefühl, in den Anbeginn der Zeit zu sehen, in das Nichts oder in den Abgrund der Ewigkeit der Zeit, über die wir spüren, springen zu müssen!
Das mag zum Teil die tiefe menschliche Angst erklären, die in vielen von uns sitzt, wenn wir an die bevorstehende Jahrtausendwende denken. Eine Angst, die Folge unseres Zählens und unseres Zählsystems ist. Lebten wir etwa im Zwölfersystem – wie die Babylonier –, so empfänden wir unsere Zahl 1 000 wie jede andere. Allerdings erwarteten uns dann Probleme mit unserer Zahl 1 728, die 12 hoch 3 bedeutet ...
Die Mathematik und überhaupt die Beschäftigung mit Zahlen dürfte auch eine besondere Bedeutung zur Krankheit "Melancholia" haben. Die Schönheit der Melancholie in Albrecht Dürers (1471–1528) Stich ist auf seltsame Weise mit Symbolen des Untergangs, mit dem Stern oder Kometen im Hintergrund, der oft auch als Saturn gedeutet wird, und der Magie der Zahlen verwoben. Hängen damit womöglich die auffallende Häufung von Depressionen, die Massenselbstmorde und der vermehrte Drogenkonsum in unserer "Endzeit" zusammen? Eine Erscheinungsform des Saturn als Waldgott ist Satyr oder Pan. PANik und PANische Angst verbreitete er einst durch sein plötzliches Erscheinen. Künden die psychischen "Modekrankheiten" wie Borderline-Syndrom und Panikattacken die nahende Endzeit an? *(Abb. 55)*

ABB. 55

Melancholia, Dürer

Johannes von Jerusalem, die Vision des vorigen Jahrtausendwechsels

Beim Jahrtausendwechsel vor nunmehr fast 1 000 Jahren hatten die Menschen, wie wir wissen, auch schon Probleme, die Hürde mit Anstand zu überwinden. Ein Tempelritter namens Johannes von Jerusalem (wahrscheinlich 1042–1119) hat über diese gedanklichen Wirren sicherlich aus naher Überlieferung Bescheid gewußt. Indes nahm sich der hochgebildete Benediktinermönch des dritten Jahrtausends an: Hat er doch niedergeschrieben, was die Zeit nach 2000 bringen werde. Er hat also visionär formuliert, wie er sich den nächsten – somit "unseren" – Jahrtausendwechsel und die Zeit danach vorstelle.

Wenn das Jahrtausend, das nach dem Jahrtausend kommt, zu Ende geht,
Wird es für den Menschen eine zweite Geburt geben,
Der Geist wird sich der Masse der Menschen bemächtigen,
Die eins sind in der Brüderlichkeit.
Dann wird das Ende der Zeiten der Barbarei verkündet.

Es wird die Zeit einer neuen Stärke im Glauben sein,
Nach den schwarzen Tagen am Beginn des Jahrtausends,
Das nach dem Jahrtausend kommt,
Werden die glücklichen Tage beginnen.
Der Mensch wird den Weg der Menschen wiederfinden,
Und die Erde wird ihre Ordnung wieder haben.

So lauten einige Zeilen am Schluß dieses Buches.

Das Werk an sich ist hoch interessant, doch noch aufregender scheint das wechselvolle Schicksal zu sein, welches das Buch selbst im Lauf der Geschichte durchmachen mußte. Eine Abschrift soll übrigens dem Arzt und Astrologen Nostradamus (Michel de Nostre-Dame, 1503–1566) bei der Abfassung seiner berühmten, bis heute nicht völlig entschlüsselten Prophezeiungen als Quelle gedient haben. Die jetzt erstmals veröffentlichte Ausgabe des oben erwähnten Buches wurde nach dem Fall des Kommunismus in den Archiven des KGB gefunden, in der Lubjanka, dem berüchtigten Moskauer Gefängnis. Die Sowjets hatten die Handschrift knapp nach Ende des Zweiten Weltkrieges im ehemaligen "Führerbunker" in Berlin gefunden und beschlagnahmt. Die Nationalsozialisten wiederum waren während des Polenfeldzuges an das Buch herangekommen, das sich in der Bibliothek der Jüdischen Gemeinde zu Warschau befunden hatte.

Hitlers 1000jähriges Reich

Waren die Visionen des Johannes von Jerusalem am Ende für Adolf Hitler (1889–1945) Anlaß, sich in den letzten Kriegsjahren in den Wahn eines "Tausendjährigen Reiches" zu steigern? Bekanntlich glaubte Hitler mit Inbrunst an die "Vorsehung" – und an die Astrologie ...

Die Magie der Zahlen vermag also, seltsame Auswüchse hervorzubringen. Der Umgang mit sogenannten "Glückszahlen" gehört ebenfalls hierher; glaubt doch mancher Spieler felsenfest an die Richtigkeit "seiner" Zahl(en). Hab und Gut, Wohlstand und Existenz sind der Einsatz für diese (Gut-?)-Gläubigkeit. Vergleichsweise harmlos erscheint es uns dagegen, wenn reiche Chinesen umgerechnet Tausende Dollars zahlen, um Autokennziffern mit den "Glückszahlen" 999 zu ergattern ...

Im Jahre 2-Rohr verwandelte sich Tezcatlipoca in Mixcoatl
und erzeugte das erste Feuer mit dem Quirlbohrer,
weil Mixcoatl am Himmel seinen Sitz hat,
um den sich das ganze Firmament im Kreise dreht,
wie der Holzquirl im Loch des Bohrbrettes, wenn man Feuer bohrt.

Walter Krickerberg, Altmexikanische Kulturen

Das Weltendasein hat gefunden gleich sein Ende ...
... Übermorgen und eine Stunde nach Mitternacht wird die Erde
auf Grund einer bis zur Sekunde genau vorausberechneten Erdbebenkatastrophe
zusammenfallen in sich ...
... und die (Zyankali-)Automaten werden aufgestellt sein
innerhalb von nur zwanzig Minuten.

Robert Wolf, Zyankali 2000

Stirb, bevor du stirbst.

Scheich Osman Naqshbandi. Sufi (?- 1997)

Und ich hörte die Zahl aller, ... es waren einhundertvierundvierzigtausend
aus allen Stämmen ...

Joh., Offb. 7,4-5

Ein Beispiel dafür, welches Schicksal Zahlen für ein ganzes Volk bedeutet haben könnten, liefern uns die Mayas. In ihrer Kultur gab es im Jahr 830 n. Chr. unserer Zeitrechnung ein unerklärliches Ereignis, das zum bisher rätselhaften Ende der Maya-Zivilisation führte. Vielleicht ein Ereignis, wie unsere bevorstehende Zeitenwende – aber mit fatalem Ausgang, dessen Ursache möglicherweise in der Zeitrechnung liegt. *(Abb. 56)*

Die Maya-Kultur verfügte über ein sehr hoch entwickeltes mathematisches und astronomisches Wissen und einen komplizierten Kalender. Ihre Astronomen zählten im sogenannten "Long Count" die Tage fortlaufend ohne Schalttage, ähnlich wie die heutigen Astronomen mit unseren Julianischen Tagen.

1	Kin			1	Tag	
20	Kin	1	Uinal	20	Tage	
18	Uinal	1	Tun	360	Tage	
20	Tun	1	Katun	7200	Tage	
20	Katun	1	Baktun	144 000	Tage (ca. 394 Jahre)	

Um 830 n. Chr. rätselhaftes Ende der Maya

Die Zählung begann 3112 v. Chr. mit dem ersten Kin zu einer Zeit, als Thuban Polarstern war (im Zeitalter des Stiers), und die Maya-Zivilisation endete abrupt im Jahr 830 nach Christus. Seltsamerweise ohne jegliche kriegerische Handlungen oder Zerstörung von außen, auf unbekannte Weise also. Die Städte wurden – ohne ersichtlichen Grund – von ihren Bewohnern einfach verlassen.

Nun fand ich durch Berechnungen des Maya-Kalenders und Vergleich mit dem Gregorianischen heraus, daß das Ende dieser Hochkultur in Mittelamerika anno 830 (zufällig?) genau mit dem Ende des neunten Baktuns zusammenfiel!

Baktun	0	(Beginn)	3112	vor Zeitenwende
Baktun	1		2717	
Baktun	2		2323	
Baktun	3		1929	
Baktun	4		1535	
Baktun	5		1140	
Baktun	6		746	
Baktun	7		352	vor
Baktun	8		42	nach Zeitenwende
Baktun	9		436	
Baktun	10		830	

Der letzte Tag der Zivilisation war der letzte Tag des neunten Baktuns, der 1439999. Tag. Und der darauffolgende, der nächste Tag wäre der 1,440,000. Tag gewesen ... also in der mathematischen Rechenweise der Mayas: 18 x 20 x 20 x 20 x 10; in unserer: (12 x 100) zum Quadrat, also 1200 x 1200. War das am Ende ein Tag, der außerhalb der intellektuell möglichen Dimensionen der hochentwickelten Mathematik der Mayas lag? Ein mathematischer "Letzter Tag"?

Da muß man unwillkürlich an unsere Computer denken und an die Tatsache, das viele (vor allem mit älteren Programmen arbeitende) Rechner im Jahr 2000 zu wenig Speicherplätze für die Datumsangabe haben werden. Kein

ABB. 56

Kalenderstein der Mayakultur

Wunder, daß Firmen weltweit horrende Summen an bereits pensionierte Computer-Fachleute bezahlen, die noch die Computersprachen von früher beherrschen. So soll das Chaos aufgehalten werden, das ausgelöst würde, wenn die Geräte ab 1. 1. 2000 brav und bieder als Jahreszahl "00" angeben – und damit für den Rechner 1900 gemeint ist ... Ungeahnte Folgen zweier vor Jahrzehnten "eingesparter" Dezimalstellen! Unser "Millenniums-Virus" ...

Millennium bug

Zurück zu den Mayas. War also das Maß ihrer Vorstellungskraft voll? Reagierten sie daher auf Art der Lemminge? Denn warum sollten sie ohne sonst ersichtlichen Grund die Segnungen ihrer Hochkultur aufgeben, ja sich selbst und sich als Volk verneinen? Dahinsterben am "12000-Tage-Fieber"? Wir werden es wahrscheinlich niemals restlos ergründen können, warum die Maya-Kultur tatsächlich aufhörte zu bestehen; das Datum in ihrem Kalender war jedenfalls ein besonderer Eckpunkt.
Eine Spekulation: Die Mayas waren am Ende des neunten Baktuns, das heißt in der Mitte ihrer maximal "denkmöglichen" 20 Baktuns, angelangt und fürchteten, die Zeit könnte von nun an zurückzulaufen beginnen! Dieser Tag, in der Mitte aller "mathematisch" denkbaren Tage, war vielleicht ein Tag der Abrechnung, der Waage, vor dem sich alle fürchteten. Haben wir nicht ähnliche Probleme mit unserem Jahr 2000, diesem horriblen Millennium?! Die Priester und Astronomen der Mayas hatten womöglich dieselben Angstgefühle wie "Heaven's Gate" und andere Sekten, die einen Massenselbstmord auslösten.

Heavens Gate, Aum-Sekte, Davidianer-Sekte

Für das plötzliche Verschwinden der Mayas wird mitunter die Theorie von der Auslaugung der Böden und daraus resultierenden Hungersnöten ins Treffen geführt. Indes die Wiederbesiedlung nach einigen Jahrzehnten und der Mythos bei den wenigen zurückgebliebenen beziehungsweise bei benachbarten Indios, der besagte, sie seien in den Himmel aufgefahren –spricht das nicht eine andere Sprache? Und ist hier nicht auch eine Parallele zu sehen: Wollten nicht auch einige der heutigen Sektenangehörigen "in den Himmel auffahren"?!

Die Orientierung der Mayas und ihres Long-Count-Kalenders geschah vielleicht allzu einseitig nur nach Zahlen. Also nach künstlichen Gebilden. Das Zählen der Tage nahm wohl zu großen Raum im gesamten Denken ein. Leicht gingen solcherart die Zusammenhänge des menschlichen Lebens mit anderen natürlichen Abläufen – wie Jahre, Monde und Sonnenkonstellationen – verloren. Die Mayas waren möglicherweise geistig zu abgehoben, sie verloren den Boden unter den Füßen, weil ihnen zu viel durch den Kopf ging ... Und, im Vertrauen, bei der Beschäftigung mit der Zeitrechnung kann es anderen auch manchmal so ergehen. Sich dann auf die Natur rückzubesinnen tut allemal gut, glauben Sie mir, einem "Betroffenen"!

Stichwort Natur: Meine Hündin hat allem Anschein nach mit Zahlen keinerlei Probleme; sie kann ja weder rechnen noch zählen, sondern schaut mich höchstens zu Silvester immer verwundert an, was denn das laute Raketenschießen solle, die Knallerei mit den Sektkorken und überhaupt die ganze Aufregung der Zweibeiner (die dann zuletzt womöglich erst recht auf allen vieren gehen!)? Für meine Hündin ist Silvester ein Tag wie jeder andere auch.

Und daher kann ich mich auf meine Hündin verlassen, daß die Zeit nach überstandenem Jahreswechsel 1999/2000 weitergehen wird. Denn sie verläßt sich lediglich auf mich und meine "Kultur", ihr – gemäß unserer "Übereinkunft" – pünktlich ihr Fressen zu geben. Sie würde mir auch bestimmt kein Ultimatum stellen, sollte einmal was in Sachen Verpflegung dazwischenkommen. Nein, sie würde nicht bellen: "Ich zähle jetzt bis – – –"!

Jemand hat mich nach meinem Alter gefragt,
nachdem er das Grau meiner betagten Schläfen gesehen
und die Furchen meiner Stirn.
Ich habe ihm geantwortet:
"Eine Stunde.
Die Zeit, die ich anderweitig gelebt habe,
zähle ich für nichts."
Er hat mir gesagt:
"Was meint ihr damit? Erklärt Euch!
Das ist wohl die bewegendste Sache der Welt."
Ich sagte also:
"Eines Tages habe ich, ganz überraschend,
einen heimlichen Kuß gegeben der,
die mein Herz besitzt.
Mögen meine Tage noch so zahlreich sein,
ich werde nur diesen kurzen Augenblick zählen,
denn er war wirklich mein ganzes Leben"

Ibn Hazm, andalusischer Dichter (10. und 11. Jh.)

Was ist Zeit?
"Wenn mich niemand fragt, dann weiß ich es.
Wenn ich es erklären soll, dann weiß ich es nicht."

Augustinus (354–430)

...and crawling on the planets face
some insects called the human race,
lost in time and lost in space,
and meaning.

The criminologist; Rocky Horror Picture Show

"Was einmal war, wird niemals wieder in der gleichen Weise sein", und während er das dachte, war er sehr erstaunt. Denn angenommen, daß es in der Geschichte kein freiwilliges Zurück gebe, so glich die Menschheit einem Mann, den ein unheimlicher Wandertrieb vorwärts führt, für den es keine Rückkehr gibt und kein Erreichen, und das war ein sehr bemerkenswerter Zustand.

Robert Musil, Der Mann ohne Eigenschaften

Bleiben wir noch ein wenig bei meiner vierbeinigen Gefährtin. Diese Jagdhund-Dame versucht natürlich, wie es dem Wesen ihrer Rasse entspricht, auch beim Spazierengehen immer wieder alles mögliche zu erjagen. Meistens sind es Vögel, die letztlich ohnedies mit Leichtigkeit entfleuchen können, weil sie eben Meister der Lüfte sind. Meine treue Gesellin ist kein Vorstehhund, sondern eine Bracke; also pirscht sie sich – zuerst langsam – an die vermeintliche Beute heran ... Dann wird sie immer schneller und schneller – bis sie mit Höchstgeschwindigkeit den Vogel, auf den sie es abgesehen hat, zu erwischen versucht. Und bevor der Vogel auffliegt, kommt der entscheidende Moment: Da sieht man es der Hündin ganz genau an, sie schätzt ab, ob ihr genug Zeit bleibt. Zeit, den Vogel zur Strecke zu bringen. Natürlich klappt es nicht, wird es nie klappen. Und meine Hündin sieht mich nach erfolgloser "Jagd" vorwurfsvoll an. Im Inneren fragt sie wohl sich und mich, warum ich ihr das verflixte Fliegen nicht beigebracht habe ...

Mir vermittelt sie indes einen tiefen Eindruck davon, was Zeit ausmacht, was es mit Zeit auf sich hat. Ihr immer wieder von neuem unternommener Versuch, einen Vogel zu erjagen, wird durch das permanente Scheitern nicht in Frage gestellt. Denn meiner Hündin fehlen die zur Infragestellung nötigen Voraussetzungen. Sie vergißt einfach alles um sich herum, ist ausschließlich hier und jetzt – und Jäger. Sie mißt die Entfernung, legt sich ihre Geschwindigkeit zurecht und spürt, wieviel Zeit ihr bleiben könnte. Über so viel elementares Zeitempfinden verfügt sie nämlich. Und sie läßt den Augenblick auf sich wirken. Der Augenblick ist wichtig für meine Hündin. Ansonsten gibt es ja bloß – Langeweile. Und das bißchen Warten auf das Fressen und den Spaziergang, die beide auch heute nicht ausbleiben werden ...

Subjektives Zeitempfinden

Meine Hündin erlebt also eine Zeit zwischen Augenblick und Langeweile.

Zugegeben, Augenblick und Langeweile bestimmen hochgradig auch unser menschliches Dasein, also zunächst unsere Zeitempfindung. Zum Augenblick und der Langeweile gesellen sich indes noch, durch unser Bewußtsein bedingt, die Begriffe Ewigkeit – als unendliche Fortdauer der Zeit – und Tod, das Aus jeglicher Zeit.

Unsere scheinbar objektiven Zeitmaße wie Jahr und Tag kommen uns subjektiv einmal kürzer, einmal länger vor. Die Jahre erscheinen uns mit fortschreitendem Alter kürzer zu werden. Dies mag wohl daran liegen, daß wir das soeben vergangene Jahr in Bezug setzen zur Dauer unserer insgesamt erlebten Jahre. Für einen Zehnjährigen dauert ein Jahr also ein Zehntel seines bisherigen Lebens, bei einem Fünfzigjährigen entspricht es indes nur mehr zwei Prozent seiner bisherigen Lebenszeit. Je älter der Mensch wird, um so schneller scheint ihm also die Zeit zu vergehen. Die Frage bleibt freilich offen: Wo sind die Jahre alle geblieben ...? Doch sie ist müßig ...!

Wir brauchen also ein objektives Zeitmaß.
Doch – wie kann man Zeit messen?
Die Natur gibt es uns mit Tag, Vollmonden, mit Jahr und Jahreszeiten vor.
Doch was besagen diese Begriffe?
Machen Sie mit bei einem Rätselspiel, ja? Also: Fragen Sie einmal jemanden anderen (oder sich selbst) das Folgende und notieren Sie die Antwort auf die Frage sogleich auf einen Zettel und lesen Sie später weiter.
Frage: Was ist ein Tag?
Was ist der eigentliche Grund, die Basis für den Tag?

Objektives Zeitmaß

Na, was haben Sie herausbekommen als Antwort(en)?
24 Stunden? Nun, bedeuten 24 Stunden ein Naturmaß? Was gibt uns die Uhr mit 24 Stunden vor?
Wir kommen der Antwort bereits näher. Natürlich, ein ganzer Tag ist die Zeit von Sonnenaufgang bis Sonnenuntergang – oder von Mitternacht bis Mitternacht.
Doch was sind die eigentlichen Auslöser aller unserer Zeiträume und Zeitmaße? Warum geht die Sonne auf?
Es dreht sich um Bewegungen von Himmelskörpern, in denen Räume durchmessen und überwunden werden. Ein Tag ist eine Erdrotation, ein Mond ist eine Umkreisung des Mondes um die Erde. Ein Jahr entspricht der Umkreisung der Erde um die Sonne. Dies erscheint uns heute trivial; dennoch dauerte es für uns Menschen Jahrmillionen, die Sachlage zu erkennen. Und vor kaum 500 Jahren konnte man solcher Aussagen wegen auf dem Scheiterhaufen landen.
Diese Macht der Kirchen ist, wenigstens in Europa, hoffentlich vorbei, obwohl bei manchen Katholiken diese alte Gesinnung noch aufrecht ist. Im Mürztal gibt es zum Beispiel einen Pfarrer, der sich rühmt, noch Exorzismus zu betreiben, und der seine abgöttischen Anhänger auffordert, Bücher und Zeitungen zu verbrennen und Fernseher aus dem Fenster zu werfen. "Werft weg alle Halsketten mit Tierkreissymbolen! Sie sind Teufelszeug! Verbrennt alle Bücher! Ihr braucht nur ein Buch, die Bibel, dort steht alles drinnen!" schrie er unter den Halleluja-Rufen seines Gefolges.
Ich wandte mich mit Schaudern und verließ den Ort dieses "Gottesmannes" mit der Frage, wie lange es wohl dauern würde, daß nach den Büchern auch wieder Menschen brennen werden, kommen solche Fundamentalisten wieder an die Macht. Katholische Assassinen!

Der Kampf um die Sonntagsruhe und die Feiertage macht diesen Machtkampf um die Zeiteinteilung der Menschen durchaus bewußt. Wer die Zeit der Menschen einteilt, der beherrscht sie letztendlich. Der Hintergrund ist der Kalender und wer derjenige ist, der ihn besitzt. Er ist derjenige, der die Erdbewegungen einteilt und damit den (Zeit-)Lauf der Erde bestimmt.
Also: Diese drei Bewegungen, Erdrotation, Mondlauf und der Lauf der Erde um die Sonne, sowie die unterschiedliche Dauer der Perioden zu messen und sie sinnvoll miteinander zu verknoten, machen die Kunst eines guten Kalenders aus. Sie sind die Dinge, um die sich im Wortsinn "alles dreht".
Das Sicherste und Einfachste ist es nun, die Tage fortlaufend zu zählen und zu numerieren. Die Astronomen tun das – und verlieren keinen Tag dabei. Die Methode ist indes über einen längeren Zeitraum (über 1000 Tage) unpraktisch und "inflationär". Die Astronomen zählen ab dem Jahr 4713 v. Chr. und sind derzeit bei ca. 2.450.000 Tagen angelangt. Doch für den täglichen Gebrauch scheint diese Zählung allein auf Dauer sicherlich nicht geeignet.

Meister Unmon sagt:
"Ich frage euch nichts über die vergangenen zwei Wochen.
Aber was soll man über die kommenden zwei Wochen sagen?
Sagt mir etwas darüber."
Als keiner der Mönche antwortet, sagt der Meister:
"Jeder Tag ist ein guter Tag."

Zen

Der Papalagi hat keine Zeit:

Der Papalagi liebt das runde Metall und das schwere Papier,
er liebt es, viel Flüssigkeiten von getöteter Frucht und Fleisch
von Schwein und Rind und anderen schrecklichen Tieren in seinen Bauch zu tun,
er liebt vor allem auch das,
was sich nicht greifen läßt und das doch da ist – die Zeit.
Er macht viel Wesens und alberne Rederei darum.
Obwohl nie mehr davon vorhanden ist
als zwischen Sonnenaufgang und -untergang hineingeht,
ist es ihm doch nie genug.

Der Papalagi ist immer unzufrieden mit seiner Zeit,
und er klagt den Großen Geist dafür an,
daß er nicht mehr gegeben hat.
Ja er lästert Gott und seine große Weisheit,
indem er jeden neuen Tag
nach einem ganz gewissen Plane teilt und zerteilt.
Er zerschneidet ihn geradeso,
als führe man kreuzweise mit einem Buschmesser durch eine weiche Kokosnuß.
Alle Teile haben ihren Namen:
Sekunde, Minute, Stunde.
Die Sekunde ist kleiner als die Minute,
diese kleiner als die Stunde;
alle zusammen machen die Stunden,
und man muß sechzig Minuten
und noch viel mehr Sekunden haben,
ehe man soviel hat wie eine Stunde.

Das ist eine verschlungene Sache,
die ich nie ganz verstanden habe,

weil es mich übel anmacht,
länger als nötig über solcherlei kindische Sachen nachzusinnen ...

... Wir müssen den armen, verirrten Papalagi vom Wahn befreien,
müssen ihm seine Zeit wiedergeben.
Wir müssen ihm seine kleine runde Zeitmaschine zerschlagen und ihm verkünden,
daß von Sonnenaufgang bis -untergang viel mehr Zeit da ist,
als ein Mensch gebrauchen kann.

Die Reden des Südseehäuptlings Tuiavii aus Tiavea über den Papalagi

Mit Ihrem Einverständnis kehren wir wieder zu meiner Hündin zurück. Ganz so "zeitlos", wie vorhin ausgeführt, scheint sie nun freilich doch nicht zu leben. Denn im Winter wächst ihr ein wärmeres Fell, und ihre Vorfahren, die Schakale und Wölfe, richteten sich beim Werfen ihrer Jungen sehr exakt nach den Jahreszeiten, damit sie die Nachkommenschaft auch durchbringen konnten. Diese "Zeitrechnung" müssen wir freilich eher als instinktiv bezeichnen.

Unsere menschliche Zeitrechnung versucht – auf Grund unseres Intellekts –, die natürlichen Vorgänge genauer zu erfassen und in ein System zu bringen, also: eine Regel dafür zu finden. Wir richten uns dabei nach den von der Natur vorgegebenen Rhythmen und Perioden und zählen mit unseren erfundenen Zahlen.

Die wichtigsten Rhythmen sind Tag, Mond bzw. Monat, Jahr.

Beim vorhin offerierten Rätsel werden Sie mir vermutlich – nach einigem Überlegen – zugestimmt haben, daß die Perioden durch die Sternenbewegungen ausgelöst würden. Ein Tag entspricht einer Drehung der Erde um sich selbst, ein Mond einer Erdumkreisung des Mondes, ein Jahr der einmaligen Umrundung der Sonne mittels unseres Raumschiffs Erde.

Diese drei Bewegungen sind die Grundlagen unserer herkömmlichen Kalender.

Die Monate werden durch die Sternbilder vorgegeben

Die Neigung der Erdachse führt dabei zur Ausprägung der Jahreszeiten, und die Sonne durchläuft auf ihrem Weg die zwölf Tierkreiszeichen am Fixsternhimmel. Die Wanderung der Sonne durch die zwölf Bilder entspricht den zwölf Monaten. Zeitliche Orientierungspunkte für die Jahreszeiten sind die Tag- und Nachtgleichen (Äquinoktien) und der kürzeste beziehungsweise der längste Tag (Solstitien). Dies sind die vier Kardinalpunkte des Jahres.

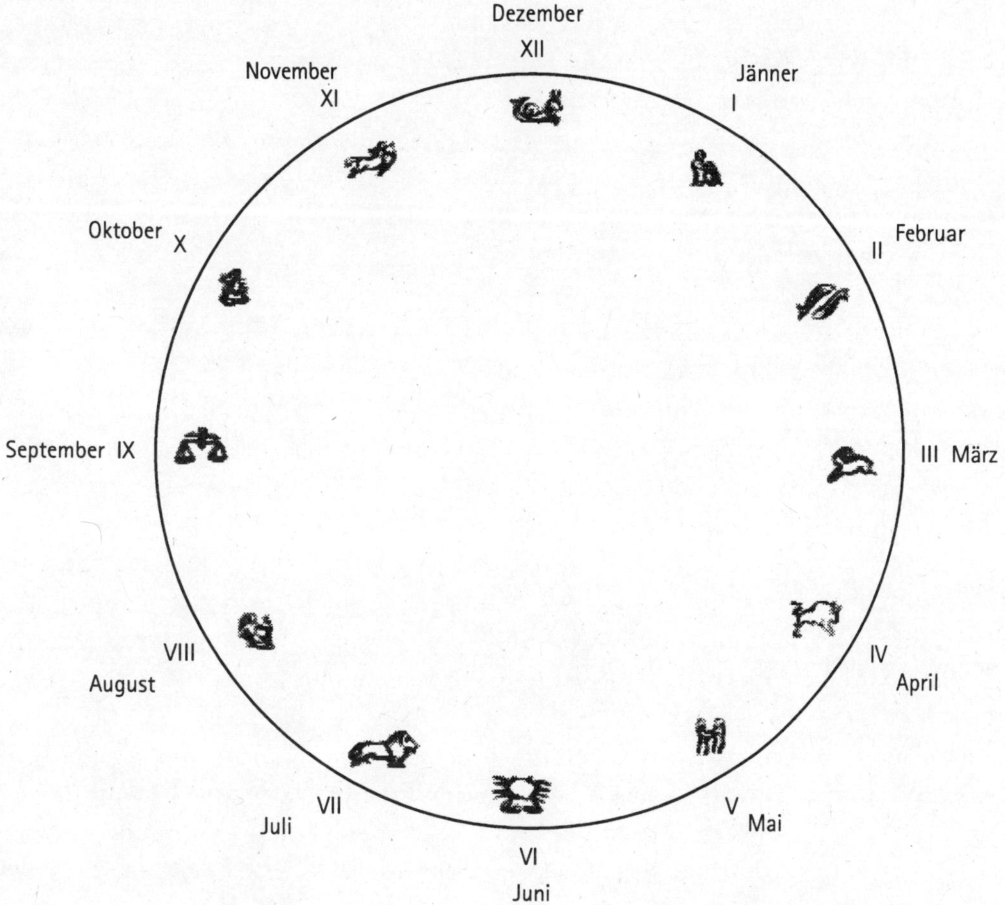

ABB. 57

Tierkreis mit zugeordneten Monaten als Vorbild des Zifferblattes der Uhr

Die drei unterschiedlichen Perioden – ein Tag, 29,5 Tage eines Monats und 365,2422 Tage eines Jahres – sind auf sinnvolle Weise so miteinander zu verknüpfen, daß die drei Perioden wie ein Räderwerk ineinandergreifen und die jeweilige Zeit, d. h. der Stand jeder Periode, verständlich und klar ersichtlich abgelesen werden kann. Das freilich bedeutet einige Schwierigkeiten, da die Perioden nicht ganzzahlig ineinanderpassen. Eine Mondperiode von 29,5 Tagen läßt sich also in die 365,2422 Tage nicht ganzzahlig einfügen ... Die Tage, Monde und Jahre können wir jedoch nur in ganzen Zahlen zählen.
Die ungefähr gleich lange Dauer eines Mondzyklus (29,5 Tage) und die Verweil-Dauer der Sonne in einem der zwölf Sternbilder des Tierkreises (30,4 Tage) führte zur Einheit des Monats.
In verschiedenen Kulturen entschied man sich verschieden; entweder gab

man dem Mondzyklus oder dem der Sonne mehr Gewicht. Der Islamische Kalender zum Beispiel orientiert sich nur am Mondzyklus. Dies kam daher, daß in diesen geographischen Breiten der Sonnenzyklus und damit die Jahreszeiten untergeordnete Rollen spielen. So läuft das Islamische Neujahr in der Folge von 33 Sonnenjahren durch alle Tage des Jahres. 34 Islamische Jahre ergeben somit 33 Sonnenjahre.

In sogenannten mondgebundenen Sonnenkalendern, wie dem Gregorianischen Kalender, sind nur besondere Feste wie Ostern an den Mond gebunden. Das Problem der nicht ganzzahligen Dauer in Tagen, die das Jahr ausmacht, löste man mittels der Schalttage. Denn halbe Tage et cetera kann es ja wohl nicht geben!

Grundbaustein aller Kalender ist – der Tag. Er ist das Maß für alle anderen größeren oder kleineren Perioden.

Viele verschiedene Kalender

Eine Glanzleistung an Kalenderkultur brachten, wie schon beschrieben, die Mayas hervor. Sie entwickelten einen Kalender im 20er System (Long Count). Dazu einen weiteren, der sich neben dem Tag nicht nur an Sonne und Mond, sondern darüber hinaus auch an der Venus orientierte. Diese zwei Perioden ergaben einen Zyklus, der sich erst nach 52 Jahren wiederholte. Übrigens: Wollte man den christlichen Sonnen- und den islamischen Mondkalender zu einem gemeinsamen Kalender verbinden, könnte eben der religiöse Maya-Kalender (Tzolkin) als Beispiel dienen.

Die Geschichte der Kalender reicht Jahrtausende zurück in die Menschheitsgeschichte. Die größten Bauwerke der Historie, wie die Pyramiden in Ägypten oder Stonehenge in England, werden nicht von ungefähr heute endlich als Bauwerke mit Kalenderfunktion erkannt.

Das Wort Kalender geht übrigens auf das lateinische "calare", rufen, zurück, und "Calaende" sind die "auszurufenden Tage", wenn ein neuer Mond von den Priestern gesehen worden war und von den geistlichen Amtsträgern ein neuer Monat ausgerufen wurde.

Nach dem wahrlich chaotischen, alten römischen Kalender führte Julius Cäsar im Jahr 46 v. Chr. seinen Julianischen Kalender ein, der in manchen Ländern noch bis ins 20. Jahrhundert gültig war. Caesar zog dazu den ägyptischen Astronomen und Mathematiker Sosigenes (90 v. Chr. –?) bei, hatten doch die Ägypter damals bereits eine lange Tradition von Sternenbeobachtung und Kalendererstellung.

Ein in der Neuzeit wieder auferstandener Kult sind die Olympischen Spiele, in der griechischen Antike Grundlage für Zeitrechnung. Man zählte die Jahre in Olympiaden. Ihr antiker griechischer Mythos geht zurück auf den

Helden Pelops – nach ihm ist der Peloponnes benannt:
Pelops war Sohn des Titanen Tantalos (Unterwelt) und wurde von seinem Vater gekocht, den Göttern zum Mahl serviert. Die Götter hielten sich vom Mahl fern, weil es ihnen verdächtig erschien – außer Demeter, die aus Gram über den Tod ihrer Tochter Persephone (im Sternbild Jungfrau verewigt) so geistesabwesend war, daß sie ein Schulterblatt in dem Glauben aß, es sei Hammelfleisch. Die Götter erweckten das Kind wieder zum Leben und ersetzten das fehlende Schulterblatt durch Elfenbein. Pelops wurde ein großer Held und besiegte im Wettlauf den König Oinomaios. Dieser Wettlauf war eine Wiederholung oder Neuauflage des himmlischen Wagenrennens von Kronos und Zeus, dem Lauf der Planeten Jupiter und Saturn. Olympia war der Schauplatz, wo Zeus (Jupiter) seinen Vater Kronos (Saturn) überwältigte und ihn aus seinem königlichen Wagen herabwarf. Im Gedenken daraus entstanden alle vier Jahre die Olympischen Spiele, das Kulturereignis der griechischen Antike und Grundlage für die Zeitrechnung der alten Griechen. Die Anzahl der Jahre zwischen den Jupiter-Saturn-Konjunktionen (20), geteilt durch die Finger einer Hand (5). Eine Große Konjunktion von Jupiter und Saturn in den Zwillingen mag wohl auch in der Antike das Ende des Goldenen Zeitalters (Zwillinge) markiert haben.

Wo ist ein Orientierungspunkt für Zeitrechnung

Ein Kalender als Instrument der Zeit-Rechnung braucht freilich einen fixen Orientierungspunkt in eben dieser Zeit, zum Beispiel ein Ereignis, worauf er sich bezieht. Denn er kann nicht augenscheinlich auf das "Jetzt", auf diesen "Augenblick" (!) bezogen sein, sondern muß sich auf etwas beziehen, das gewesen ist oder sein wird. Ein Beipiel soll das illustrieren.
Stellen Sie sich bitte – es tut nicht weh! – folgende Situation vor: Wir beide, ich hoffe, Sie haben nichts dagegen ..., also, wir wollen einander treffen. Schön und gut. Indes – wir verfügen leider beide über keinen Kalender.
Sie und ich wollen uns trotzdem verabreden. Also sagen wir beispielsweise: Treffen wir einander doch in zehn Tagen, abgemacht?! OK. - ab jetzt. Und an einem bestimmten Ort dieser Erde. Der Ort ist ja kein Problem, wenn wir ihn beide kennen, er bleibt ja immer am selben Ort. Außer dieser Ort ist ein bestimmtes Abteil irgendeines Zuges.
Aber der Zeitpunkt ist ein Problem!
Nun, für mich ist dieses "Jetzt" der Zeitpunkt, an dem ich diese Sätze in den Computer schreibe. Für Sie freilich ist es der Augenblick, in dem Sie diese Zeilen lesen ... Wir werden einander somit nie nach der Frist der zehn Tage treffen können, die wir doch quasi vereinbarten, da wir völlig verschiedene

Bezugspunkte haben.

Würden Sie mich nun zwar *a)* verärgert anrufen, mir indes *b)* den Vorschlag machen, sich mit mir in zehn Tagen zu treffen, um mir *c)* wegen des banalen Vergleichs eine Ohrfeige zu verpassen, so müßte ich – angenommen, ich ginge auf Ihren Vorschlag ein – *d)* morgen den Tag unseres Treffens in Ermangelung eines Kalenders umbenennen in den Tag, der in neun Tagen ist. Übermorgen wäre der Tag meiner zu erwartenden Ohrfeige Ihrerseits dann der achte Tag und so weiter. Alles klar?! (Doch hoffe ich, Sie rufen besser nicht an ...!)

Dieses etwas skurrile Beispiel soll bloß zeigen, daß es tatsächlich keine funktionierende und effiziente Zeitrechnung gibt ohne fixen Orientierungspunkt. Vom Hier und Jetzt auszugehen ist eben allein zu vage.

Das "Jetzt" bliebe sozusagen stets das "gleiche", aber das "Vorher" und "Nachher" änderten sich dauernd, die Termine müßten ständig umbenannt werden.

Also haben wir die Sichtweise umgedreht, in der Zeitrechnung das Jetzt aufgegeben und einen sehr fixen Punkt, nämlich den Nullpunkt, eingeführt. Dieser kann in der Vergangenheit, oder in der Zukunft liegen. Wir haben unseren Kalender auf die – überlieferte – Geburt Jesu Christi ausgerichtet. (Die "tatsächliche" Geburt Christi fand freilich bereits fast sieben Jahre früher statt.) Ab diesem Nullpunkt zählen wir (oder taten solches zumindest bisher) die Zeit in eine Richtung. Und von der Vergangenheit in die Gegenwart. Auch in die Zukunft zählen wir aus dieser Vergangenheit. Natürlich müssen wir uns solcherart, auch wenn wir in die Zukunft zählen, auf einen Zeitpunkt beziehen, der 2000 Jahre zurückliegt. Das ist die Krux dabei. Und von Krux wüßte Christus selbst jede Menge zu berichten ...

Kommen wir nochmals, wenn's erlaubt ist, auf unser bisher mißglücktes Treffen zurück. (Ich bringe auch gern meine Hündin mit, die mag solche Ausflüge!) Abgemacht, wir treffen einander in zehn Tagen. Übrigens, wir können natürlich auch in Richtung Zukunft die Sichtweise umdrehen: Heute wären es somit zehn Tage, bis wir zusammenkommen. Der morgige Tag ist der Tag neun und so weiter. Und der Tag, den dem wir einander endlich treffen, ist der Tag Null. So rechnen sogar kleine Kinder, wenn sie den geschlossenen Fenstern im Adventkalender zu Leibe rücken. Die Zeit dreht sich um, und man lebt vom Jetzt in die Zukunft als eine zweite Meßmöglichkeit der Zeit. Eine zweite Dimension: So rechnen wir nicht nur aus der Vergangenheit bis ins Jetzt, sondern auch von einem Ereignis in der Zukunft bis ins Jetzt! Eben ein Countdown!

Als besonderer Orientierungspunkt der Zukunft bietet sich ohne Zweifel das Jahr 2000 an, besonders da es in seiner Wertigkeit gleichsam der Geburt von Jesus Christus, Aristoteles, Buddha, Laotse und Mohammed zusammen entspricht. Ein Treffen zum Tag Null, dem Tag nach Silvester 1999, ließe sich daher leicht vereinbaren. Sogar meine Hündin nickt zustimmend. Ein Treffen – aber bitte: ohne Ohrfeige!

Ein Orientierungspunkt in der Zukunft bewirkt einen Countdown

Ich bin lange unschlüssig gewesen, ob ich meine Erkenntnisse über die Bewegungen der Erde herausgeben solle oder ob es besser wäre, dem Beispiel der Pythagoräer und einiger anderer zu folgen, welche die Geheimnisse der Philosophie nur ihren Verwandten und Freunden, nicht schriftlich, sondern mündlich zu überliefern pflegten. ... Dank des Zuredens guter Freunde habe ich mich entschlossen; doch wenn nun Schwätzer kommen, die, obgleich in allen mathematischen Wissenschaften unwissend, sich dennoch ein Urteil darüber anmaßen, ... so mache ich mir nichts aus ihnen ... Mathematische Dinge werden für Mathematiker geschrieben.

Vorrede des Nikolaus Kopernikus zu seinem Werk
"De Revolutionibus Orbium Coelestium" an den Pontifex Maximus Papst Paul III.

Aber wie ragt über alle staunenswerten Erfindungen die Geisteshöhe dessen hervor, der sich vornahm, ein Mittel zu finden, um seine verborgensten Gedanken jedwedem anderen mitzuteilen, wie weit entfernt durch Raum und Zeit er auch sei? Mit denen zu reden, die in Indien sind, zu denen zu sprechen, die noch nicht geboren sind, die erst nach tausend und zehntausend Jahren geboren sein werden? Und mit welcher Leichtigkeit? Durch verschiedene Verbindung einiger zwanzig Zeichen auf einem Blatt Papier. Laßt dies das Siegel aller bewundernswerten Erfindungen der Menschen sein.

Galileio Galilei

"Im Querschiff der St.-Marien-Kirche zu Danzig, da steht eine große Uhr. Riesengroß ist sie, ihre Höhe samt den bekrönenden Figuren beträgt über 14 Meter. Sie stammt aus dem Mittelalter. Der Meister, der sie im Jahre 1470 vollendet hat, hieß Hans Düringer ...", so beginnt die Beschreibung, die mir der bedeutende polnische Historiker Prof. Andrzej Januszaitis über die berühmte Uhr von Danzig zusandte. In einem Nachsatz dieses Briefes erklärt Prof. Januszaitis, wieviel Arbeit diese Uhr ihn schon gekostet hat. Sie sei das größte Abenteuer seines Lebens.
Die Geschichte dieser Uhr und die Mythen, die sich darum ranken, sind in der Tat phantastisch. Eine Sage erzählt, die Danziger Uhr habe solche Bewunderung ausgelöst, daß die Danziger Stadträte und der Bürgermeister beschlossen, keine andere Stadt solle in den Besitz einer ähnlichen Uhr kommen. Sie faßten den schändlichen Entschluß, Meister Düringer, den Schöpfer dieses Werkes, zu blenden. Eines Nachts drangen Schergen in sein Haus ein und blendeten ihn mit heißem Blei.

Nach einigen Jahren jedoch blieb der Mechanismus der Uhr stehen. Niemand konnte die Uhr wieder in Gang setzen. Die Stadtväter flehten den blinden, alten Meister an, er solle sein Werk wieder in Betrieb setzen. Er wurde in die Kirche geführt, kletterte ins Werk hinein und berührte eine nur ihm bekannte Achse und schnitt einen Draht ab. Der ganze Mechanismus begann zu rasen und zerfiel in ungezählte Teile, von denen eines den niederträchtigen Bürgermeister erschlug. Der Meister selbst stürzte sich aus dem Gehäuse der Uhr in den Tod. Seitdem konnte sich niemand finden, der die Uhr zu reparieren vermochte, und es hieß, sie sei verdammt bis zum Jüngsten Tag.

Soweit kurz der Mythos, von dem es in Danzig sicher tausend Variationen geben wird und der immer noch weiterlebt und weiterleben wird. Polen ist ein Land, wo jedes Ereignis sofort in Legenden gekleidet wird. Es wird nicht lange dauern, und die Polen werden erkennen, wie sich nicht der Mechanismus der Uhr, sondern auch der Mythos der Danziger Uhr mit neuem Leben erfüllt.

Doch nun zu den nüchternen Fakten dieses Zeitmessers.

Die Uhr funktionierte bis 1554 und wurde dann vernachlässigt, weil man die Restaurierung für zu kostspielig hielt. Den zweiten Weltkrieg überstand sie nur deshalb, weil sie ausgelagert war. Die gesamte Danziger Innenstadt wurde ja völlig zerstört. Nach dem Krieg wurden etwa 70% der Teile der Uhr wiedergefunden. Ein Komitee zum Wiederaufbau der Astronomischen Uhr unter Leitung von Prof. Januszaitis hat sie teilweise rekonstruiert und am 27. April 1990 nach 437 Jahren des Stillstandes wieder in Gang gesetzt. Die völlige Rekonstruktion wird noch einige Zeit dauern, doch wird unter Aufbringung von Spenden ständig daran gearbeitet.

Die Uhr besteht im wesentlichen aus drei Teilen. Das Grundgeschoß bildet der Kalenderteil. Auf zwei Scheiben, 22 konzentrischen Ringen, zeigt er 2584 Einzelangaben von insgesamt 15 verschiedenen Anzeigearten, wie Sonntagsbuchstabe, Goldene Zahl, Sonnen und Mondzyklen, Namenstage, Römisches Tagesdatum usw. an. Das oberste Geschoß der Uhr nimmt das Figurentheater ein mit der Darstellung der Apostel, der Heiligen Drei Könige, der Evangelisten, Engel usw., bekrönt von Adam und Eva, die zu Füßen des Paradiesbaums die Viertelstunden schlagen. Das erste Obergeschoß, der Mittelteil, enthält die eigentliche Uhr, das Planetarium, mit Tierkreis, Mondphasenanzeige und Stundenkreis. Dieser Stundenkreis zeigt die Stunden in einem Kreis von 24 Stunden, umrahmt vom Tierkreis. Eine Umdrehung der Danziger Uhr entspricht also auch der Umdrehung der Erde um ihre Achse. Dabei läuft der Zeiger mit seinem Angelpunkt im

Der Tierkreis als Vorbild der Danziger Wunderuhr

Sternbild des Drachens gleichzeitig auch in 24 Stunden um den Tierkreis, genauso wie es ein Obelisk macht, als riesiger Himmelszeiger am Äquator gedacht, der ja im Laufe von 24 Stunden alle zwei Stunden auf ein weiteres Sternbild der zwölf des Tierkreises zeigt. Die Danziger Uhr als wahrhaftes Gegenbild der Himmelsbewegungen hier auf Erden! Die größte mittelalterliche Uhr der Welt als unzerstörtes Zeugnis der Herkunft des Stundenkreises vom Tierkreis. Auch die Uhren von St. Stephan in Wien und St. Markus in Venedig stellen die zwölf Stunden mit den Sternbildern des Tierkreises dar, in der Danziger Uhr nimmt der Tageskreis jedoch alle 24 Stunden und daher tatsächlich die zwölf Sternbilder ein. Die Danziger Wunderuhr ist das schönste Beispiel, das ich kenne, an dem in so anschaulicher Weise zu erkennen ist, daß das Ziffernblatt unserer Uhren vom Tierkreis kommt. *(Siehe Farbteil Abb. 58: Danziger Wunderuhr)*

Die Region um Danzig hat jedoch neben der schönen Landschaft, der phantastischen Küche und den schönsten Frauen Polens noch mehr zu bieten. Sie war Heimat und Wirkungsstätte von Nikolaus Kopernikus (1473–1543), der mit seinem neuen heliozentrischen Weltbild und seinem Werk über die Umdrehungen der Himmelskörper im wahrsten Sinn des Wortes eine Revolution einleitete. Sein Werk "de revolutionibus orbium coelestium, libri VI" schätzte Goethe so ein: "Mit der Entdeckung des Kopernikus mußte die Erde auf das Privileg verzichten, sich als Mittelpunkt des Weltalls anzusehen."

(Siehe Farbteil Abb. 59: " de revolutionibus" von Kopernikus und Abb. 60: Kopernikus erschrickt bei der Entdeckung der Jupitermonde)

Ein Gemälde des berühmten polnischen Malers Jan Mateijko zeigt dramatisch das Erschrecken des Nikolaus Kopernikus am Turm von Frauenburg, als ihm nach der Beobachtung der Jupitermonde das Fernrohr entgleitet. Der Lauf der Jupitermonde brachte ihn zum Analogieschluß, daß es bei der Erde ähnlich sei. Damit trat die Sonne ins Zentrum der Planetenbewegungen. Es ist mit Sicherheit anzunehmen, daß Kopernikus auch die Danziger Uhr sah und diese für ihn auch Anstoß und Anregung war, das neue Weltbild zu erkennen und es zu formulieren.

So wie einst Zeus selbst für die Götterdämmerung sorgte, so taten es bei Kopernikus seine Monde, die Jupitermonde. Sie wurden die neue himmlische Uhr, wie es Umberto Eco in "Die Insel der vorigen Tages" so wunderschön beschreibt. Eine himmlische Uhr, wie es vielleicht Pulsare in der Zukunft sein werden.

Nikolaus Kopernikus und Galieio Galilei (1564–1642) stehen am Beginn des abendländischen Weltbildes mit seiner "physikalischen" Trennung von Raum und Zeit. Einen Schritt auf dem Weg dieser Trennung beschreibt Galileis Beschleunigungsexperiment und die Mühe, die er, in Ermangelung genauer heutiger Uhren, dafür aufwandte:

Auf einem Lineale, oder sagen wir auf einem Holzbrette von 12 Ellen Länge, bei einer halben Elle Breite und drei Zoll Dicke war auf dieser letzten schmalen Seite eine Rinne von etwas mehr als einem Zoll Breite eingegraben. Dieselbe war sehr gerade gezogen, und um die Fläche recht glatt zu haben, war inwendig ein sehr glattes und reines Pergament aufgeklebt; in dieser Rinne ließ man eine sehr harte, völlig runde und glattpolierte Messingkugel laufen. Nach Aufstellung des Brettes wurde dasselbe einerseits gehoben, bald eine, bald zwei Ellen hoch;
dann ließ man die Kugel durch den Kanal fallen und verzeichnete in sogleich zu beschreibender Weise die Fallzeit für die ganze Strecke: häufig wiederholten wir den einzelnen Versuch zur genaueren Ermittlung der Zeit und fanden gar keine Unterschiede, auch nicht einmal von einem Zehntel eines Pulsschlages. Darauf ließen wir die Kugel nur ein Viertel der Strecke laufen und fanden stets genau die halbe Fallzeit gegen früher.
Dann wählten wir andere Strecken und verglichen die gemessene Fallzeit mit der zuletzt erhaltenen und mit denen von 2/3 oder irgend anderen Bruchteilen; bei wohl hundertfacher Wiederholung fanden wir stets, daß die Strecken sich verhielten wie die Quadrate der Zeiten: und dieses zwar für jedwede Neigung der Ebene, d.h. des Kanals, in dem die Kugel lief...
Zur Abmessung der Zeit stellten wir einen Eimer voll Wasser auf, in dessen Boden ein enger Kanal angebracht war, durch den ein feiner Wasserstrahl sich ergoß, der mit einem kleinen Becher aufgefangen wurde, während einer jeden beobachteten Fallzeit: das dieser Art aufgesammelte Wasser wurde auf einer sehr genauen Waage gewogen; aus den Differenzen der Wägungen erhielten wir genaue Verhältnisse der Gewichte und die Verhältnisse der Zeiten, und zwar mit solcher Genauigkeit, daß die zahlreichen Beobachtungen niemals merklich voneinander abwichen.

Bis daraus schließlich die Formel: D = T zum Quadrat wurde, vergingen jedoch noch viele Jahre des Nachdenkens. Das Prinzip der Wasseruhr, das Galilei hier verwendete, war jedoch schon viele Jahrtausende alt!

Ein weiteres Kleinod in der Nähe Danzigs ist Marienburg, das über Jahrhunderte Zentrum des Deutschen Ritterordens und Sitz des Großmeisters war. Sie waren die Nachfahren der Kreuzritter und des Johannes von Jerusalem, die im Heiligen Land in Kontakt mit dem mathematischen und astronomischen Wissen des Islam kamen und vieles davon mit nach Hause ins Abendland brachten. Haben auch arabische Astrolabien, die Kopernikus in Marienburg vorfand, ihn auf seinen neuen Weg geführt?

Es gibt jedoch auch einen Schatten über diesem Landstrich: Östlich davon befindet sich das ehemalige Führerhauptquartier, der Führerbunker, die Wolfschanze: jene Wehranlage Hitlers, die ihm als Stützpunkt im Tausendjährigen Reich im Krieg gegen den Osten diente. War es hier, wo er zum erstenmal einen Blick in das Buch der Prophezeiungen des Johannes von Jerusalem warf, die ihn zum Wahnsinn des totalen Krieges für das "Tausendjährige Reich" trieben?

Danzig – es feierte 1997 sein 1000jähriges Bestehen –, eine geschichtsträchtige Landschaft mit der Westerplatte, wo die ersten Schüsse des Zweiten Weltkrieges fielen. Danzig war aber auch der Ort, wo in der Danziger Werft das Ende des Ostblocks seinen Ausgang nahm, wo der heutige Papst wirkte und der Artushof liegt. Artus als Zentrum des deutschen Heldenepos mit Parsifal, dem Gral und Siegfried, dem Drachentöter. Einen weiteren Drachentöter, den Erzengel Michael, stellt das schönste mittelalterliche Gemälde dar – seinerzeit als "achtes Weltwunder" bezeichnet: "Das Jüngste Gericht" des Flämischen Meisters Memling. Die Legenden, Geschichten und Kämpfe um dieses Gemälde scheinen ebenso niemals endend, wie jene um die Danziger Wunderuhr. So scheint sich damit wieder ein Kreis in der Zeit und um den Drachen zu schließen.
(Siehe Farbteil Abb. 61: Das Jüngste Gericht von Memling, Danzig)

"Janus Zeit is"

Doch nicht nur in Danzig schließt sich mit dem Mythos um die Wunderuhr, die von Prof. Januszaitis (wörtlich "Janus Zeit is") zum "jüngsten Tag" repariert wird, ein Kreis um die Zeitenwende. (Janus, der doppelköpfige Gott und Namensgeber des nach vor und zurück schauenden Monats Jänner). Auch in der Steiermark scheint sich ein Mythos zu erfüllen. Kennen Sie die steirische Erzbergsage mit dem Wassermann?
Der einst gefangene Wassermann hat für seine Freilassung Eisen bis ans Ende der Zeiten (dem Jüngsten Tag), versprochen. Tatsächlich sind die Vorräte am steirischen Erzberg schon so erschöpft, daß sie nur mehr für wenige Jahrzehnte ausreichen.
Und der jüngste (erste) Tag des Wassermanns steht vor der Tür.
Da in diesem Buch eine Menge von Mühlen, Zufällen und Wasser(mann) die Rede ist, noch ein ganz junger steirischer Mythos:
In Mureck, dem südlichsten Teil meiner Heimat, besannen sich einige traditionsbewußte und naturverbundene "Murmüller" und bauten nach alten Plänen auf der Mur eine Schiffmühle, die in nachhaltiger Weise und umweltschonend mit Wasserkraft, wie es seit Jahrhunderten üblich war, Getreide

mahlt und zu einer Touristenattraktion wurde. Der Stapellauf der Wassermühle erfolgte am 5. April 1997, dem Todestag von Allen Ginsberg, dem "Propheten" des Wassermannzeitalters, genau am Tag vor der 1001. Nacht im Countdown zum Jahr 2000. – Zufall!? ...

Erkenne dich selbst.

Inschrift am Tempel des Apollo in Delphi (6. Jh. v.Chr.)

Die jüdischen Zeichen

"Sikaron bejn ejnecha"
("Trag dieses Denkmal zwischen deinen Augen")

Inschrift der Pergamentrolle des Tfillin

"Ejn sikaron (totafot) ela lealma deate"
("Nur in der kommenden Welt gibt es ein Gedächtnis" oder
"Erinnere dich deiner Zukunft")

Rabbi Nachman von Brazlaw

Wer über vier Dinge nachgrübelt, der wäre besser nie geboren:
was oben, was unten, was vorher und was nachher ist.

Talmud Chgigah 2.1

Jede Bewegung, jeder Verein, jede Adelsfamilie, jede Firma, jede Partei will sich von anderen unterscheiden, sich profilieren, sich einen eigenen Namen und ein Logo, ein Markenzeichen geben, damit sie unverwechselbar wird und so zu erkennen ist. Man nimmt dazu Buchstaben, Bilder, Wahrzeichen, Zeichen aller Art, die in irgendeinem Zusammenhang mit dem Produkt, dem Anliegen oder der Geschichte stehen. Der Konsument, Kunde, Interessent soll schnell erkennen, worum es sich handelt.

Natürlich ist dies auch bei Religionen der Fall. Zwei allseits bekannte Symbole der jüdischen Religion (neben dem Widder) sind der siebenarmige Leuchter und der Davidstern.

Die Namen der Wochentage sind Planetennamen

Die Zuordnung der sieben Arme des jüdischen Leuchters, der Menora, richtet sich eindeutig nach den sieben Himmelskörpern der Antike, nach Sonne, Mond, Merkur, Venus, Mars, Jupiter und Saturn und damit nach den sieben Tagen der Woche. Sunday, Montag, Mercoledi, Martedi, Giovedi, Venerdi, Saturday in deutscher, englischer und italienischer Sprache bezeugen dies.

Die Erde selbst wurde damals noch nicht als Himmelskörper verstanden und angesehen, daher fehlt in der Reihe der Wochentage eigentlich der Erdentag, aber schließlich ist doch jeder der sieben Tage ein Erdentag. Der siebenarmige Leuchter bezeichnet also die Planeten und die sieben Tage der Woche des Kalenders. Er ist ein Kalenderzeichen!

Schild Davids, Salomons und Aarons

Das zweite religiöse Zeichen der Juden, der Davidstern, wird gebildet aus zwei übereinander liegenden, gleichseitigen Dreiecken. Das Hexagramm heißt auch Magen David, wörtlich "Schild Davids", Stein der Weisen in der Alchimie und Orden vom Siegel Salomonis in Abessinien. Zeichnet man das Hexagramm in den Tierkreis, so verbindet das eine gleichseitige Dreieck die zum Element des Feuers gehörigen drei Zeichen, das andere die drei Luftelemente. Auch die Wasser und Erdelemente werden durch das Hexagramm in dieser Weise eingeteilt. Die Bezeichnung "Schild" weist auf einen astrologisch mythischen Zusammenhang hin und erinnert u.a. an den Schild Melkarts (Herkules), mit dem dieser den Riesen Antaeus erschlug. Wie dieser im Tempel zu Gadeira, so wurde der Schild Davids in der Synagoge zu Bologna aufbewahrt.

Wie bereits im Kapitel über den Stern von Bethlehem bzw. die Konjunktion von Jupiter und Saturn erwähnt, tritt diese Planetenkonjunktion am Tierkreis in Form eines langsam wandernden gleichseitigen Dreieckes auf. Saturn ist der heilige Planet der Juden, Der Planet, der mit 29,5 Jahren seiner Periode das längste Zeitmaß aller damals sichtbaren Himmelskörper vorgab. Die Juden betrachten sich als die Uhr Gottes, und Sabbath (Saturn) wurde ihr geheiligter Wochentag. Die Konjunktion von Jupiter und Saturn wurde von ihnen immer beobachtet, und diese Konjunktion in den Fischen ließ Herodes erschauern "und mit ihm ganz Jerusalem", wie es im Matthäusevangelium steht, und löste schließlich die letzte Zeitenwende aus. Jesus im Zeichen der Fische und Moses im Widder leiteten neue Zeitalter ein und entkamen beide nur knapp den alten Herrschern. Beide Male war der Auslöser des Mordanschlages eine Weissagung auf Grund einer Sternenkonstellation, der großen Konjunktion, auftretend als langsam wanderndes, gleichseitiges Dreieck am Tierkreis. Der Davidstern ist also die Darstellung der großen Konjunktion in zwei gegenüberliegenden Stellungen als Auslöser der Weltzeitalter und neuer Kalender, der Davidstern als ein Kalenderzeichen.

Die christlichen Symbole der Fische, die Symbole der Evangelisten, die Besetzung des Jahres mit Namenstagen der Heiligen

Christus ist gestern und heute, Anfang und Ende, Alpha und Omega.
Sein ist die Zeit und die Ewigkeit.
Sein ist die Macht und die Herrlichkeit in alle Ewigkeit.

Osterliturgie

Das erste und wichtigste Symbol der Christen waren die Fische. Die Urchristen malten es als geheimes Zeichen ihrer Zugehörigkeit auf die Eingänge ihrer Behausungen. Der Fisch als Zeichen der neuen Zeit und der neuen Moral. So wie jetzt z. B. Friedensaktivisten ihr eigenes Symbol haben, das verblüffende Ähnlichkeit mit dem Präzessionskreis und der Stellung der 4 Polarsterne hat.

ABB. 62

Friedenssymbol

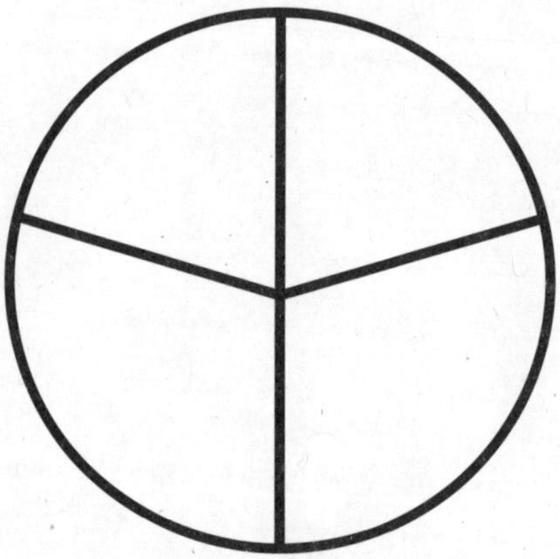

Jede Vereinigung hat ihr LOGO

Fußball- und Rockfans malen ihre eigenen Zeichen an Hauswände. Auch Straßen-Gangs markieren mit ihren Graffitis ihr Revier und bezeichnen so, wer hier und jetzt das Sagen hat. Bei Übertritt über Staatsgrenzen macht jedes Land mit seinen Fahnen und Staatswappen klar, daß der Besucher ein anderes Territorium mit eben eigenen, neuen Gesetzen betritt.

Fische war das Sternbild, das vor 2000 Jahren zeitlich betreten wurde, von Aristoteles und den griechischen Philosophen erwartet, vom Stern von Bethlehem ausgelöst und von Jesus im Abendland umgesetzt. Das Zeichen IHS als Ableitung von ICHTHYS wurde erst mit Konstantin zum bestimmenden Symbol des Christentums, als es Staatsreligion wurde. Das Kreuz jedoch kam erst noch später als eigentliches christliches Symbol. Als Folterinstrument symbolisierte es auch Macht, wie es die Fasces im alten Rom oder die Gewehre in manchen heutigen Staatswappen tun. Das Kreuz ist Folter- und Machtinstrument, aber auch Symbol für Orientierung und Zentrum. Mit Descartes und seiner Philosophie hat das Kreuz auch die Denkweise der Mathematik und Geometrie mit dem Cartesianischen System erobert und wurde Methode, Vorgänge der Natur zu beschreiben und zu berechnen. Das Cartesianische System mit seinen drei Achsen im Raum ist gleichsam das wissenschaftliche Gegenbild der religiösen Meditationshilfen der drei großen monotheistischen Weltreligionen: dem Kreuz der Christen, dem kleinen schwarzen Würfel, genannt Tfillin, den Juden beim Gebet auf der Stirn tragen, und der Kaaba, dem großen Schwarzen Kubus in Mekka als Zentrum des Islam. Die Black Box als Sinnbild für unsere Möglichkeiten, die Welt zu begreifen, ist nichts anderes als das Höhlengleichnis des Plato oder die camera obscura.

Fisch war nicht nur Zeichen der Christen, Jesus erhielt sogar in seinem Namen das griechische Wort für Fisch. In der Frühzeit gebrauchte man vor allem das griechische Wort für Fisch "ICHTHYS" – im Griechischen besteht es nur aus den fünf Buchstaben "ΙΧΘΥΣ" als geheime Abkürzung des Namens Jesu: "Iesous CHristos THeou HYios Soter", was übersetzt bedeutet: "Jesus Christus, Gottes Sohn, Heiland". Die Abkürzung "ICHTHYS" wurde später nochmals verkürzt, und es entstand das allseits bekannte "IHS". Die griechische Sprache wurde wohl deshalb gewählt, weil die griechische Philosophie und Logik Vorbild für die Denkweise der ersten Christen war, ähnlich wie heute jemand, der als modern gelten will sich einen englischen Künstlernamen gibt. Fische also ein Zeichen der Zeit und eines damals modernen Zeitalters. Die Darstellung Jesu als Opferlamm (Lamm Gottes) rührt daher, daß das Zeitalter Widder vorüber war. Im übertragenen Sinn war der Widder am Frühlingsbeginn dem Lauf der Sonne geopfert worden, weil die Sonne das Sternbild Widder am Frühlingspunkt verschluckt hatte.

Sternbilder, die Logos der Evangelisten

Die Zeichen der Evangelisten, Stier, Löwe, Adler (Wassermann) und Engel (Jungfrau), stehen für vier Himmelsrichtungen bzw. Jahreszeiten und bezeichnen somit wichtige Abschnitte im Lauf des Kalenderjahres.

Die Namenstage

Besonders erfolgreich war die katholische Kirche im Laufe der Geschichte mit der Bezeichnung aller Tage des Jahres mit Namen ihrer Heiligen. Die Namenstage waren lange Zeit wichtiger und mehr im Bewußtsein als die Kalendertage oder die Geburtstage. Die Namenstage und religiösen Feier-

tage wurden begangen und waren entscheidend als Lostage für Wetter, Festlichkeiten und den Ablauf des Jahres.
Das Osterfest ist durch seine Bindung an Frühlingsbeginn und Vollmond ein Relikt des uralten Stichtages, der Frühlings-Tag- und Nachtgleiche, wo man vor Sonnenaufgang nach Osten schaute, um zu sehen, welche Sternstunde schlägt. Die Ähnlichkeit der Worte Ostern und Easter mit Osten und Orientierung legt diese Interpretation nahe.
Viele christliche Heilige besetzten die Plätze vormals heidnischer Gottheiten und übernahmen deren Zeichen und Symbole. So folgte auf Freia oder Isis die heilige Katharina mit dem Rad (des Ixion?) als Sonnensymbol.
Katharina besetzte neben Margarethe und Barbara die Plätze der drei Bethen, jene vorchristlichen weiblichen Gottheiten. Ein altes Sprüchlein über die drei lautet:

Die Margarethe mit dem Wurm
Die Barbara mit dem Turm
Die Katharina mit dem Radl
Das sind die heiligen drei Madl.

Wohl ein klarer Hinweis auf ihre Herkunft von Sternbildern, Himmelsbewegungen und Himmelsbeobachtungen. Auch ihre Anfangsbuchstaben, K+M+B, bringen mit der alten Sternenmagie einen Zusammenhang.
Das Fest des Johannes des Täufers war einst genau zur Sommersonnenwende, daher die Johannisnacht.
Daß der heilige Nikolaus einen höllischen Begleiter bekam, dürfte wohl in den weniger gütigen Handlungen des Heiligen seine Wurzel haben. So lautet ein Bericht über ihn:
Er ging in jeden dieser ... Orte, um die Tempel der Götzenbilder zu untergraben, ... niederzureißen und um auf diese Weise die Dämonen zu vertreiben und deren Täuschungen und Gesetzlosigkeit unwirksam zu machen ..., um den übriggebliebenen Tempel der Artemis ebenso wie die anderen zu zerstören, ... um diesen aus der Mitte der Stadt zu beseitigen und die schädlichen Götzen endgültig aus ihren Grenzen zu vertreiben. Er ging vor zum verabscheuungswürdigsten Bauwerk, nicht nur um dessen aufgehendes Mauerwerk zu Boden zu stürzen, sondern auch die Fundamente auszureißen und die dort nistenden Dämonen in die Flucht zu schlagen.
Dieses fundamentalistische Vorgehen hat dem Nikolaus im Mythos offenbar einen schwarzen Begleiter eingebracht, nämlich den Krampus. Sein Mürztaler Name ist Rothsohler, und er hat seine Behausung auf der Rothsohl

in unmittelbarer Nähe des Nikolokreuzes am Fuße der Hohen Veitsch, die man von dort über den Teufelsteig erreicht.
Zahlreiche antike, mythische Drachentöter, wie Herkules, Perseus, Siegfried usw. wurden durch den heiligen Georg oder den Erzengel Michael ersetzt, der ja am Jüngsten Tag versprochen ist, wenn die "Präzessionsuhr", die ihren Angelpunkt im Sternbild des Drachen hat, eine neue Sternstunde schlägt.
Ganz auffällig ist die Ähnlichkeit von Aquarius, dessen Mythos von der Sintflut als einer der ältesten gilt, mit dem heiligen Florian. Eine Darstellung zeigt diesen auch mit einem Mühlstein, womit sich der Kreis zur Mühle, Hamlets oder Amlohdis Mühle, als Symbol des "Maelstrom" der Zeit wieder schließt.

ABB. 63

Der heilige Florian mit Wassereimer und Mühlstein

Die Pyramiden, Der Goldene Schnitt

Seine Majestät König Cheops verbrachte seine ganze Zeit damit, herauszufinden, wie viele geheime Kammern es im Heiligtum des Thot gab, um für seinen eigenen "Horizont" (Pyramide) etwas Ähnliches zu schaffen.

Papyrus Westcar, Ägyptisches Museum, Berlin

Was mir jedoch betrüblich erscheint, ist, daß ich einige unbesonnene und törichte Götzendiener sehe, welche ... die Vortrefflichkeit des Kultes der Ägypter imitieren; sie suchen nach der Gottheit, von der sie keinerlei Verständnis haben, ... womit sie nicht nur jene Götter und die klugen Priester verhöhnen, sondern auch uns ... und was noch schlimmer ist, womit sie triumphieren, da sie ihre närrischen Riten in solcher Achtung sehen ... Das Übel ist nur, ... daß sie wähnen, sie seien im Licht.

Giordano Bruno

Die Pyramiden widerspiegeln die Gürtelsterne des Orion

Das wahrscheinlich baulich größte Zeichen für Kultur und Überlieferung, d.h. Religion, sind wohl die Pyramiden, von denen es aus grauer Vorzeit unzählige auf allen Kontinenten der Nordhalbkugel gibt. Sogar in China wurde kürzlich eine Pyramide entdeckt, die noch größer als die von Gizeh sein soll. Die Entstehungszeit der Pyramiden hat wohl mit dem Vorhandensein eines Polarsterns und der damit einsetzenden Astronomie und deren Folgen zu tun. (Siehe Kapitel: Entstehung der Astronomie mit Thuban.) Nehmen wir als Beispiel die Große Pyramide von Gizeh, die am besten bekannt ist, aber auch zu größten Spekulationen Anlaß gab. Ihre Ausrichtung genau nach Norden und ihr Schacht als Visierinstrument zu den Sternen machen sie damit zu einem Werkzeug für Sternenbeobachtung, Zeitmessung und Zeitrechnung. Zu einem Kalenderwerkzeug.
Die Anordnung der kleineren, benachbarten Pyramiden Chefren und Mykerinos geben übrigens zu Theorien Anlaß, sie seien in derselben Anordnung wie die Gürtelsterne des Orion, Alnitak, Alnilam und Mintaka, positioniert. Ein Spiegelbild des Orion, auch genannt Jakobstab, auf Erden. *(Abb. 64)*

Die Proportion der Cheopspyramide selbst soll mit ihren ursprünglichen Seitenflächen den Goldenen Schnitt dargestellt haben, d.h. Basis zur Höhe der Seitenflächen entspricht 1:Phi. Dasselbe Verhältnis finden wir auch beim Goldenen Schnitt, den der Teufelstein bei Fischbach in Steiermark als Dreieck mit dem Hammerkreuzstein in Langenwang und dem Steinaltar in Althadersdorf bei Kindberg bildet.
Der Goldene Schnitt ist jenes Verhältnis, das folgende Gleichung erfüllt:
1:Phi = Phi:Phi+1 oder Phi+1=Phi. Scheinbar paradox: Eine Zahl, die, wenn man eins addiert, wieder die Zahl ergibt!
Für Phi ergibt sich die Zahl 0,618033... und 1,618033...
Sie ist Grundlage für die sogenannte Fibonacci-Reihe, die gebildet wird aus fortlaufender Addition der jeweils vorigen beiden Zahlen. ZB: 1, 2, 1+2=3,

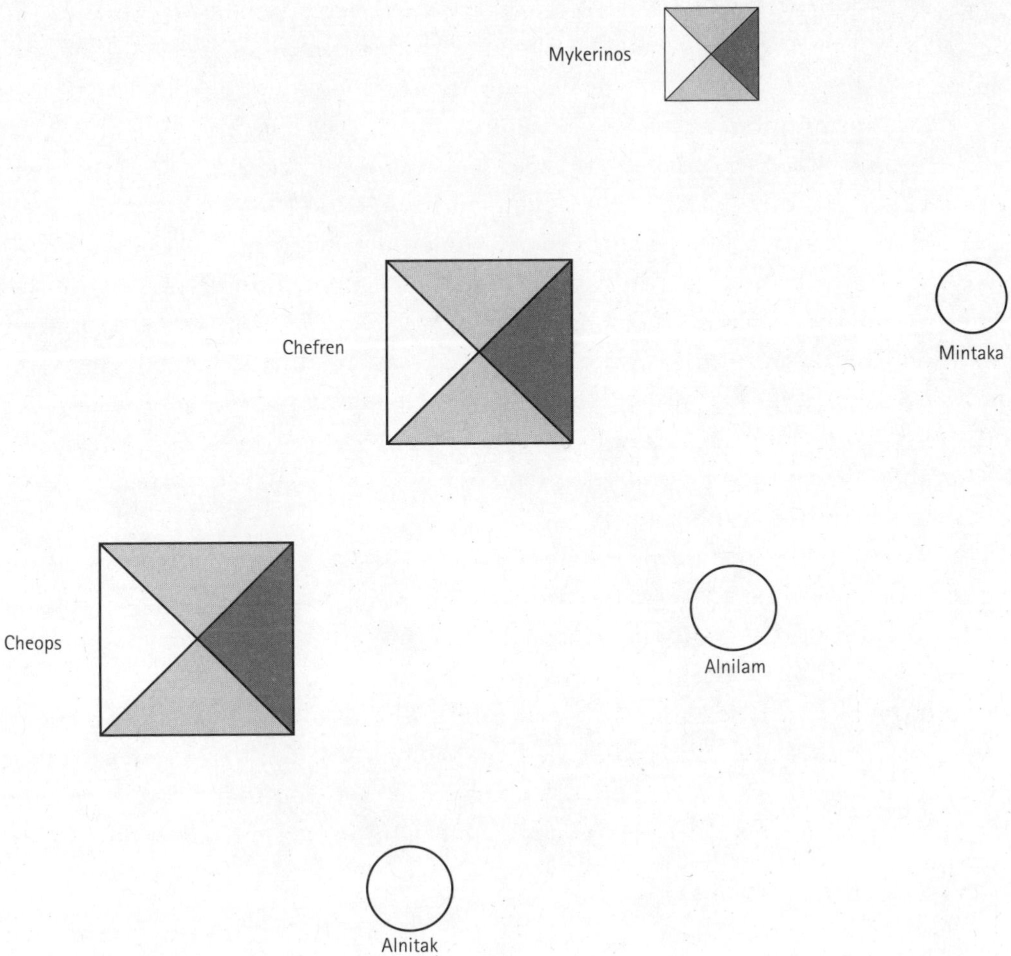

ABB. 64

Die Stellungen der Pyramiden und der Gürtelsterne des Orion

3+2=5, 5+3=8, 8+5=13 ... usw. Sie ist benannt nach Leonardo von Pisa (genannt Fibonacci, etwa 1170–1240). Je länger man diese Reihe macht, um so genauer nähert sich der Quotient der beiden Zahlen, z. B. 13:8, der Zahl Phi an. Addieren und multiplizieren ergibt dasselbe. Nimmt man Phi selbst und die Zahl eins als Ausgangspunkt der Reihe, so ergibt sich folgende paradoxe Reihe: 0,618033, 1, 1,618033, 2,618033 ... usw. Es ist eine Folge von Proportionen mit Selbstähnlichkeit. Selbstähnlichkeit und Selbstreproduktion ist etwas, das in der neuen Chaosforschung mit der Entdeckung der

Der Goldene Schnitt, ein ideales Maß

Fraktalen (gebrochenen Dimensionen) große Bedeutung erlangte und als Modell zur Beschreibung vieler Vorgänge in der Natur herangezogen werden kann. Ich erwähne hier etwa die Cantormenge oder das berühmte Mandelbaummännchen. Die Molekularbiologie erkannte, daß die Entstehung des Lebens, der genetische Code und wie er codiert ist, auf seltsame Weise durch chaotische Modelle erklärt werden können.
Auch in der Musik ist die Fibonacci-Reihe ein wichtiges Kompositionskriterium. Der rumänische Komponist und Saxophonvirtuose Nicolas Simion komponierte die Musik zur Performance "The unfinished Square", eine moderne Fassung der uralten Faustlegende, nach den Regeln des Goldenen Schnitts. Die Form der Komposition basiert auf Fibonaccireihen. Sie sollte am Teufelstein uraufgeführt werden. Leider ist diese Uraufführung buchstäblich ins Wasser gefallen. Vielleicht gelingt es, sie doch noch an diesem magischen Ort aufzuführen.
Das selbstähnliche Verhältnis der Fibonaccireihe wurde in der Antike offenbar bereits erkannt, und der Goldene Schnitt findet sich als ideale Proportion in vielen Bauten. Er stellt das ideale Verhältnis zweier Größen zueinander her: das eine zum anderen, wie das andere zur Summe beider. Zwei Maße sind auf diese Weise miteinander verknüpft, ohne durch ein drittes Maß von außen zueinander definiert zu sein. Entspricht dies nicht auch dem philosophischen Prinzip des Kant'schen Imperativs? "Ich soll mich zu Dir so verhalten, wie Du zu uns?" Eine Art ideale, gegenseitige Begrenzung nach oben und unten. Ein ideales Maß!

Das Symbol der Heiligen Dreifaltigkeit

Wahrlich, wahrlich, ich sage dir:
Es sei denn, daß jemand geboren werde aus Wasser und Geist,
so kann er nicht in das Reich Gottes kommen.
Was vom Fleisch geboren ist, das ist Fleisch;
uns was vom Geist geboren ist, das ist Geist.

Evangelium des Johannes. 3,5-6

Der berühmte Astronom des 18. Jahrhunderts, Johannes Kepler, schuf nicht nur die nach ihm benannten Keplerschen Gesetze über die Bewegungen der

Kommt das Symbol des Hl. Geistes vom Trigon am Tierkreis?

Himmelskörper. Er erforschte auch die Konjunktion von Jupiter und Saturn und stellte ihr Auftreten im Tierkreis in den Jahren von 1583 bis 1763 grafisch eindrucksvoll dar. Ein langsam wanderndes gleichseitiges Dreieck.
Ein Winkel des Dreiecks braucht etwa 4000 Jahre, um zum Ausgangspunkt zurückzukehren, steht also nach 2000 Jahren etwa gegenüber. Es gibt zahlreiche Abbildungen antiker Tierkreise, die im Zentrum, also dem Pol der Ekliptik, ein Auge zeigen. Legen Sie gedanklich diese beiden Abbildungen übereinander. Tierkreis mit Auge und Tierkreis mit Dreieck. Es ergibt ein Dreieck mit einem Auge im Zentrum. Diese Darstellung als Symbol der Heiligen Dreifaltigkeit erscheint erstmals im Barock und dürfte sicher auf Keplers Darstellung der Großen Konjunktion und seinen Einfluß auf die Künstler des Barock zurückzuführen sein. Diese fanden bewußt oder unbewußt in der Kombination des Sterns von Bethlehem mit dem Auge (Gottes) eine Form der Darstellung des Heiligen Geistes. Der Stern von Bethlehem als Auslöser für den Kalender ab Christi Geburt, das Symbol des Heiliges Geistes als Zeichen für ein neues Zeitalter nach seinem Eintreffen? Ein Kalenderzeichen? Hat doch unlängst der Papst selbst gesagt, das Eintreffen des heiligen Geistes steht unmittelbar bevor.

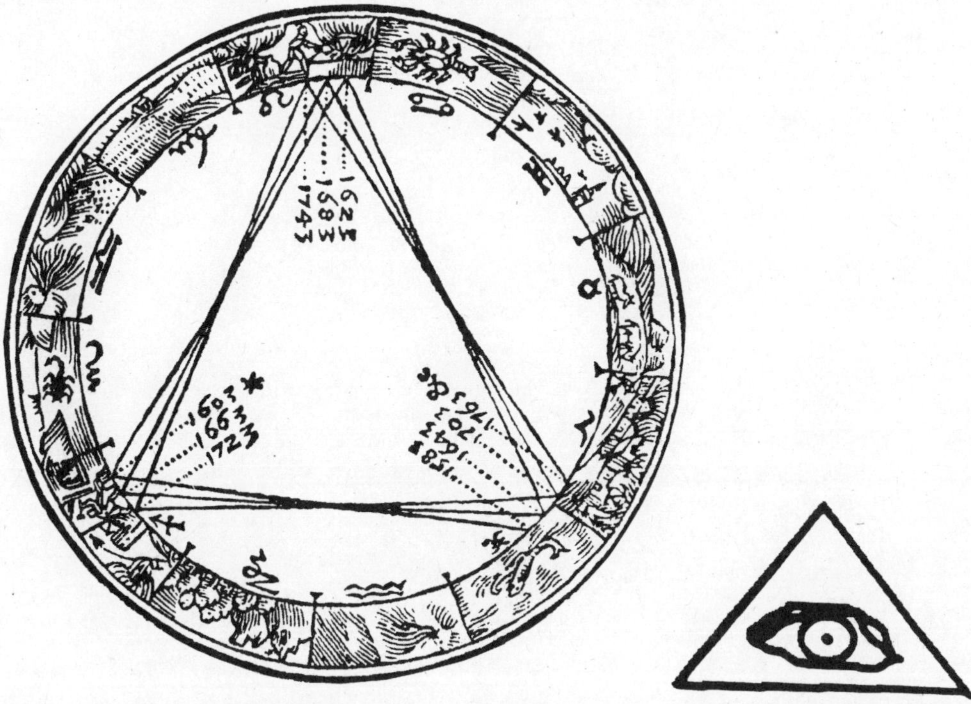

ABB. 65

Kepler-Trigon und Dreieck mit Auge

ABB. 66

Antike Darstellung des Tierkreises mit Auge im Zentrum

Der Jakobstab

Levi considered several possibilities in detail,
but it seems to have preferred the theory,
that the sun lies below the two planets.
In another departure from Ptolemy,
who set the distance to the fixed stars at 20,000 earth radii,
Levi argued that those stars are more than 159 x 10 h 12 earth radii away,
a truly astounding distance in terms of medieval science.

Lexikon der Israelitischen Kultusgemeinde, Wien

Levi ben Gershom, ein Gelehrter des Mittelalters

Das Kreuz hat auffällige Ähnlichkeit mit einem alten Vermessungs- oder Visierinstrument, das im Mittelalter zum erstenmal öffentlich bekannt wurde, nämlich dem Jakobstab. Ein jüdischer Theologe aus Avignon namens Levi ben Gershom gilt im Jahr 1321 als verantwortlich für sein Bekanntwerden. Levi ben Gershom, auch genannt Maestre Leo de Bagnois, Magister Leo Hebraaeus und Gersonides, war ein bedeutender Mathematiker, Astronom, Philosoph und Bibelkommentator des Mittelalters. Er verfaßte zahlreiche Werke für Papst Clemens VI. über Averroes, Euclid und Aristoteles. Der Jakobstab und die Camera obscura gehen auf ihn zurück; ob er diese selbst erfunden hat, ist jedoch nicht belegt.
Der Jakobstab diente bekanntermaßen im Mittelalter als Instrument zur Navigation und zur Landvermessung, ähnlich einem Winkelmesser, den auch die heutigen Geometer noch benutzen. Durch Visieren von Winkeln mit Sternen wurde so bereits damals die Entfernung der Kanarischen Inseln zum Festland ermittelt.

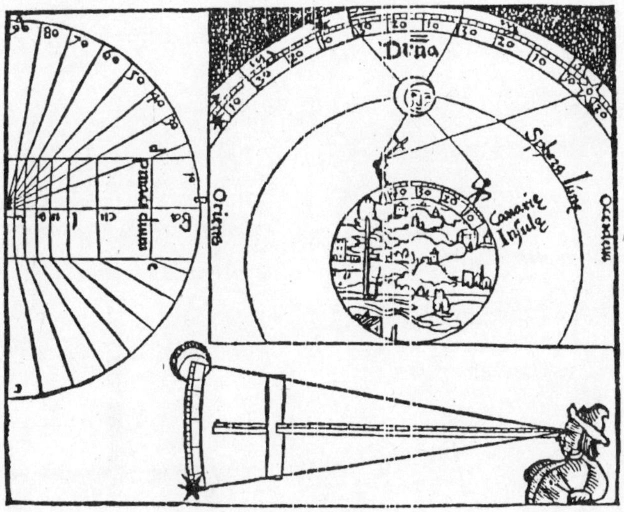

ABB. 67

Mittelalterliche Darstellung des Jakobstabes

Durch Verschiebung des Querbalkens zum Längsbalken kann mit einer Skala jeder Winkel ziemlich genau bestimmt werden. Man konstruiert damit kinderleicht Pythagoräische Dreiecke und sogar den Goldenen Schnitt, die Idealproportion der Antike, die ihre Parallele in der Fibonaccireihe besitzt.
Einige Fragen geben dabei zum Nachdenken und hoffentlich auch zum Nachforschen durch Historiker Anlaß: Wie kommt es, daß Orion auch den Namen Jakobstab führt? Wie kommt es, daß ein jüdischer Rabbi sich mit Landvermessung und Navigation befaßt? Woher kommt der ungewöhnliche

Name Jakobstab? Aus der Bibel? Ist seine Ähnlichkeit mit dem vorchristlichen Runenkreuz zufällig, das oft auf alten Kapellen und Kirchen zu finden ist? Symbolisieren die zwei oder drei Querbalken dieser Runenkreuze die Verschiebbarkeit des Visierbalkens am Jakobstab? Hat gar das Folterinstrument Jesu damit zu tun? War er ein ganz unscheinbares, in seiner Funktion jedoch gut gehütetes und geheimes Orientierungswerkzeug für Zeit und Raum bereits in der Antike?

Himmlische Maße zur Vermessung der Erde

Es ist bekannt, daß in Mesopotamien das Pegasusviereck als "1 IKU" als Feldmaß verwendet wurde. Man hat damit ein himmlisches, unveränderliches Maß benutzt, um Felder nach Überschwemmungen mit Hilfe von Sternpeilungen neu zu vermessen. Ähnlich machten es auch die Ägypter nach den Nilüberschwemmungen mit Orion, der den Beinamen Jakobstab führt. Eine Häufung von Fragen, Zufällen und Spekulationen, die ich aufzeigen möchte. Der Jakobstab: ein geheimes Werkzeug für Landvermessung, aber auch für Zeitmessung und Kalenderberechnung bereits in der Antike?

ABB. 68

Runenkreuze

ABB. 69

Religiöse Symbole:
Yin Yang, Halbmond, Pyramide, Heilige Dreifaltigkeit, Davidstern, Komet

Das Yin-Yang-Zeichen

" Wahrlich, der wird auch in zehn Millionen von Weltzeitaltern
weder blind noch lahm wiedergeboren,
der, nachdem er den Willen zur Erleuchtung gefaßt hat,
einen Stupa des Meisters verehrt

Mahayana-Buddhismus

Manche geben vor,
das Übel zu beseitigen und zum Guten zu wenden.
Doch das ist nur ein vorübergehendes Streben.
Gewinnen oder Verlieren ist eine Illusion, die glauben macht,
es gäbe eine Persönlichkeit und ein Ich.
Ich wäre gerne ein Geist jenseits alles Vergänglichen.
Blauer Himmel und bleiches Mondlicht.
Der Wind schickt uns einen frischen Luftzug.

Verrückte Wolken, Meister Ikkyu, Zen

UNSER AUSATMEN ist das des ganzen Universums.
UNSER EINATMEN ist das des ganzen Universums.
In jedem Augenblick vollziehen wir so das ganze Schöpfungswerk.
Das zu begreifen bedeutet,
jedes Unglück auszuschalten und das absolute Glück hervorzubringen.

Meister Kodo Sawaki, Zen

Wie wenn ihr euch betrachtet im Spiegel:
die Gestalt und das Spiegelbild sehen einander an.
Ihr seid nicht das Spiegelbild,
aber das Spiegelbild ist nichts ohne euch.

Hokyo Zan Mai, Zen

Eines der bekanntesten Zeichen der östlichen asiatischen Kulturen ist das Yin Yang. Es steht in der östlichen Philosophie und Medizin für den Wandel und soll die Polarität, den Wechsel, die Wandlung zwischen zwei Gegensätzen ausdrücken und bezeichnen. Dieses Zeichen ist auch bei den Mayas und in der Handwerkskunst ihrer heutigen Nachfahren zu finden. Die Herkunft dieses Symbols ist wie bei vielen anderen rätselhaft, doch auch hier mag ein Blick zu den Sternen hilfreich sein. Betrachten Sie sich das Sternbild des Drachen um den nördlichen Ekliptikpol. Der Drache teilt den Präzessionskreis fast in derselben Weise, wie dies die Wellenlinie des Yin-Yang-Zeichens tut. Hat es damit zu tun? Hat der symbolische Glücksdrache, den die Chinesen verehren und der jedes Neujahr einleitet, seine Abstammung vom Drachen am Ekliptikpol, wo der Ankerpunkt aller Bewegungen der Erde liegt? Die Chinesen haben eine der ältesten und genauesten Traditionen der Astronomie. Wir verdanken ihren Aufzeichnungen die Kenntnis vieler längst vergangener Himmelserscheinungen. Ihr Glaube an Astrologie ist (und war immer) sehr ausgeprägt. Daß das Zeichen Yin Yang auch als Zeichen für den Wandel der Zeiten steht, scheint damit logisch.
Wie die Chinesen im Drachen ein Glückssymbol sehen und zum chinesischen Neujahr den Drachentanz mit Freuden begehen, zeigt, daß man im Wandel der Zeiten und Zeitalter auch Positives sehen kann und nicht nur Untergang und Entsetzen, wie es im Abendland scheinbar üblich ist. Die Chinesen sind als Volk im Aufbruch und werden die Wirtschaftsmacht des nächsten

Jahrhunderts werden. Sie fürchten nicht das Ende des alten Zeitalters, sondern scheinen sehnsüchtig die Neue Zeit zu erwarten. So stellten sie in Peking eine riesige Uhr auf, die im Countdown die Zeit zählte bis zum Tag, an dem Hongkong wieder an China zurückfiel. Ein erster Kalender, der die Zeit in die Zukunft mißt und nicht aus der Vergangenheit. – Eine Zeitmessung auf ein zukünftiges Ereignis in einem Land, dessen Symbol das Yin Yang ist: Spiegelbild des Sternbilds Drachen – es bringt Glück ...

ABB. 70

Yin-Yang-ähnliches Symbol der Maya und das Sternbild Drache am Präzessionskreis

Der islamische Halbmond

"Wenn (dereinst) der Himmel sich spaltet,
die Sterne (ihren Standort aufgeben und) sich (nach allen Richtungen) zerstreuen,
die Meere über die Ufer treten und die Gräber ausgeräumt werden,
bekommt einer zu wissen,
was er früher getan und was er versäumt hat."

Koran, Sure 82, 1-5

Über allen islamischen Moscheen ist als sichtbares Symbol der Halbmond zu sehen.
Der islamische Kalender ist ein reiner Mondkalender, und die Zählung der Jahre beginnt mit der Hedschra des Propheten 622 n.Chr. So begann am

Wer Ende Ramadan bestimmt, hat im Islam das Sagen

9. Mai 1997 das Mohammedanerjahr 1418, welches am 29. Jänner 1998 endete. Das neue Jahr beginnt jeweils mit dem 1. Moharram, wenn der Mullah am Minarett zum erstenmal die schwache Sichel des jungen Mondes sieht. Damit er diesen leichter findet und nicht lange suchen muß, waren an den Türmen oft 36 Fensterchen oder Markierungen angebracht, da die Bahn des jungen Mondes nicht viel von der des vorhergegangenen Mondes abweicht.

Besonders an einem Datum des Jahres ein entscheidender Moment! Die Sehstärke des Mullah und das Wetter bestimmten nämlich so oft das Ende des Ramadan, des Fastenmonats und den Beginn des neuen Jahres, was zu beachtlichen Rivalitäten und Spannungen zwischen benachbarten Siedlungen führte, wenn ein Dorf noch fasten mußte, ein anderes jedoch schon feierte. Noch heute gibt es deshalb zwischen benachbarten Städten Streit, der dann vom Imam geschlichtet werden muß.

In ostasiatischen muslimischen Staaten kommt es alljährlich zu Machtkämpfen darüber, ob nun der Präsident oder die islamische Geistlichkeit das Privileg hat, den jungen Mond auszurufen. Man steigt sogar in Flugzeuge, um als erster die schwache Sichel vermelden zu können. Die islamische Mondsichel ist somit ein eindeutiges Kalendersymbol.

ABB. 4
Sternstrichspuren um den nördlichen Polarstern

ABB. 5a
Stonehenge

ABB. 5b
Lochstein

ABB. 16
Zeus und Europa

ABB. 19
Moses, Michelangelo

ABB. 20
Moses zerschlägt die Gesetzestafeln am Goldenen Kalb

ABB. 21
Widdersphinxe, Karnak

ABB. 36
Flucht nach Ägypten

ABB. 40
Die Schleifen der Planeten bei Rückläufigkeit

ABB. 44
Ulrich von Liechtenstein

ABB. 45
Reichskrone

ABB. 46
Die Anbetung der Könige
Arena-Kapelle Padua, Giotto

ABB. 58
Wunderuhr von Danzig

ABB. 59
"Revolutionibus" von Kopernikus

ABB. 60
Kopernikus erschrickt bei der Entdeckung der Jupitermonde Ian Matejko

ABB. 61
Das Jüngste Gericht von Memling, Danzig

ABB. 71
Der Teufelstein als Sphinx

ABB. 73
Eine behauene Wand des Teufelsteins

ABB. 77
Hammerkreuzstein in Langenwang

ABB. 78
Megalithisches Steinmal, Alt Hadersdorf bei Kindberg

ABB. 85
Georgibergkirche, Mittags zur Wintersonnenwende

... so sagt ihm, ...
nachdem ich über betreffenden Punkt lang und viel nachgedacht habe,
daß die Götzentempel jenes Volkes keineswegs zerstört werden dürfen,
sondern es sollen nur die Götzenbilder, die darin sind, zerstört werden,
dann sollen die Tempel mit Weihwasser besprengt,
Altäre gebaut und Reliquien darin niedergelegt werden.
Denn sind jene Tempel gut gebaut ...
... damit das Volk ...
um so vertrauter sich versammle und den wahren Gott erkenne und anbete.

Papst Gregor I. (um 600), Beda

Vom aufenthalt des teufels in der hölle,
aus welcher er die heidnische göttin verdrängt hat,
sind die häufigen Namen "hellewarte", "hellehirte", "hellegrübel", "hellewirt"
und ähnlichen entnommen ...
Seine wohnung liegt im "Norden" ...
... nordwärts strömt des dämons wasserfall.
In Niedersachsen sagt man: "na Heckelvelde varen", ...
wie wenn dabei an Hackelberg zu denken wäre.

Jakob Grimm, Deutsche Mythologie

Die Riesen baten Hackelberg um Hilfe.
Er ließ einen Sturm aufkommen und versetzte eine Mühle in die Milchstraße,
die seitdem Mühlenweg genannt wurde.

Jakob Grimm, Deutsche Mythologie

Heimdall ist der Sohn von Mundilföri (die Mühle) und wird auch
Hallinskidhi geheißen,
was soviel wie "geneigtes Holz" oder geneigter Pfahl bedeutet.

Edda

Der altindische Opferpfosten mußte eine gewisse Neigung nach Westen haben und
auch aus dem Holz eines Baumes angefertigt sein,
der eine gewisse Neigung nach Westen haben sollte.
Paideuma, Hermann Lommel
Der Bär, den die kanadischen Munsee-Hohican für ihre Bärenzeremonie benötigen,
muß aufgestöbert werden in einem "elm tree leaning toward the east".

The Celestial Bear comes down to Earth, Frank B. Speck und Jesse Moses

Der Teufelstein wurde für mich in nunmehr beinahe 30 Jahren zur rätselhaften Sphinx, die immer wieder dieselbe Frage stellt: Wer, wie und warum hat man ihn geschaffen. Seit ich ihn zum erstenmal sah, zog er mich in seinen Bann, und sein Rätsel zu lüften wurde mein geheimes Hobby. Ein Hobby jedoch, das mich zunehmend mehr in Anspruch nimmt und schließlich ganz ausfüllt und dessen Ausgang immer weniger abschätzbar wird.
Es geht mir dabei ähnlich wie jenem längst verstorbenen Mürztaler Original, das scherzhaft folgende Geschichte erzählte, als es einst aus dem Jogelland durch die Gegend um den Teufelstein wanderte:
"Wia i unlängst aus dem Jakobitischen üba die Schanz kimm", berichtete der schrullige Alte im Mürztaler Dialekt, "do liegt auf amol am Weg a Strickl. I schau dös Strickl an, und i denk ma: Oh, dös is a guats Strickl; und i buck mi und heb dös Strickl auf und steck's ein. Und dann bin i holt hoamgangen. Und wia i hoamkemman bin, do siach i, daß ba dem Strickl hintn a Ochs dran g'hängt is."
Ob dieser Vorfall die Ursache für die sprichwörtliche Rivalität der Mürztaler und der Bewohner des Jogellandes ist, entzieht sich meiner Kenntnis. Ebenso, ob es in Anlehnung an das biblische Gelobte Land von den Mürztalern das "Jakobitische" genannt wurde oder weil es dort so viele Joggln (Jakob) gab. Aber die Erzählung handelt doch eindeutig von einem Viehdiebstahl. Scherzhaft beschreibt der Alte, wie es auch mir mit dem Teufelstein ergangen ist. Ich hoffe, dabei aber doch niemandem etwas gestohlen zu haben.
Ich wollte eigentlich einst am Teufelstein nur ein wenig über die Sternkunde und das Wesen der Zeitrechnung erfahren und fand statt eines Stricks einen roten Faden, an dessen Ende dann ein Stier hängt und ein Drachen und ein Fisch und ... und ... *(Siehe Farbteil, Abb. 71: Der Teufelstein als Sphinx)*

Dr. Hubert Stolla wurde am Krampustag 1997 verabschiedet

Die größten Verdienste um die Entdeckung des Phänomens Teufelstein gebühren Dr. Hubert Stolla (1916–1997), Rechtsanwalt und Volkskundler in Kindberg. Er ging einer alten Sage nach, die sich um unterirdische Gänge rankt, durch die alte Kindberger Kirchen untereinander verbunden sein sollen. Eine weiße Frau irrt darin mit einem Schlüsselbund umher und wartet, daraus am Ende der Zeiten befreit zu werden, sagt die Sage. Stolla entdeckte eher zufällig, daß die Kirchen voneinander genau gleich weit entfernt sind, also ein gleichseitiges Dreieck bilden. Eine davon, die Georgibergkirche in Kindberg (die erst kürzlich von einem Verein erstanden wurde, zu dessen Mitgliedern ich mich zählen darf), ist von Norden nach Süden ausgerichtet. Die Architektur dieser Kirche birgt aber auch ein kalendarisches Geheimnis.

Die Sonne scheint nämlich mittags zur Wintersonnenwende genau so durch das etwas versetzte südliche Kirchenfenster und durch das ehemalige Altarkreuz, daß ihre Strahlen genau zum Fuß der ehemaligen Marienstatue in der Mitte des Kirchenschiffes treffen. Ein klassischer Fall einer Kirche mit Kalenderfunktion. *(siehe Farbteil Abb. 85: Georgibergkirche)*

Georgibergkirche mit Kalenderfunktion

Das Kirchenfenster sowie das ehemalige Altarkreuz haben Sonnenuhrfunktion und Kalenderfunktion gleichzeitig. Zur Wintersonnenwende, wenn die Sonne den tiefsten Kreis am Himmel zieht, scheinen ihre Strahlen am weitesten in das Innere des Kirchenschiffes, und dort stand einst die Marienstatue, deren Fuß ebendann und nur dann im Jahreslauf von der Sonne beschienen wurde. New Grange, eine megalithische Anlage am Ufer des Boyne im Osten Irlands, hat einen Gang mit fast gleicher Funktion. Es ist ein Bauwerk, das neben räumlicher scheinbar auch zeitliche, zeitrechnerische Funktion erfüllt.

Loch in Sixtinischer Kapelle – Gregorianischer Kalender

Ähnlich gibt es ja auch in der Sixtinischen Kapelle in Rom ein Loch in der Decke, das 1582 Anlaß zur Gregorianischen Kalenderreform gab.

Durch jenes Loch in der Sixtinischen Kapelle wurde offenkundig, daß der Sonnenlauf mit dem Julianischen Kalender nicht mehr übereinstimmte. Im Jahr 1582 wurden zehn Tage aus dem Kalender herausgestrichen, auf den 4. Oktober folgte der 15. Oktober 1582, und die neue Schalttagregelung wurde eingeführt, die bis heute gilt. Der Julianische Kalender sah alle vier Jahre einen Schalttag vor, das Julianische Jahr (365,25 Tage), war damit etwas länger als das tatsächliche mittlere (tropische) Sonnenjahr. Diese Differenz addierte sich durch die Jahrhunderte auf zehn Tage.

Damals war es Nikolaus Kopernikus, ein Astronom in den Diensten der Kirche, der in Fromburk (Frauenburg im heutigen Polen) mitwirkte, um die neue Kalenderformel zu berechnen. Die Umsetzung der Reform und der Überzeugung der Kirchenfürsten gelang dem Papst jedoch mit dem Loch in der Sixtinischen Kapelle. Es machte den tatsächlichen Sonnenlauf "sonnenklar", und der Strahl der Sonne, den sie zur Tag- und Nachtgleiche durch dieses Loch auf die Markierungen warf, überzeugte alle, daß der alte Kalender damals einer Reform dringend bedurfte.

Das Gregorianische Jahr ist mit 365,2425 Tagen ebenfalls etwas länger als das tropische Jahr mit 365,2422 Jahren. Das Osterfest, gebunden an Frühlingsbeginn und Vollmond, wäre eigentlich schon siebenmal in letzter Zeit an einem anderen Sonntag gefeiert worden, hätte das Gregorianische Jahr die tatsächliche genaue Länge des tropischen Jahres. Eine Kalenderreform liegt in den Händen des Papstes und ist wohl nicht zu erwarten, obwohl wir die Jahreslänge genau kennen und gerade ein Jahrtausendwechsel Anlaß für

Der Papst steuert das Zeitschiff

eine neue Schalttagregelung gäbe. Wir kennen den Kurs der Zeit unseres Raumschiffes Erde ziemlich genau, eine Kurskorrektur kann jedoch nur der Inhaber des Kalenders, der Herr der Zeit, der Papst also, vornehmen. Er muß einen neuen Kurs mit unserem "Zeitschiff" Erde steuern, oder es wird eine Meuterei, einen neuen Kalender, geben ...

Übrigens, so einen "Sixtinischen" Kalender kann man sich ganz leicht selber machen! Sie brauchen dazu nur einen Raum in Ihrer Wohnung, in den bei Sonnenaufgang die Sonne scheint. Machen Sie einfach beim ersten Einfall der Strahlen der Morgensonne an den Kardinalpunkten des Jahres oder an Ihrem Geburtstag ein Zeichen an jener Stelle, wo sich durch die Sonnenstrahlen ein Eck des Fensters an der Wand abzeichnet. Diese Markierung gibt Ihnen unverrückbar immer das richtige Datum! – Außer Ihre Behausung ist ein Wohnwagen.

Doch weiter zum Georgiberg .

Jüngste Ausgrabungen bei der Georgibergkirche förderten Funde zutage, die weit bis in vorchristliche Zeit reichen und auf ein Alter von etwa 6000 Jahren datiert wurden. Die Grabungen der letzten Jahre förderten die Grundmauern einer steirischen Hochadelsburg zutage, wahrscheinlich die alte Burg Altchindesberg am Katzenstein, die jedoch um 1267 wahrscheinlich durch ein Erdbeben zerstört wurde. Die "Georgenberger Handfeste", ein wichtiges geschichtliches Dokument aus der Babenbergerzeit hat so vielleicht endlich ihre örtliche Zuordnung und Verankerung gefunden.

Kultstättentradition?

Zwischen 4000 v. und 1000 n. Chr. klafft für die Archäologen ein Loch von ca. 5000 Jahren, wo bisher keine Funde gemacht wurden. Zwar wurde ein römischer Reliefstein, der ein Mädchen mit einem Spiegel in norischer Tracht darstellt, einst in die Kirche eingemauert, römische oder keltische Siedlung wurde bisher keine gefunden. Ist dies ein Ort, wo über Jahrtausende Kultstätten- und Siedlungskontinuität bewiesen werden kann? Vielleicht führen weitere Grabungen zu Gewißheit.

Doch nun endlich zum Teufelstein:

Er liegt am Gipfel einer flachen, gleichnamigen Bergkuppe in Höhe von 1498 m in den Fischbacher Alpen, etwa 3 km östlich der Schanz und ist zu Fuß von dort in einer guten halben Stunde bequem zu erreichen. Die Fischbacher Alpen trennen das rauhe Mürztal – mit seinem wilden Bergvolk hinter dem Semmering, wie es in einem amerikanischen Reiseführer hieß – von den sanfteren Hügeln des Jogellandes, das bereits im Einfluß des milden Klimas der Pannonischen Ebene steht. Die Grenze, die die Fischbacher Alpen hier ziehen zwischen politischen Bezirken und rauhem Norden und mildem Süden, spiegelt gleichsam mikrokosmisch die Kulturgrenzen wider,

die es überall auf dieser Welt gibt.
Da dieses Buch auch über Mythen handelt, so soll auch Erwähnung finden, was der heutige Volksmund so hervorbringt. Der Narren Spiegel, den uns der heimische Volksmund vorhält, ähnelt dem Dichterwort: Es ist eine kleine Welt, wo die große ihre Probe hält.

Die sprichwörtliche, aber duchaus liebevolle Rivalität zwischen Mürztalern und Joglern äußert der Volksmund natürlich auch in Witzen. Und was für die Deutschen die Ostfriesen sind oder für die Österreicher die Burgenländer, sind für die Mürztaler eben die Jogler.
Bei der nun folgenden Geschichte spielt die Urangst im einst industriell florierenden Mürztal, von tüchtigeren Einwanderern überfremdet zu werden, die treibende Rolle. Also eine durchaus aktuelle Situation:
Die Geschichte beginnt damit, wie eine Familie aus dem "Jakobitischen" über den Teufelstein kommt und zum erstenmal ins Mürztal hinunter schaut. "Mein Gott", sagt der Vater, "is do untn schön. Dös is jo wia dös Gelobte Land. Do gemma glei obi." Nachdem die Familie das Mürztal erreicht hatte, fühlten sie sich sogleich heimisch; um aber echte Mürztaler zu werden, bestand der Vater darauf, sich am jenseitigen Ufer der Mürz niederzulassen. Die Familie durchwatete also die starke Strömung der Mürz. Voran der Vater, dann die Mutter und zuletzt der Bub. Der Vater schaffte es mühelos, die Mutter wurde schon etwas abgetrieben, doch der kleine Bub hatte gegen die Strömung keine Chance. Die Mutter rief: "Voda, Voda! Da Bua dasauft!" Der Vater, nun schon am sicheren anderen Ufer, sagt aber nur verächtlich: "Äh, geh losn, den Jogler".
So sarkastisch der Witz sein mag, so schildert der Volksmund hier aber auch, wie besonders die jüngst Eingewanderten zu den fanatischsten Patrioten werden, etwas, das man derzeit tatsächlich im Gelobten Land beobachten kann.
Soweit eine der vielen (biblischen) Geschichten, die sich noch heute um den Teufelstein ranken.

Dr. Hubert Stolla, durch den Georgiberg stutzig und aufmerksam geworden, untersuchte auch den sagenumwobenen Teufelstein näher, im besonderen seine Anordnung zu den ihn umgebenden Kirchen.
Seine anfangs phantastisch erscheinenden Entdeckungen wurden von der Wissenschaft ursprünglich als völliges Hirngespinst abgetan, führten im Laufe der Zeit durch seine Hartnäckigkeit aber doch zu mehreren seriösen wissenschaftlichen Arbeiten von unterschiedlichen Disziplinen.

Eine genaue Beschreibung der geologischen Natur, der geodätischen, elektrophysikalischen, mathematischen, geometrischen und statistischen Untersuchungen, sowie literarischen Beschreibungen, die über den Teufelstein vorliegen, würde den Rahmen dieses Buches sprengen. Darum kann hier nur ein kurzer Auszug einiger Arbeiten über den Teufelstein erfolgen.

Peter Rosegger beschreibt die versuchte Revolution des "Zwiderlin" Luzifer

So hat bereits Peter Rosegger einige Geschichten geschrieben, die um den Teufelstein handeln, eine Skizze des Felsens angefertigt und die Teufelsteinsage sogar mit steirischer Mundart in Reime gefaßt:

ABB. 72

Skizze des Teufelsteins von Peter Rosegger

Da Tuifelstoan.

Und weils d heunt schon auf d Olma gehst,
Mih lustads selba schier,
Und du so gern an Führa häst,
So geh ich holt mit dir.
Ich führ dih heunt zan Tuifelstoan,
Geh moch di nit gor zschwar;
Und daß uns wird die Zeit nit long,
Dazähl ich dir a Mahr.

Du host doh gwiß von Engl ghört
Den Gott da Herr vajoat;
Däs hot uns in da erstn Klaß
Da Katiket scha gsoat.
Da Engel woar a Zwiderlin,
Hot ghobt auf Gott an Pik,
Hot schrian: Mir wölln koan Kini nit,
Mir wölln a Republik!

Und fongt a Gschall, a Gspusi on
Und mocht a schiachs Getöß,
Und führt in Himel unschenirt,
Mit Gott den Herrn Prozeß.
Gott Voda nimt a tüchtgi Pris:
"Ich glaub, s is Revoluzion!
Geh, Michl, geh, und jeik ma gleih
Den Kerl weg vom Thron!"

Ih sog da s, a Krawal war däs
Mit Sabl, Spiaß und Spurn,
Und Luzifer, da Zwiderlin,
Hot endlih d Schlacht valurn.
Und weils de Massa Prügel regnt,
So fluigt er von da Stell
Und tamisch über Kopf und Loch
Bis obi tiaf in d Höll.

Er mocht a Roas durchs neugi Lond,
Und krotzt sih hinta d Ohrn.
"Zan Tuifel!" sogt er, "ich glaub gor,
Hiazt bin ih Tuifel worn.
Und Feur und Rach und ollweil Rach,
Du hörst, däs bringt mih um:
Is däs a Pech, na meina Seel,
A so was is ma zdum!"

Und tausend Johr, viel tausend Johr
Sein sid der Zeit vorbei;
Da Tuifel holt't nit länger aus
De schiachi Sauerei;
Er stellt si vor die Himelsthür:
"Is Gott der Herr heunt z Haus?"
"O je, er sitzt ban Fruastuck noh,
Do kimt er grod heraus."

"Bei meina Treu, do kimt er jo:
Schamstr Diena, gnädga Herr!
Bitte, lossn sih nit störn!"
"Ei, ei wos will den Der?"
"Holtn z Gnodn, bin so frei
Kena mih nit mehr?
Daß mir zwen do per Du sein gwest,
Is freilih scha long her.

Es woar nur zwegn a Kloanigkeit,
Daß mir uns selm hobn ztrogn:
Ich mochs jo guot und bitt Enk schön,
Won ich s holt därfad wogn:
Do untn holts ka Tuifel aus,
Vul siadend Pech und Horz;
Und denkns eahna, so a Rach!
Ich bin scha gonz kuhlschworz!"

"Hiazt hör er mol, Er Luzifar!
Er kon die Höll nur erbn;
Er hot bei Putz und Stingl wölln
Mei Himelreich vaderbn.
Und woaß Ers noh, Er folscha Ding,
Wiar er in Paradies
Die guate Eva hot vaführt,
Daß sie in Opfl biß!

Ih hob mirs scha selba gschwurn,
Ih mog dih neamamehr,
Und dennah gibts a Mittel noh,
Daß du konst kema her:
In da Christnocht, won a Glöckl klingt
Zur Wondlung, s erstimol,
So bau auf Erdn gschwind an Thurn,
Noh vor den zweitn Scholl.

Und host du, bis des Priasters Hond
Erhebt des Kelches Wein,
Den Thurn erbaut zum Himelssol,
So bist du wieda mein!"
Da Tuifel moant: "In zwa Minutn
A so an Bau aufführn,
Und bis zan Himel, is a Kunst,
Und doh, ih wills probirn."

Es kimt die Christnocht, kimt die Stund,
In Tuifel wird's scha zbraun:
"Ei, gor nix Bauerei studiert,
Und hiazt auf oamol baun!"
A Kraxn, so zan Stoana trogn
Is freilih d netta gmocht;
Er suacht sih aus n höchstn Berg,
Und luagt di holbi Nocht.

Hiazt - hörst es nit? Von Dörfl rauf,
Wias Glöckl klingt und klingt?
Da Tuifl foßt an Riesenstoan,
Und noh oan drauf, und springt.
Und listi, wia da Tuifel, suacht
Die höchsti Spitz er aus;
Scha lign drei Stoaner aufanond,
An iada wiar a Haus.

Hiazt will er schon in viertn hebn
Und klewa, daß er n schwingt -
Maleer! Do bricht die Kraxn zsom,
Und los - das Glöckl klingt.
" Ah däs is scha zan Teufelhuln!"
Vapfuscht, die Zeit is aus.
Er fohrt in d Höll, und sid da Zeit
Kimmt er nit mehr heraus, -

Ei, schau, wia doh die Zeit vageht
Van Plaudern so und so!
Woarn grod noh untn do in Grobn,
Und hiazt - hiazt sein ma do.
Du, schau amol de Stoaner on!
Gelt Bua, sein just nit kloan!
Den Haufn hot da Tuifel baut,
Drum hoast er - Tuifelstoan.

Himmelsleiter und Turm von Babel

Peter Rosegger entdeckte bei einer seiner Wanderungen am Teufelstein eine römische Inschrift mit folgenden Zeichen: MELL AT + FPUH. Rosegger deutete die rästelhafte Inschrift scherzhaft bei dem Ausflug, den eine Geschichte schildert, für sich und seinen Begleiter so: "Macht Eine Lange Leiter Am Teufelstein Für Peter Und Hansl". Der sensible Rosegger hat vielleicht die Funktion des Teufelsteins als "Himmelsleiter" geahnt, denn er nennt den Teufelstein später sogar unvollendeten Turm Babels, von dem er gerne eine Urlaubspredigt halten möchte.

Eine andere Sage vom Teufelstein, allerdings nicht von Rosegger, weiß folgendes zu berichten:
Im Dorf Fischbach sollen einst drei böse Weiber gelebt haben. In einer fin-

steren Nacht, als der Sturm tobte und der Wind schrecklich heulte, holte sich Luzifer der Reihe nach die drei bösen Weiber. Nacheinander schleuderte er sie auf den Gipfel des Berges, wo sie erstarrten. Nachdem er das dritte Weib oben hatte, krähte ein Hahn, und der Böse hatte keine Macht mehr, aber die drei bösen Weiber blieben, zu Stein erstarrt, auf jenem Gipfel liegen, der heute "der Teufelstein" heißt.

Noch eine "Zwiderlin" Sage

Seit jener Zeit soll es in der Umgebung von Fischbach keine bösen Weiber mehr geben, denn der Teufel hat die letzten drei geholt.
Diese Wahrheit dieser Sage, was die bösen Weiber betrifft, kann ich leider nicht bestätigen, da ich die Fischbacher Weiber nicht kenne, kann aber, was das betrifft, nur mit einiger Sicherheit sagen, daß offenbar das Mürztal nicht mehr zur Umgebung von Fischbach gehört.
Soweit also eine weitere Sage, die eine gedankliche Verknüpfung von Luzifer und dem weiblichen Prinzip bringt, sei es nun verkörpert durch Venus oder den "zuwideren" Weibern, die ja wohl oft deshalb "zuwider" werden, wenn es mit der Liebe nicht klappen kann.

Hier fällt mir wieder einer der alten Griechen ein, nämlich Sokrates. Er gab den Rat: Heirate nur ruhig! Bekommst du eine gute Frau, wirst du sehr glücklich werden; bekommst du eine böse, wirst du Philosoph werden. Nun, er mußte es ja wissen, seine Frau war ja bekanntlich die sprichwörtliche Xanthippe – Und er war ein Philosoph!

Doch nun zu moderneren und mehr wissenschaftlichen Untersuchungen des Teufelsteins:

Wände künstlich gerade behauen

Der Leobener Montangeologe Prof. J. G. Haditsch stellte fest, daß zwei Wände des Teufelsteins "sollbruchwidrig" gebrochen sind.
(Siehe Farbteil Bild 73: Die behauene Wand des Teufelsteins)
Diese Formulierung sagt aus, daß von Natur aus, also ohne künstliche Einwirkung der Fels nicht so gebrochen wäre. Die Abbildung stellt die Ansicht des Teufelsteins, aufgenommen genau am (verlängerten) Schnittpunkt der beiden behauenen Flächen, dar. Die Graphik zeigt die Lage des Felsen und seine Ausrichtung zur Wintersonnenwende. Der Teufelstein wurde also künstlich so behauen, daß plane, senkrechte Wände entstanden sind. Eine der senkrechten Wände peilt genau jenen Punkt am Horizont, der dem südlichsten Extrem der Ekliptik entspricht. In dieser Richtung geht zur Wintersonnenwende die Sonne auf. Die Sonne erreicht diesen Punkt jedoch nicht ganz, sondern kehrt etwa 5° davor um und wandert wieder nach Norden.

ABB. 74

Der Teufelstein von oben

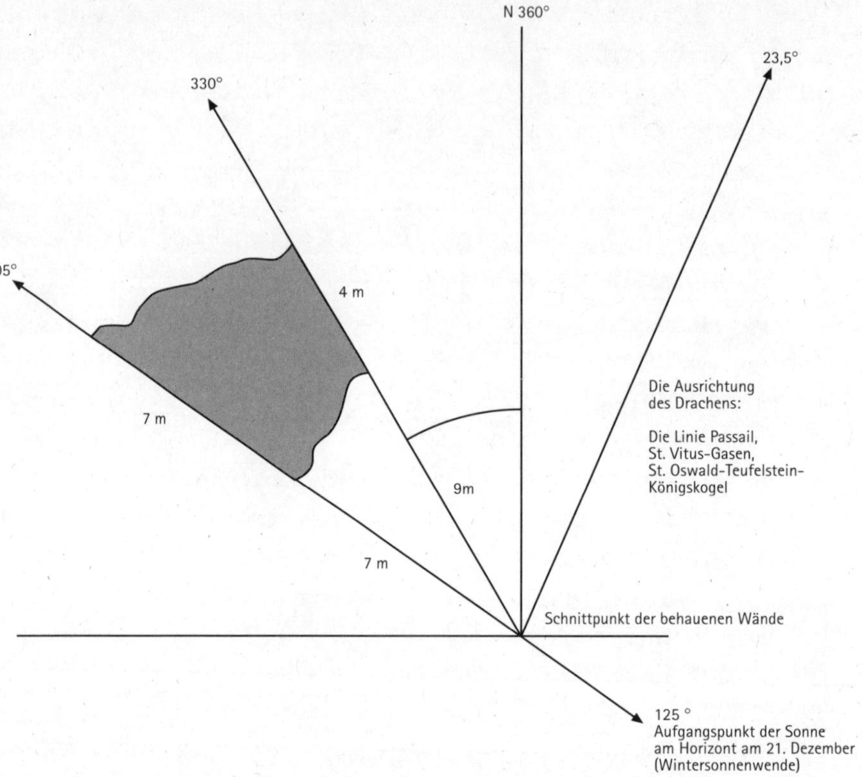

ABB. 75

Die Ausrichtung des Teufelsteins zum südlichen Mondextrem

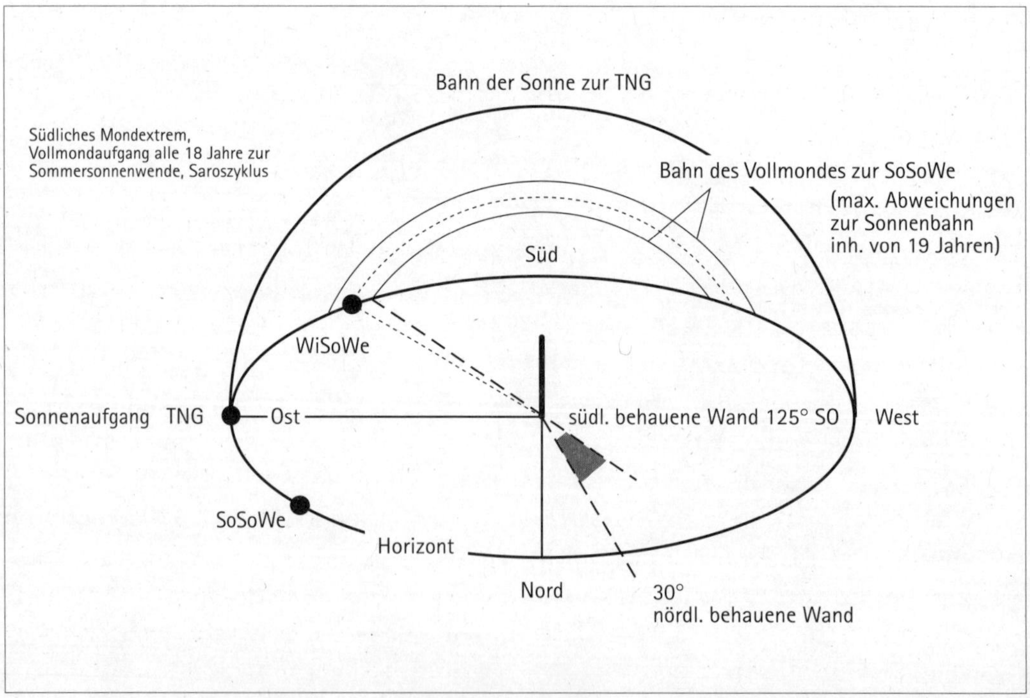

Der Vollmond beschreibt aber ein halbes Jahr später dieselbe Bahn wie die Sonne ein Halbjahr zuvor. Die Mondbahn schwankt jedoch um genau diese fünf Grad alle ca. 18 Jahre nach Süden bzw. Norden. Genauer sind es 18,6 Jahre, die Nutationsperiode des Mondes, eine ähnliche Bewegung wie die Präzessionsbewegung der Erde. Dieser "Mondkreisel", die Schwankungen der Mondbahn um 5° nördlich bzw. südlich der Sonnenbahn, ist jedoch auch mitverantwortlich für die Perioden der Finsternisse von Sonne und Mond, die im Saroszyklus alle 18 Jahre und 10 Tage ähnlich auftreten. So wie die Sonnenbahn, die Ekliptik, den Himmelsäquator zweimal im Jahr in einem Winkel von 23,5° schneidet, so überschreitet die Mondbahn die Sonnenbahn im Winkel von 5° zweimal bei jedem Umlauf in den sogenannten Mondknoten. Nur bei diesen Mondknoten liegen Erde, Mond und Sonne in einer Linie, und es treten Finsternisse auf.

Ausrichtung nach südlichem Mondextrem

Der Mond erreicht also alle etwa 18 Jahre bei seinem südlichen Extrem diesen Punkt, den die Wand des Teufelsteins peilt.

Die rätselhaften "Teufelsteiner" dürften also um das Geheimnis der Finsternisse gewußt haben. Und sie haben den Teufelstein nach der "dunklen Sonne", dem Vollmondaufgang bei seinem südlichsten Extrem ausgerichtet, ein Punkt, der vom Vollmond der Sommersonnenwende alle durchschnittlich 1,6 Jahre erreicht wird. Somit ist der Teufelstein nicht nur ein Jahreskalender, sondern auch ein Mondkalender, der die Nutation enthält und den Weg zum Saroszyklus, dem Zyklus der Finsternisse, öffnet.

Doch das Rätselhafteste ist die Anordnung alter Kirchen und Steinmale rund um den Teufelstein.

Der Mathematiker Günther Bischoff (BRD) und Statistiker von Joanneum Research in Graz, Univ.-Prof. Josef Gölles und Doz. K. D. Wernecke, bestätigten Stollas Vermutung und fanden mit statistischen Berechnungen heraus, daß die Anordnung der ältesten Kirchen um den Teufelstein nicht zufällig ist.

Der Teufelstein bildet mit dem Gipfel des Königskogels, der ebenfalls sagenumwoben ist, und vier Kirchen, nämlich der Urlkapelle in Stanz, den Pfarrkirchen St. Johann in Strallegg, St. Oswald in Gasen und St. Vitus in Passail, ein geometrisches Muster. *(Abb. 76)*

Kirchen um den Teufelstein bilden geometrisches Muster in der Neigung der Erdachse

Die Anordnung dieser Kirchen erfolgte nach einem geometrischen Muster, so scheint es, und auf Grund einer groß angelegten Planung, einer Konstruktion. Diese Konstruktion ergibt einen Drachen, ein Deltoid, der geometrisch genau und symmetrisch ist. Das Deltoid wird von klassischen Pythagoräischen Dreiecken mit den Seitenverhältnissen 3:4:5 gebildet.

ABB. 76

Der Drachen um den Teufelstein

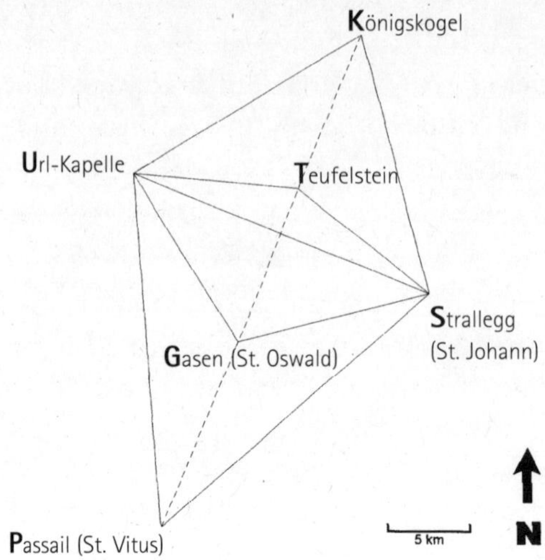

ΔUTS	25:48:25
ΔUSG	5:8:5 (2x 3:4:5)
ΔKTU (S)	5:8:5 (2x 3:4:5)
ΔUKS	5:6:5 (2x 3:4:5)
ΔTGS	5:6:5 (2x 3:4:5)
ΔUPS	Höhe = Basis
ΔGKU (S)	3:4:5

$\overline{PG} = \overline{GU} = \overline{GS}$

WZ ≅ 1:800.000 (< 0,00015%)

Die Achse des Drachens weist genau 23,5° nach NO. Die 23,5° entsprechen genau der Neigung der Erdachse zum Ekliptikpol.

Zwei weitere künstlich behauene Steine, der Hammerkreuzstein in Langenwang und der Megalith von Althadersdorf, bilden zusammen mit dem Teufelstein ein rechtwinkeliges Dreieck im Goldenen Schnitt, der klassischen Proportion des Altertums, gleichsam eine riesige liegende Pyramide, hat doch auch die Große Pyramide in den Seitenflächen dieses Verhältnis.

(Siehe Farbteil, Abb. 77: Hammerkreuzstein in Langenwang, und Abb. 78: Megalithisches Steinmal Althadersdorf bei Kindberg)

ABB. 79

Der Goldene Schnitt um den Teufelstein

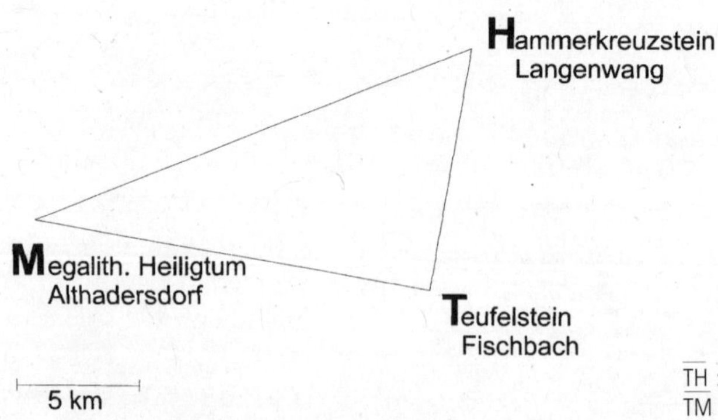

$\overline{TH} : \overline{TM} = \overline{TM} : (\overline{TM} : \overline{TH})$

$\overline{TM} : \overline{TH} = 1 : 1{,}618033...$

Phi = 1,618033...

Die nördliche behauene Wand des Teufelsteins zeigt als Visierfläche genau 30° nach NW.
Dies alles sind Fakten, die wissenschaftlich belegt sind und damit ein riesiges Rätsel aufgeben. Wie soll man diese Fakten unter einen Hut bringen?
Wer hat dies konstruiert? Warum und wie? Diese Fragen ließen mich Jahrzehnte nicht los und waren Anlaß, mich in Astronomie, Mythen, alten Bräuchen, Religionen und Kalender zu vertiefen mit einem Ausgang, den ich kaum abschätzen kann.
Die ausgerichtete, behauene Wand macht den Teufelstein zum Kalenderstein aus grauer Vorzeit. Dies allein ist schon eine Sensation und macht ihn zu einer großartigen Attraktion in der Steiermark. Was bedeutet jedoch die rätselhafte Konstruktion des Drachens? Soll sie ähnlich den Pyramiden Sterne widerspiegeln? Sollen die riesigen Abmessungen Botschaften für vermeintliche Götter in den Sternen enthalten? Was kann der Grund sein, Orte, Kultstätten in solchen Anordnungen anzulegen? Von der Katholischen Kirche ist nicht bekannt, daß sie bei der Auswahl der Orte für den Bau einer Kirche besonderes Augenmerk auf geometrische Muster legten, wohl aber, daß Kirchen oft auf vormals heidnischen Kultstätten errichtet wurden. Es ist also mit einiger Sicherheit anzunehmen, daß die jetzigen Kirchen, die den Drachen bilden, vormals heidnische Kultstätten waren und diese schon die rätselhafte Anordnung hatten.

Teufelstein, vorchristlicher Kultplatz

Eine Anweisung des Papstes Gregor I. um 600 zur Missionierung läßt darauf schließen: Die Missionare wurden angehalten, alte heidnische Kultstätten nicht zu zerstören, sondern nur die alten Götzen darin. Die Bauwerke sollten erhalten bleiben und, wenn sie baufällig waren, an deren Stelle neue Kirchen erbaut werden. Durch die Abgeschiedenheit des Teufelsteins war eine Christianisierung wahrscheinlich nicht sinnvoll oder unmöglich, da die Heiden von ihren alten Kulten nicht abließen. In solchen Fällen liegt es nahe, daß der Ort mit Bann belegt, also verteufelt wurde. Spuren von Zerstörungsversuchen sind am Teufelstein zu erkennen. Ein mächtiger Fels mit ebenfalls plan bearbeiteter Fläche läßt erkennen, wo er herausgebrochen wurde, und ließe sich wie ein riesiger Puzzlestein, genau passend, wieder in den Teufelstein einfügen. Die vielleicht versuchte Zerstörung oder Verteufelung des Ortes durch die Christen hat seiner Funktion als Platzhalter, als Fixpunkt des Raumes, jedoch nichts anhaben können, ja sie gleichsam auf wundersame Weise konserviert. Der Ort und sein Name, nämlich Teufelstein, blieben gerade dadurch erhalten. Auch die Sage um den Teufelstein ist bezeichnend:
In einem alten Sagenbuch fand ich folgende Sage über den Teufelstein, die wohl auch die Quelle für das Gedicht von Rosegger war:

Nach dem Sündenfall entbrannte in Luzifer dem Teufel noch einmal das Verlangen in das Reich der Seligen zurück zu kehren.
Gottvater wollte ihm diesen Wunsch nicht verwehren und sprach:
Wenn du in der Christnacht während der heiligen Wandlung einen Turm bauen kannst, der bis in den Himmel reicht, so will ich deinen Wunsch erfüllen.
Mit einer selbst gezimmerten Kraxe flog Luzifer in der Christnacht auf die Hohe Veitsch und faßte sich von dort einen riesigen Stein. Beim dritten Male riß der Teufel einen so mächtigen Felsstein los, daß sein Korb am Rücken zerbarst und die Steintrümmer über die Wiese kollerten.
Die Glocke hub an zu läuten und die Zeit war vertan.
Der Berg auf welchem das geschah heißt seitdem der Teufelstein.

Die Sage enthält in sich, mythisch kodiert, die eigentliche Funktion des Teufelsteins und gibt uns drei zeitliche Anhaltspunkte:

Die Sage beschreibt die Funktion

Der erste ist: nach dem Sündenfall, d.h. nach dem Paradies. Das Paradies nun bedeutet wörtlich: entzwei oder jenseits der Zwei und wird als das Goldene Zeitalter angesehen, das Zeitalter vor dem Stier. Vor dem Stier und vor Beginn der Hochkulturen war das Zeitalter Zwillinge, ein zeitlicher Bezug zu den Zwei. Der Sage nach erfolgte also der Turmbau nach dem Zeitalter Zwillinge, also zumindest schon im Zeitalter Stier, wo Thuban Polarstern war, d.h. nicht vor 6 000 Jahren. Die Zeit, als die Sternkunde und die Hochkulturen entstanden.
Den zweiten zeitlichen Hinweis liefert die Christnacht, die längste Nacht des Jahres, also die Wintersonnenwende.
Den dritten Hinweis liefert der Name Luzifer selbst: Wie ist das möglich?
In der Bibliotheque Nationale in Paris befindet sich eine mittelalterliche Handschrift mit den "septem planete", also den sieben alten Planeten und ihren Namen. (Siehe Bild 43: Die sieben alten Planeten im Kapitel Stern von Bethlehem)

Luzifer, der Morgenstern

Wer ist denn Luzifer eigentlich? Auf der alten Handschrift finden sich die sieben Planeten, die damals bekannt waren, mit folgenden Namen: iovis (Jupiter), saturnus (Saturn), mars (Mars), sol (Sonne), luna (Mond), mercurius (Merkur) und lucifer. Luzifer heißt auf lateinisch wörtlich der Lichtbringer und ist ein alter Name für Morgenstern. Und Morgenstern kann aber kein Geringerer sein als die Venus! Die Venus erscheint ja als innerer Planet nur in Sonnennähe und kann nur als Morgen- oder Abendstern (bosborus) sichtbar sein. Um Mitternacht z.B. ist die Venus daher niemals zu sehen.
Luzifer ist also ein alter Name für Morgenstern oder Venus.

Wie konnte nun aber Venus, Luzifer, zum Fürst der Hölle werden?
Hier spielt eben die christliche Mythologie und ein christlicher Glaubenssatz eine besondere Rolle.
Die Göttlichkeit Jesu liegt ja im Wunder der unbefleckten Empfängnis. Jesus hat ja keinen irdischen Vater. Gott selbst ist sein Vater, dies ist zentraler katholischer Glaubenssatz und wurde durch seine Geburtsstunde mit dem Stern von Bethlehem zusätzlich untermauert.
Jesus wurde jungfräulich geboren, was ursprünglich wohl eine zeitlich-astrologische Aussage war und das Sternbild Jungfrau meinte, wie wir später noch sehen werden; der Satz wurde aber wie vieles "wörtlich" genommen und wurde als Glaubenssatz zum Dogma. Maria gebar also als Jungfrau und hat ihren Sohn nicht durch die geschlechtliche Liebe, verkörpert durch Venus, empfangen. Venus, Amor oder Aphrodite waren und sind heute noch die Symbole der geschlechtlichen Liebe.
Maria stand also im Gegensatz zu Venus, und alle, die Maria nacheiferten und an die Jungfräulichkeit glaubten, wollten daher mit der Geschlechtlichkeit und mit ihrer Göttin Venus nichts zu tun haben. Die Venus, der Morgenstern, Luzifer wurde tabu, die geschlechtliche Liebe, wie wir alle ja wissen, ebenfalls tabuisiert.

Venus als Luzifer in der Unterwelt

Eine weitere Rolle dabei spielte sicher auch die antike Fische-Sage: Amor und Venus werden von den Fischen über den Palästinischen Euphrat vor dem Titanen Typhon gerettet. Palästina bekam so eine besondere Funktion als Beschützer der Venus. Beschützen hat aber meist auch etwas mit Verbergen zu tun. Die ersten Christen, die sich ja das Zeichen der Fische gaben, sahen sich vielleicht auch als besondere Beschützer der Venus, die sie durch Verbergen der Sexualität zu schützen hofften. Verbergen, Unter-Schutz-Stellung, Tabu führt zwangsläufig zu Geheimniskrämerei und Verdrängung. Verdrängung in die Unterwelt.
So kam Venus als Luzifer in die Unterwelt, und auch die reale Unterwelt auf dieser Erde macht die besten Geschäfte mit der geschlechtlichen Liebe in diversen Venusbars.
Aber auch jene aus den höchsten Kreisen, die Luzifer in die Unterwelt verbannten ...
Und so wurde aber auch aus einem Morgenstern-Stein, einem Venus- oder Luziferstein ein Teufelstein.
Der Teufelstein peilt nämlich den Morgenstern!
Die Sonne, sie läuft ja wie die Planeten auf der Bahn der Ekliptik, geht an derselben Stelle auf, wo zuvor der Morgenstern stand, wenn Venus so steht, daß sie als Morgenstern erscheint.

Luzifer ist zu Neujahr 2000 am Teufelstein

Zu Weihnachten 1999 bis zum Neujahrstag 2000 steht zufällig die Venus tatsächlich so, daß sie als Morgenstern sichtbar ist. Vor der Wandelung der Christnacht zum Tag wird "Luzifer" genau dort am Schnittpunkt zwischen Himmel und Erde stehen, wo die behauene Wand des Teufelsteins hinzeigt.
Und so wird der Teufelstein auch beim der Wandel der Jahrtausende seine Funktion erfüllen, und der Morgenstern "Luzifer" wird nach der letzten Nacht von 2000 Jahren "Fische" zur Wintersonnenwende den ersten oder "Jüngsten" Tag des neuen Zeitalters einleiten und anzeigen.
An diesen Tagen wird der Planet Venus, der als Verkörperung der geschlechtlichen Liebe galt, als Morgenstern (Luzifer) vor dem Grauen des Morgens genau dort erscheinen, wo die Wand des Teufelsteins hinweist und wo dann die Morgenröte, Eos, die Rosenfingrige und Safrangewandete, den neuen Tag, den Thithonos ankündigt, ehe sich dann die Sonne an derselben Stelle über den Horizont erhebt.
Wenn das Wetter es zuläßt, kann dies ein schönes Schauspiel sein, das sich beim Jahrtausendwechsel am Teufelstein abspielt.
Alljährlich finden sich bereits zu diesem Schauspiel zahlreiche Besucher im Morgengrauen der Wintersonnenwende ein. Leider spielte in den letzten Jahren das Wetter nicht so recht mit.
Doch es bieten sich dafür ja noch unzählige Möglichkeiten. Nicht nur im Winter, sondern auch im Sommer, nämlich zum Vollmond der Sommersonnenwende, der Mittsommernacht. Dann zieht nämlich der Vollmond fast dieselbe Bahn durch den Nachthimmel, wie die Sonne ein halbes Jahr zuvor durch den Taghimmel. Alles ist einfach verkehrt. Der Vollmond wandelt entlang der Bahn der Sonne. Der Mond verwandelt sich in die Sonne, hätte wohl eine alte Beschreibung gelautet.
Das Schauspiel beginnt am Vollmondabend, der der kürzesten Nacht am nächsten liegt. Die Teufelsteinwand peilt dann, wie die Markierungen eines Minaretts, den Mondaufgang, und dieser erreicht tatsächlich alle durchschnittlich 18,6 Jahre sein südlichstes Extrem an jenem Punkt des Horizonts, auf den die Wand des Teufelsteins hinweist. Dieser Zyklus ist Basis für den Saroszyklus, den Zyklus der Finsternisse, der zum Entstehen der Hochkulturen durch Magie der Vorhersage der Finsternisse führte. Der Schlüssel dazu liegt auch am Teufelstein. Aber tief vergraben durch Wandlungen der geheimen mündlichen Überlieferungen und Mythen. Tabuisiert durch Verteufelung durch die Kirche, die um ihr Kalendermonopol fürchtet, und vergessen durch zahlreiche Paradigmenwechsel und Zeitenwenden. Aber doch bewahrt durch Sagen und Märchen. – Die Mittsommernacht, der Sommernachtstraum!

Was erzählt uns Shakespeare mit seinem Märchen, mit seiner Parabel, über die Verwandlungen?
Oh, wie schön wäre es, Shakespeares "Sommernachtstraum" mit dem lustigen Puk und dem mächtigen Oberon am Teufelstein aufzuführen!
In jener kürzesten Nacht, wo sich seit Urzeiten die jungen Menschen an den lauen Abenden treffen und Bande für das Leben oder auch nur für eine Nacht geknüpft werden.
Dies war auch bis vor wenigen Jahrzehnten am Teufelstein so, bis ein Gewitter, das aufzog, als böses Omen gedeutet wurde und den Geistlichen willkommenen Anlaß bot, dem alten Brauch und der Unzucht ein Ende zu bereiten.
Das eingangs erwähnte Mürztaler Original mit dem Ochsenstrick hat auch über die damalige Ausgelassenheit einen launigen Bericht geliefert.

Die alten Bräuche

Das Motto "auf der Alm, da gibt's ka Sünd'" hätte damals noch gegolten, schilderte der Alte seine Jugenderlebnisse und führt weiter aus, daß die ganz schlauen Burschen die Kleider der Frauen und Mädchen, die sich ihnen in der Dunkelheit hingegeben haben, mit Schneiderkreide markierten. So könnten die "ganz erfolgreichen Liebhaber" nämlich am nächsten Morgen erfahren, mit wem und wie vielen sie es getrieben haben. Diese Geschichten des Alten sind nicht bare Münze, aber doch eine Andeutung über die sexuelle Freizügigkeit, die sich aus heidnischer Zeit zu bestimmten Tagen auch in unseren Breiten bis vor nicht allzu langer Zeit erhalten hat.
Die Mittsommernacht, die verkehrte Welt, wo der Mond sich in die Sonne verwandelt und die Bahn der Sonne zieht. Wo jene, die den Sommernachtstraum träumen, ihre Phantasien ausleben, aus sich herausgehen, hingeben und verwandeln.
Im Jahr 1998 beginnt jene Vollmondnacht am Abend des Donnerstags, dem 9. Juli! Von diesem Tag sind es noch 666 Tage bis zum 5. Mai 2000! Nacht 666 im Countdown zum Tag der Perlenreihe der Planeten! – Die Zahl des Tieres aus der Offenbarung des Johannes!
Ein irrer Zufall? Doch keine Angst! Das Tier, von dem da die Rede ist, wird geoffenbart – in einem späteren Kapitel – und es wird sich tatsächlich als ein Tier erweisen, aber als ein Tier des Tierkreises, - ein Sternbild des Tierkreises!
Hier sei auch noch ein anderes Datum erwähnt, der Samstag, 20. März 1998, die Frühlingstag- und Nachtgleiche, einer der Kardinalpunkte des Kalenders und der Stichtag zur Beobachtung des Frühlingssternbildes:
Es ist der Wassermann, der an diesem Kardinalpunkt vor dem Morgengrauen die Morgenröte ankündigt an jener Stelle des Horizonts, wo dann die

Sonne aufgeht. Zufällig stand zu Frühlingsbeginn 1998 die Venus ebenfalls am Morgenhimmel, und man konnte sie mit einfachem Fernglas als "Halbvenus" gut erkennen, da sie, wie die Mondsichel, nur halb von der Sonne bestrahlt wird. Von diesem Stichtag, dem Frühlings-Kardinalpunkt, sind es (zufällig?) genau 777 Tage bis zum 5. Mai 2000.

Diese Zufälle sind Zufälle, und wer will, kann ihnen besondere Bedeutung beimessen wie einem weiteren kalendarischen Zufall des Countdowns, der zum Stichwort Kardinal paßt. Die päpstliche Visitation des Klosters Göttweig, die wahrlich an den Roman "Der Name der Rose" meines Lieblings Umberto Eco erinnert, endete am 6. März 1998, dem Tag 666 im Countdown zum Beginn des Jahres 2000. Ein wahrlich teuflischer Countdown. – Oder?

Soweit die Verknüpfung der Sage mit der Funktion des Teufelsteins als uralter kosmischer Zeitmesser, der sogar im Jahr 2000 noch immer seine Funktion prächtig erfüllt.

Wie wurden aber nun die Orte der Kirchen bzw. der vormals heidnischen Kultplätze so genau eingemessen? War etwa der Jakobstab schon damals bekannt, dessen symbolisches Ebenbild uns überall in Wegkreuzen, Wetterkreuzen und Marterln begegnet? Sind die alten Bräuche der Bauern, das Wetterbeten, oft verbunden mit heidnischen Fruchtbarkeitsriten, die Sonnwendfeuer und die Maibäume Relikte aus der Zeit dieser magischen Land- und Zeitvermesser? Sind das Wetterbeten, Maibäume und Sonnwendfeuer Vorläufer unserer Kalender?

Warum wurden die Kultstätten genau an diesen Stellen angelegt?

Beim Teufelstein selbst ist die Antwort einfach. Er ist ein markanter Fels auf dem Rücken einer Bergkuppe mit phantastischer Rundumsicht und freiem Blick zu den Sternen. Durch seine Behauung erhielt er eine Fassung wie ein Diamant den Schliff und markiert somit den kürzesten Tag des Jahres und Winterbeginn, bzw. die Mittsommernacht. Doch was kann der Sinn des Drachen sein? Er ist genau 23,5° nach NO ausgerichtet. 23,5° ist genau die Neigung der Erdachse zum Ekliptikpol!

Der Drachen, ein astronomischer Code

Erkannten die "Teufelsteinbehauer" bzw. die "Drachenkonstrukteure" bereits die Neigung der Erdachse und kodierten sie in dieser riesigen "Landkarte" mit dem Drachen? Hat die Konstruktion des Drachens etwas mit dem Sternbild Drachen zu tun, in dessen Zentrum ja der Ekliptikpol mit dem Präzessionskreis liegt, mit dem Radius der besagten 23,5°, oder ist die Neigung des Teufelsteindrachens um 23,5° nach Osten wieder nur Zufall?. Gibt es so viele Zufälle? Was wollten unsere Vorfahren damit ausdrücken, bezwecken oder festhalten? Was war der Sinn solch riesiger Anlagen wie der

Scharrbilder von Nazca im Süden Perus, des Schlangenhügels der Adena-Indianer in Ohio und vieler weiterer ähnlicher Bauten auch in Europa? Sollten es Zeichen sein für Götter, die man in den Sternen und Planeten vermutete und denen man deutlich sichtbare Botschaften senden wollte?
Eine mögliche Antwort liegt in der Eigenart des menschlichen Denkens und Darstellens. Eine Parallele liegt nicht weit zurück. Am Beginn unseres Jahrhunderts wurden mit den damals besten Fernrohren die Marskanäle entdeckt. Man war auf Grund der Kanäle vom Leben auf dem Mars überzeugt. Es bestand ein ernsthafter Plan, den vermuteten Menschen auf dem Mars zu signalisieren, daß hier auf der Erde ebenfalls intelligente Wesen leben. Riesige Pythagoräische Dreiecke in der Wüste Sahara sollten vom Wissen des Erdenmenschen zeugen und so für die Marsmännchen sichtbar sein. Die letzte Voyager-Raumsonde, die vor wenigen Jahren mit unbekanntem Ziel im Weltraum das Sonnensystem verließ, hat ebenso als Zeichen für menschliche Intelligenz ein Pythagoräisches Dreieck mit an Bord.
Fragen über Fragen, die uns der Teufelstein als rätselhafte Sphinx stellt. Im Grunde sind es dieselben Fragen, die schon vor 2400 Jahren die Sphinx in Sophokles' Drama dem Oedipus stellte. Auch damals war es die Frage nach dem Ursprung der Maße! Und dieselbe Frage stellt sich auch heute wieder: Was ist der Ursprung aller Maße? Wer ist das Maß aller Dinge? Wo ist der Ursprung der Maße, der Zeit und der Zeitrechnung?
Wo ist ein Ankerpunkt der Zeitrechnung? Wann ist ein fixer Eckpunkt in der Zeit, der Orientierung bietet für das Hier und Jetzt, wie die vollen Stunden einer Uhr, der Sonnenlauf, die Vollmonde, die Sonnenwenden, die Konjunktionen von Jupiter und Saturn, die Weltzeitalter am Zifferblatt des Tierkreises im Platonischen Jahr und letztlich der Polarstern? Wer ist der Herr der Zeit? Nach welcher Zeitrechnung leben wir? Wer ist verantwortlich dafür, wie die Zeit eingeteilt, wann die Feste gefeiert und die Schalttage gemacht werden? Wer ist der Inhaber unseres Kalenders und teilt so letztlich die Zeit ein? Die Antwort auf diese Frage müßte Ihnen doch langsam dämmern! Wollen wir, daß der Kalender in dieser Form so weiterläuft? Was werden all die Nichtchristen wollen? Der Teufelstein stellt all diese Fragen!
Wer ist das Maß aller Dinge? Was ist seine/ihre Aufgabe, Zweck, Ziel, Sinn? Hat er/sie eines? Will er/sie überhaupt eines?
Stellen Sie sich selbst diese Fragen, und finden sie die Antworten in sich selbst! Hamlets "Sein oder Nichtsein", das ist die Frage!
Damit sind wir wieder bei Hamlet oder Amlohdi und seiner Mühle. Wieder am zentralen Punkt für Zeit und Raum. Wer, wo, wann.

Wenn Favtna (Arcturus, alpha Bootes, den sie als Schützen sehen) am letzten Tag mit seinem Pfeil den Bohinavlle (Nordnagel, Polarstern) herunterschießt, wird das Firmament einstürzen, die Erde unter sich zermalmend und alles in Brand setzend.

Mythos der Lappen H. v. Dechend, Die Mühle des Hamlet

Juda Löw verlegte sich auf Permutationen.
Von Lettern und auf komplexe Variationen;
Und schließlich sprach er ihn aus, den Namen, welcher der Schlüssel ist,
Das Tier, das Echo, der Wirt, der Palast ...

J. L. Berges, Der Golem

Siehst du den schwarzen Hund durch Saat und Stoppel streifen? ...
Mir scheint es, daß er magisch leise Schlingen zu künft'gem Bund
um uns're Füße zieht ... Der Kreis wird eng, schon ist er nah!

Faust I, Joh. W. Goethe

Verschiedene Vorzeichen werden dem vorausgehen: Der Mond wird rot werden, und die Sonne wird am Himmel sterben. Der Nordstern ist jene Macht, die am Ende aller Dinge das Sagen haben wird, so wie der Leuchtende Abendstern der Herrscher war, als das Leben begann. Der Morgenstern, der Himmelsbote, offenbarte den Menschen die Geheimnisse des Schicksals und erzählte vom großen Rat am Anfang, das dem Sternenvolk ihre Positionen zuwies ... Der Befehl für das Ende aller Dinge wird vom Nordstern ausgegeben werden, und der Südstern wird die Befehle ausführen. Unser Volk wurde von den Sternen geschaffen. Wenn die Zeit des Sterbens für alle Dinge gekommen ist, wird sich unser Volk in kleine Sterne verwandeln und zum Südstern fliegen, wohin sie gehören.

Skidi-Pawnee-Mythos, H. B. Alexander North America Mythology (1910)

Es ist also eine natürliche Bewegung, die von sich selbst ausgeht. Darum ist die Umgestaltung des Alten auch ganz leicht. Altes wird abgeschafft. Neues wird eingeführt. Beides entspricht der Zeit und bringt daher keinen Schaden.

I Ging, das Buch der Wandlung

An diesem Tag ... vollendete Gott die Schöpfung,
denn es ist der sechste, der letzte der sechs Tage ... An diesem Tag schuf Gott Saturn ...
Am selben Tag pflegte die Sors Zarathustrae bei Gott Einkehr zu halten,
und Kai Chosrau fuhr in die Luft hinauf.
Am selben Tag werden die Glückslose unter den Menschen auf der Erde verteilt.
Deshalb nennen ihn die Perser den "Tag der Hoffnung"

Al-Buruni über das altpersische Fest "Nauroz" ("Neuer Tag") H. v. D.

Da ging das Mädchen zu dem Brunnen zurück und wußte nicht,
was es anfangen sollte: in seiner Herzensangst sprang es in den Brunnen hinein,
um die Spule zu holen ...
... das Brot aber rief: "Ach, zieh mich raus, zieh mich raus, sonst verbrenn' ich:
Ich bin schon längst ausgebacken ...
... der Baum hing voll Äpfel und rief:
"Ach, schüttel mich, schüttel mich, wir Äpfel sind alle miteinander reif" ...
... "Du mußt nur achtgeben, daß du mein Bett gut machst und es fleißig
aufschüttelst, daß die Federn fliegen, dann schneit es in der Welt;
ich bin die Frau Holle."
... da saß der Hahn am Brunnen und rief:
"Kikeriki, unsere goldene Jungfrau ist wieder hie" ...
"Kikeriki, unsere schmutzige Jungfrau ist wieder hie."

Frau Holle, Kinder- und Hausmärchen, Gebrüder Grimm

Last Day, "Jüngster Tag", Doomsday

Was assoziiert man üblicherweise mit dem Begriff "Jüngster Tag"? Den Weltuntergang?, das Paradies?
Es scheint ein Begriff zu sein, der mit Anfang oder Ende der Zeit zu tun hat. Die Annäherung an den Begriff "Jüngster" Tag kann tatsächlich nur mit einem zeitlichen Ansatz erfolgen. "Jüngst" bedeutet umgangssprachlich nichts anderes als vor kurzem oder eben erst geschehen. Das jüngste Kind ist das zuletzt Geborene. So ist auch der "Jüngste Tag" zu sehen: der erste, der neugeborene Tag eines neuen Zeitalters. Im Englischen heißt dieser Tag "Last Day", also letzter Tag, die andere Seite der selben Medaille, auch "Doomsday" genannt – Schicksalstag. Ein Tag, den das All schickt? Doch lassen wir die Wortspiele vorerst. Es gibt noch genug Anlaß dazu.
Die Sage von Tithonos und Eos erzählt diesen Mythos vom jungen Tag wunderbar:

Tithonos Eos, die Göttin der Morgenröte, verliebt sich in den jungen Tithonos, erbittet für ihn Unsterblichkeit, vergißt aber, auch ewige Jugend für ihn zu erbitten. So altert Tithonos, trocknet aus, schrumpft zusammen, bis er nur mehr wie eine Zikade zirpt. Wie die Tage des alten Jahres. Und wie die Jahre des alten Zeitalters. Arme Eos!

Ob sie wohl wieder einmal einen jungen Liebhaber bekommen wird?

Vielleicht. Denn kein Tag währt ewig. Kein Jahr währt ewig. Und kein Zeitalter währt ewig! Es hätte ja sonst kein Alter.

Und wie das Jahr sich am Jahresende wendet, so wenden sich die Zeitalter bei den Zeitenwenden.

Auf ein Jahr folgt ein neues, auf ein abgelaufenes Zeitalter ein neues Zeitalter.

Doch Wechsel von Zeitaltern werden oft als Ende der Zeit selbst, als Ende der Welt gesehen. Folgendes Erlebnis soll hier geschildert werden. Als ich meine Erkenntnisse und Unterlagen einem allseits bekannten Sendeverantwortlichen des öffentlich-rechtlichen Fernsehsenders vorstellte, rang dieser mit den Händen und nach Luft und rief: “Um Gottes willen, da geht ja die Welt unter!” und weigerte sich, so etwas Furchtbares zu produzieren.

Ein Denken, das bei vielen vorherrscht, eine Urangst, die wohl in der Verwechslung von Zeit und Zeitrechnung begründet ist. Vielleicht sind auch Journalisten besonders anfällig dafür, steckt doch in ihrer Berufsbezeichnung das Wort Tag, “jour”, das tägliche Geschehen ist ihr Job. Die Jagd nach Quoten läßt hier offenbar keine Muße und Zeit, über die Grenzen zu sehen: die Grenzen des Alltags und der Zeitrechnung.

Kein Landvermesser hätte Angst vorm Untergang der Welt, wenn er an die Grenzen des Landes stößt oder sein Meßinstrument nicht weit genug reicht. Doch Astronomen, “Sternenvermesser”, kennen diese Angst, diesen “horror vacui”; sogar Stephen Hawking beschreibt schlaflose Nächte wegen schwarzer Löcher. – Der Ereignishorizont. Man kann nicht abschätzen, was dahinter passiert.

Auch das Ende eines Zeitalters scheint so etwas Ähnliches zu sein wie ein Horizont, eben ein Zeithorizont.

Das Ende eines Zeitalters wird aber von vielen verwechselt mit dem Ende der Zeit überhaupt. Eine Art Ereignishorizont für Alltag und Kalender. Die Angst davor erzeugt Panik, die, geschürt durch 2000 Jahre christliche, jüdische und orientalische Tradition, in manchen das Gefühl erzeugt, den Boden unter den Füßen zu verlieren. Einige versuchen gleich wie Engel zu den Sternen zu fliegen, manche stürzen sich in Abgründe und manche stecken den Kopf in den Sand wie der Vogel Strauß. In manchen entsteht das Gefühl

Der Zauber der Religionen

der Endzeit als Gefühl unendlicher Schwere, Melancholie, Depression.
Wie kann diese Verwirrung entstehen?
Wie kann man an ein Ende der Realität, der Welt, denken bei einem Ende eines Zeitalters?
Wohl nur, wenn man Weltbild und Welt verwechselt!
Die Ursache kann nur das Weltbild sein, das 2000 Jahre lang von den Kirchen als Realität gepredigt wurde und das am Beginn des Christentums, also vor 2000 Jahren, zum Teil dem Stand der damaligen Naturerkenntnisse entsprach und damit wohl seine Gültigkeit hatte, aber jetzt nicht mehr zeitgemäß ist. Die Sicht der Dinge hat sich gewandelt! Doch viele betrachten die Dinge noch durch die Brille der Religion und sind daher diesem alten Weltbild verhaftet.
Die Alten haben ihre Welt, die Natur genau wie auch wir erlebt, die Bäume, die Berge, das Meer usw., und sie mit ihren damaligen Worten beschrieben. Die Berge, die Meere und Sterne haben sich nicht geändert, sie sind fast dieselben wie ehedem; die Worte oder besser der Sinn der Worte, ihre Bedeutung, mit denen die Dinge beschrieben und umschrieben wurden, haben sich jedoch zum Teil gewandelt.
Aus diesem Grund muß man die alten Beschreibungen der Natur, vor allem die Sternkunde, übersetzen in die heutige verständliche Sprache. Geheimnisvolle, mystische Anweisungen, als Gebetsformeln an überirdische Götter, verlieren so jedoch ihre Magie und werden zu einfachen astronomischen Zyklen, die jedem Kundigem als banal erscheinen. Jedes Zauberkunststück ist, wenn man es erst einmal kennt, banal. Die Magie wird nur durch das Geheimnis erzeugt.
Jeder Zauberer nutzt Synchronizität, Gleichzeitigkeit für seine Tricks. Er täuscht vor, in dem Moment, wo er mit seinem Zauberstab klopft, das Kaninchen oder was immer hervorzuzaubern. Tatsächlich wartet das Kaninchen schon lange verborgen irgendwo. Den Moment der Aufdeckung dramatisch zu gestalten, liegt der eigentliche Zaubertrick. In der Ablenkung, im Zaubersalz, liegt das eigentliche Geheimnis. Daher ist jedes Kind enttäuscht, wenn es hinter das Geheimnis des Tricks kommt. Die Täuschung ist vorbei, und der Getäuschte ist enttäuscht. Eine komische Form von Tausch. Was eigentlich ein Gewinn von Realität oder Wahrheit ist, das Geheimnis des Tricks hat man ja gelüftet, wird zu einem Verlust an Magie. Der vorerst Bezauberte wandelt sich zum nachher Enttäuschten.
So ähnlich läuft es auch mit dem Zauber der Religionen oder zumindest mit ihren Geheimnissen.
Unsere Sache ist ein Geheimnis in einem Geheimnis, das Geheimnis, das nur ein ande-

res Geheimnis erklären kann; ein Geheimnis über ein Geheimnis, das sich nur mit einem Geheimnis befriedigt.
So lautet ein Zitat von Ga'fat al-Sadiq, sechster Imam.
Und ein Imam sollte doch wissen, wovon er spricht, oder?
Oder haben sich die Religionen gar in ihrer eigenen Mystik so verstrickt, daß sie selbst den Inhalt ihrer Symbole und Geheimnisse nicht mehr kennen? Manchmal hat man tatsächlich das Gefühl, besonders dann, wenn Pfarrer nicht wissen, woher zum Beispiel das Symbol ICHTHYS kommt und was es bedeutet. Wahre alte Begebenheiten werden zu Sagen und Märchen. Zufälligkeiten werden zu Wundern. In alte Weltbeschreibungen, deren einfache Aussage mit der Zeit verlorenging, wird hineingeheimnist, und verborgene Botschaften werden darin vermutet. Mythen werden so zu Mystik. Das Geheimnis wird aufgeblasen wie ein Luftballon, umgedeutet je nach Bedarf der gerade am Ruder Befindlichen, und die unwissenden und suchenden Gläubigen stehen staunend vor dem Zauber. Ein Geheimnis über ein Geheimnis eben ...

Wann wird die Magie zu faulem Zauber?

Es sei den werten Lesern daher geraten, sie sollen diese Zeilen nicht weiter lesen, wenn sie weiter von den Religionen ver- und bezaubert werden wollen! Sie könnten enttäuscht sein, wenn sie hinter ihr Geheimnis kommen, besonders hinter das Geheimnis der Endzeit. Das Geheimnis der Offenbarung des Johannes! Das Geheimnis der Apokalypse! Das Geheimnis des "Jüngsten Tages".
Aber dennoch, sollten Sie tatsächlich enttäuscht sein, wie banal es eigentlich ist, so seien Sie getröstet! Die Natur und das Leben birgt noch so viele andere Geheimnisse, daß es auf eines mehr oder weniger nicht ankommt.

Also, versuchen wir die Offenbarung zu offenbaren.
Es ist mir bewußt, daß in den Augen mancher Strenggläubiger dies ein Sakrileg oder gar eine Gotteslästerung sein kann. Ich möchte damit niemanden verletzen oder gar kränken, höchstens enttäuschen, enttarnen, aufdecken, – eben offenbaren. Ich hoffe jedoch, nicht das Schicksal eines Kopernikus oder gar eines Giordano Bruno zu erleiden. Auch jenes von Salman Rushdie sei mir erspart.
Im Kommentar der deutschen Einheitsübersetzung des Neuen Testaments steht: "Wer aus der Offenbarung herauslesen will, wie die Kirchen- oder Weltgeschichte verlaufen wird, wird diesem Buch nicht gerecht und mißbraucht es."
Dem Vorwurf des Mißbrauchs werde ich mich wohl aussetzen müssen, habe

ich doch etwas herausgelesen, doch ebenso ein Mißbrauch war es dann wohl auch für die Kirche, diesem Werk solche Bedeutung beizumessen und es als Teil des Neuen Testamentes aufzunehmen und zu behaupten, dies sei die alleinige Wahrheit.
Indem ich dieses Kapitel jedoch verfasse, bin ich mir keiner Schuld eines Mißbrauchs bewußt, interpretiere ich doch nur etwas hinein! Ich lege den astronomischen Code, den Raster des Denkmusters der Antike darüber und übersetze ihn in unser heutiges Weltbild. Welches Bild sich auf Grund dieser Übersetzung ergibt und was jeder Leser für sich selbst dabei herauslesen will, entzieht sich meiner Verantwortung und bleibt dem Leser überlassen.

Die Übersetzung der Offenbarung mit dem astronomischen Code

Die "Übersetzung" und Interpretation der Offenbarung erfolgt in demselben Muster wie auch bei anderen antiken Beschreibungen von Himmelsbewegungen, wie jener der Mühle oder der Jupiter-Saturn-Konjunktion als Stern von Bethlehem und den Sternbildern und Zeitaltern Stier bis Fische. Das Ergebnis, das sich durch die "Übersetzung" ergab, nachdem ich die Offenbarung unter diesem astronomischen, vielleicht astro-logischen, aber doch logischen Gesichtspunkt betrachtete, war überraschend und verblüffend.
Ich hatte hier das Gefühl, wirklich Neuland zu betreten, obwohl Franz Boll, Herta von Dechend und Goirgio de Santillana schon eine Fährte gelegt haben. Diese Autoren scheinen aber Johannes nur beschnuppert zu haben und machten dann wohl einen Rückzug, vielleicht aus religiöser Rücksicht, vielleicht aus Vorsicht, sich nicht die Finger zu verbrennen.
Das Thema ist gerade jetzt wahrlich heiß und gibt auch mir das Gefühl, Kartoffel aus dem heißen Feuer zu holen. Doch ich liebe im Feuer gegrillte Kartoffeln – besonders mit frischen Forellen dazu. Man muß sie halt etwas auskühlen lassen.
Der Text, den Johannes uns hinterlassen hat, entspricht durch seine Bilderfülle wohl eher einem surrealistischen Gedicht, einem Traumerleben, eben einer Vision, der man sich entweder analytisch nähern muß oder dessen Poesie man kommentarlos genießt. So wie ein Psychoanalytiker sich dem Traum eines Psychotikers zuwendet, erfolgte meine Annäherung an die realen und astronomischen Inhalte der Offenbarung.
Diese Inhalte scheinen codiert, so wie vergewaltigte Kinder in ihren Zeichnungen oder Träumen Botschaften verschlüsseln, aus Angst und Schmerz vor der eigenen Wahrheit. Johannes scheint von entsetzlicher Angst geplagt, sonst würde er wohl nicht diese Worte finden und solche Drohungen aussprechen. Eine Angst, die man im heutigen Sprachgebrauch psychotisch oder phobisch nennen würde. Dennoch habe ich Hochachtung

vor diesem Text, gleichsam als Kunstwerk, so wie ich größte Hochachtung und Wertschätzung den Werken van Gogh's darbringe.

Ein surreales Wortgemälde

Daß ich jemals einen Text der Bibel so genau studieren würde, hätte ich mir nie träumen lassen, ist mein Suchen doch auf wissenschaftliche und überprüfbare Aussagen gerichtet und nicht auf Glaubenswahrheiten, die subjektiv wahr sein mögen, jedoch nicht reproduzierbar und überprüfbar sind. Bei meinen Recherchen zur Zeitenwende stieß ich jedoch beinahe zwangsläufig auch auf Johannes und seine Offenbarung. Nach dem ersten Überfliegen legte ich das Buch sogleich abschätzig wieder zur Seite und dachte entsetzt: Wie können Menschen diesem Werk Glauben schenken und solche Bedeutung zumessen? – Das Werk eines Verrückten! Und das ist Glaubenswahrheit?

Meinem auf Sterne besonders empfindlich reagierenden Auge waren jedoch sofort einige Bezüge zu Astronomie aufgefallen. Doch in diesem Dschungel von Wörtern konnte ich vorerst keinen Sinn finden. Also was macht ein Forstmann in einem Dschungel? Er durchforstet; er hackt alles unnötige Beiwerk weg, so daß nur die ihn interessierenden Bäume übrigbleiben, damit der Wald einen Ertrag bringt. So machte ich das auch bei Johannes: Die übrigbleibenden Zukunftsbäume sind bei der Offenbarung sozusagen die Sternbilder. Ob und welch ein Ergebnis dabei herauskommt, möge der Leser selbst begutachten.

Die Offenbarung des Johannes stammt nicht vom Evangelisten Johannes, sondern von einem Johannes, der um das Ende des 1. Jh.s gelebt hat. Es schildert in seiner ungeheuer blumigen Sprache in Visionen, die an Traumsequenzen erinnern, die Endzeit, und seine Schrift wurde zu dem mächtigsten Instrument, das gleichsam als Rute den Gläubigen von der Kirche ins Fenster gestellt wurde. So, wie eben der Krampus die Rute den Kindern ins Fenster stellte, damit sie schön brav sind.

Ich bin, der ich bin

Johannes leitet mit einer Begrüßung ein:
"Gnade und Friede sei mit euch von ihm, der ist und war und der kommen wird, und von den sieben Geistern, die vor seinem Thron sind, und von Jesus Christus; er ist der treue Zeuge, der Erstgeborene von den Toten ..., Offb. 1,4
Gott (Er, der ist), steht für Johannes also an erster Stelle, dann kommen die sieben Geister, dann erst Jesus, der ein treuer Zeuge ist, und Erstgeborener von den Toten genannt wird. Johannes steht also ganz in der Tradition des Moses und des Abraham ("Ich bin der ich bin"), doch auch in der der "sieben Geister" (wir werden sie noch genauer kennenlernen) und auch im

Glauben an Wiedergeburt, etwas, das den Juden eher fremd ist, aber dem Auferstehungsglauben des jungen Christentums entspricht.
Johannes beginnt seine Offenbarung mit sieben Briefen an sieben Christengemeinden, die er aus allen Christengemeinden Kleinasiens "offenbar" gezielt auswählt:
"...und hörte hinter mir eine laute Stimme, die wie eine Posaune klang. Sie sprach: schreib in ein Buch, was du siehst, und schick es an die sieben Kirchen: nach Ephesus, nach Smyrna, nach Pergamon, nach Thyatira, nach Sardes, nach Philadelphia und nach Laodizea ..., Offb. 1,9
Das Geheimnis der sieben Sterne, ... bedeutet dies: Die sieben Sterne sind die Engel der sieben Kirchen, und die sieben Leuchter sind die sieben Kirchen." Offb. 1,20
Die Gemeinden sind die Kirchen – also sind die Sterne die Leuchter der Gemeinden. Was meint Johannes mit Leuchter oder Engel der Gemeinde? Vielleicht die alten Gottheiten, denen die Heiligtümer der sieben Gemeinden geweiht sind? Die sieben Sterne, die sieben damals bekannten Planeten? Dann sind diese sieben Himmelskörper die sieben großen Gottheiten der Antike, denen die Heiligtümer der Gemeinden geweiht sind?
Sehen wir uns die Gemeinden näher an!

Die sieben Engel der Kirche sind die sieben alten Planeten

Der erste Brief geht an Ephesus, dem Mittelpunkt des Artemiskultes. Er beginnt:
"Schreib dem Engel der Kirche in Ephesus: ...",
Artemis, die Göttin der Jagd und des Mondes, die römisch zur Diana wird, ist Schutzgöttin der Stadt. Auch die Apostelgeschichte 19,21 berichtet vom berühmten Artemisheiligtum von Ephesos und den Silberschmieden, die um ihre guten Einkünfte fürchteten, da ihnen Paulus mit seinem neuen Glauben das Geschäft zu verderben drohte. "So kommt nicht nur unser Geschäft in Verruf, sondern auch dem Heiligtum der großen Göttin Artemis droht Gefahr, nichts mehr zu gelten, ja sie selbst wird ihre Hoheit verlieren, die von ganz Asien und vom ganzen Erdkreis verehrt wird", lauten die Mahnungen des Siberschmiedes Demetrius aus Ephesus. Bei dem Tumult, den Paulus auslöste, rief der Stadtschreiber aus: "Männer von Ephesus! Wer wüßte nicht, daß die Stadt der Epheser die Tempelhüterin der Großen Artemis und ihres vom Himmel gefallenen Bildes ist?"

Mond

Der erste Brief des Johannes, ein Aufruf an den Engel von Ephesus, Artemis, der Göttin des Mondes! Der erste der antiken Planeten wäre gefunden!
Der zweite Brief geht an Smyrna. Wie alle weiteren beginnt auch er:
"Schreib dem Engel der Kirche von Smyrna: ..."
Johannes schmäht und bedroht die Synagoge der dortigen Juden als die

Saturn Satans. Nun haben ja die Juden besondere Nähe zu Saturn, der sich ja römisch zum Satyr wandelt und schlußendlich christlich zum Satan wird. Der Tag des Herrn der Juden ist der Sabbath, Saturday. Ein Hinweis auf den zweiten Planeten Saturn.

Jupiter Der dritte Brief geht an Pergamon mit seinem Zeustempel (mit dem großen, noch erhaltenen Marmoraltar). Der Engel von Pergamon kann demnach nur Zeus sein, der Schutzpatron der Stadt. Zeus wird römisch zu Jupiter, Gottheit eines weiteren Planeten. Mit dem dritten Brief ist also ein weiterer Planet, nämlich Jupiter, von Johannes angesprochen.

Venus Der vierte Brief geht an den Engel von Thyatira. Er strotzt mit Vorwürfen an eine Frau namens Isebel, die sich Prophetin nennt und Unzucht treibt, und endet mit der Drohung eines eisernen Zepters und der Erwähnung des Morgensterns. Eisernes Zepter erinnert an die eisernen Männer, das eiserne Zeitalter, das Zeitalter Fische. Die Fischesage ist eng mit Venus verknüpft. Unzucht und Morgenstern (Luzifer) kann christlich wohl ebenfalls nur geschlechtliche Liebe, das Prinzip der Venus bedeuten. Venus, also der vierte Planet, ist gefunden.

Merkur Der fünfte Brief geht an Sardis, eine Gemeinde mit reichem Wollhandel. Im Brief ist viel die Rede von einem Dieb und Gewändern. Der Gott der Diebe und Händler ist Hermes/Merkur. Der fünfte Hinweis auf einen weiteren Planeten.

Sonne Der sechste Brief geht an Philadelphia. In Delphi, der griechischen Namensvetterin der Stadt, stand einst das berühmteste Orakel der Welt, vom Sonnen-Gott Apoll selbst errichtet, nachdem er Python tötete. Der Delphin, das heilige Tier Apollos, des Gottes der Sonne, weist den Weg zum sechsten Himmelskörper, zur Sonne.

Mars? Der siebente Brief geht an Laodizea. Hier versagen meine Interpretationsversuche, es würde mich aber nicht wundern, wenn Laodizea ein dem Mars oder Ares geweihter Ort wäre. Vielleicht können spätere genauere Recherchen hier weiterhelfen. Der siebente Brief wäre demnach an den letzten, noch verbleibenden Planeten der Antike, Mars, gerichtet.
Alle Briefe enden mit dem Satz: "Wer Ohren hat, der höre, was der Geist der Kirchen sagt." Die Geister der Kirchen, die sieben alten Gottheiten der

Heiligtümer, die den sieben Planeten zugeordnet sind? Wollte Johannes der im Wandel zwischen altem und neuem Kult befindlichen Bevölkerung geistige Orientierung bieten? – Indem er die bis dahin herrschenden sieben Götter aufrief?
Oder wollte er in seiner geheimen Botschaft die sieben Planeten als astronomischen Inhalt mit verpacken? Eine weitere Möglichkeit wäre, Johannes ahnte die Funktion der Planeten auch als Zeit gebende Faktoren, gleichsam als himmlische Uhren, die ja für Kalender auch maßgebend sind.
Die Zahl sieben und die Frage, warum Johannes gerade diese Gemeinden auswählte, legt jedenfalls die sieben Planeten nahe. In der Antike ist die Zahl sieben, ob bei den Wochentagen oder der Menora, mit der Anzahl der sieben damals bekannten Planeten verknüpft.
Ist die Anrede der Briefe an die Planeten gerichtet, so finden sich in der Folge eindeutig weitere zahlreiche astronomische Bezüge.
Die Einleitung bringt eine phantastische Beschreibung des Kosmos:
"... Und vor dem Thron ist gleichsam ein gläsernes Meer, das einem Kristall gleicht. Und in der Mitte rings um den Thron sind vier Wesen voller Augen, vorn und hinten. Und das erste Wesen gleicht einem Löwen, das zweite einem Jungstier, das dritte hat ein Gesicht, das einem Menschen gleicht, das vierte gleicht einem Adler im Flug. Und jedes der vier Wesen hat sechs Flügel ...", Offb. 4,6–8

Die Himmelsrichtungen

Eine Metapher, die an die Himmelskugel erinnert, an die vier Himmelsrichtungen und die Sternbilder der Kardinalpunkte denken läßt. Die Symbole der vier Evangelisten sind von diesen Sternbildern der vier Himmelsrichtungen abgeleitet.
"... eine Buchrolle; sie ist beschrieben innen und außen ... mit sieben Siegeln versiegelt ... Wer ist würdig, die Buchrolle zu öffnen und ihre Siegel zu lösen? Aber niemand im Himmel, auf der Erde und unter der Erde konnte das Buch öffnen und lesen. Ich aber weinte sehr, weil niemand für würdig gehalten wurde, das Buch zu öffnen und es zu lesen. Da sagte einer von den Ältesten zu mir: Weine nicht! Gesiegt hat der Löwe aus dem Stamm Juda, der Sproß aus der Wurzel Davids; er kann das Buch und seine sieben Siegel öffnen.", Offb. 5,3–5

Johannes weint, weil er meint, niemand könne das Buch (den Kosmos) verstehen, erfährt aber, wenn ein Löwe kommt, werden die Sieben Siegel geöffnet. Was ist wohl mit dem Löwen gemeint? Wir werden später mehr darüber erfahren!
"... und ich sah: Zwischen dem Thron und den vier Wesen und den (vierundzwanzig) Ältesten steht ein Lamm; es gleicht einem ***geschlachteten Lamm*** *...", Offb. 5,6*

Der geopferte Widder

Das Bild des Opferlammes entspricht dem vergangenen oder untergegangen (der Sonne oder der Zeit geopferten) Zeitalter Widder. Sein eigenes Zeitalter bezeichnet Johannes als das geschlachtete Lamm. Er wagte, ja er traute es sich offenbar noch nicht zu, sich oder Jesus dem Zeitalter Fische zugehörig zu betrachten. Jesus selbst bekam offenbar das Symbol ICHTHYS, (Fisch) erst später. Jesus ist für ihn der erste Wiedergeborene von den Toten, im Denken der Antike kamen ja die Seelen nach dem Tod in die Unterwelt. Im Spiegelbild der Sterne entspricht dies den Sternbildern, die sich südlich der Ekliptik befinden. Jesus ist für ihn wieder geboren aus der Jungfrau, der Persephone, der Totengöttin, dem Sternbild, das zur Frühlings-Tag- und Nachtgleiche im Westen neu aufgegangen war! Darum bezeichnet er Jesus auch in der Begrüßung als *Erstgeborenen von den Toten.* Er meint damit das Sternbild Jungfrau, das durch die Präzession aufgegangen war und nach dem sich Persien und Persepolis orientierte.

"... alle halten ein ***Saitenspiel*** *und* ***goldene Schalen*** *voll von Räucherwerk ..." Offb. 5,8*

Leier und Waage

Wie heißt das himmlische Saitenspiel? Wie heißen die goldenen himmlischen (Waag-)Schalen? Lyra und Waage! Ist das Räucherwerk für den Altar bestimmt?

Doch weiter im Text:

Dann wurde die ersten vier Siegel des berühmten Buches geöffnet: Es kommen die vier apokalyptischen Reiter:

"... Dann sah ich ein ***weißes Pferd;*** *und er, der auf ihm saß, hielt einen* ***Bogen****. Ihm wurde ein* ***Kranz*** *gegeben, und siegreich zog er aus, um zu siegen ..." Offb. 6,2*

Schütze, Pegasus, nördliche Krone

Das weiße Pferd erinnert an Pegasus, der ja über den Fischen steht, der Bogen an den Schützen, der Kranz an die nördliche Krone, genau gegenüber auf der andern Seite des Zeniths des Himmels am Frühlingsmorgen zur Zeit des Johannes.

Dem weißen Pferd folgen noch drei: ein feuerrotes mit Schwert, ein schwarzes Pferd mit einer Waage und schließlich ein fahles mit dem Tod. Könnte das Schwert dem Perseus entsprechen, der ja sein Gegenüber in der Waage hat, und findet der Tod schließlich die Entsprechung in Persephone, der Göttin der Unterwelt, der Totengöttin, verkörpert in der Jungfrau? Sind doch einige Wortfetzen eingefügt von Weizen und Gerste, ein weiterer Bezug zu Spika, der Ähre, dem Hauptstern der Jungfrau.

Der Beginn der Apokalypse scheint fast irgendwie eine Art phantasievolle Sternenwanderung mit den Beschreibungen der Sternbilder zur Tag- und Nachtgleiche im Frühling vor 2000 Jahren. Eine Beschreibung der morgendlichen Sternstunde zum uralten Stichtag, dem Frühlingsbeginn vor

2000 Jahren. Der Morgenhimmel über Johannes! Wie der Ausruf des Widderzeitalters des persischen "Zeitenwenders" Kai Khosrau: *"Die ganze Welt ist mein Königreich. Mein ist alles, von den Fischen bis hinab zum Haupt des Stiers".*

Spika, die Ähre von Persephone, der Jungfrau

Man muß nämlich etwas berücksichtigen, will man das Weltbild der Antike begreifen:

Viele glaubten damals, für jeden Menschen gibt es einen Stern. Wird ein Mensch geboren, erscheint sein Stern am Himmel. – Noch heute sagen wir bei Schlagerstars: "sein Stern ist am Schlagerhimmel aufgegangen". Starb jedoch in der Antike ein Mensch, so verlöschte auch sein Stern – sein Lebenslicht. Der südliche Sternenhimmel ist gleichsam das Reich der toten Seelen, die Unterwelt. So wie durch die Präzession die Sternbilder am Frühlingsäquinoktium untergehen, gleichsam ins Meer unter den Himmelsäquator (in die Unterwelt) abtauchen, so tauchen sie im Westen (aus dem Meer) wieder auf. Dieser Vorgang des Untertauchens dauert pro Tierkreis-Sternbild ca. 2000 Jahre, und nach einer halben Umdrehung des Kreisels nach ca. 13000 Jahren taucht das Sternbild im Westen wieder auf. Der Himmelsäquator ist bildhaft gleichsam als Meeresspiegel zu sehen, des Sternenmeeres. Die Sternbilder zum Frühlingsmorgen, welche Johannes beschreibt, sind Pegasus im Osten, Perseus im Norden, Jungfrau, Waage im Westen, Skorpion und Schütze im Süden und Drache, Krone, Leier und Adler im Zenit. Das untergegangene Sternbild Widder beschreibt Johannes als Opferlamm, die Fische benennt er offenbar nicht, vielleicht aus Trauer um das untergegangene Zeitalter, vielleicht aus Angst vor der Zukunft, vielleicht um seine Botschaft zu verschleiern und ein Mysterium zu schaffen, was ihm ja gelungen ist. *(Abb. 80)*

Der morgendliche Frühlingshimmel des Johannes

Wenn man sich die Fixsterne vorstellt als einen zur Hälfte schräg im Wasser schwimmenden Himmelsglobus, so kommt man dem Weltbild des Johannes nahe. Wenn man die "Sternenkugel" wie einen Kreisel langsam um den Ekliptikpol dreht, taucht auf einer Seite ein Punkt unter, während genau gegenüber ein Punkt auftaucht. Genau dasselbe geschieht mit den Frühlings-Sternbildern durch den Kreisel der Präzession. Während der Widder unterging, ging auf der anderen Seite die Jungfrau auf. Jesus wurde also geboren zur Zeit der aufgegangenen Jungfrau. Geboren aus der Jungfrau wurde dann zum katholischen Glaubenssatz, ebenso mißverstanden wie Luzifer, der Morgenstern. Eben eine Verwechslung von räumlichen und zeitlichen Begriffen. Man hat in ein Bild, ein Sternbild, Zeit oder einen Zeitabschnitt hinein interpretiert, hinein gezaubert. Eine Art religiöses Zauberkunststück,

Jesus wurde geboren zur Zeit der "wieder auferstandenen" Jungfrau

ABB. 80

Himmelsdarstellung
Frühlingsäquinoktium, 5 Uhr,
Jerusalem zur Zeit des Johannes

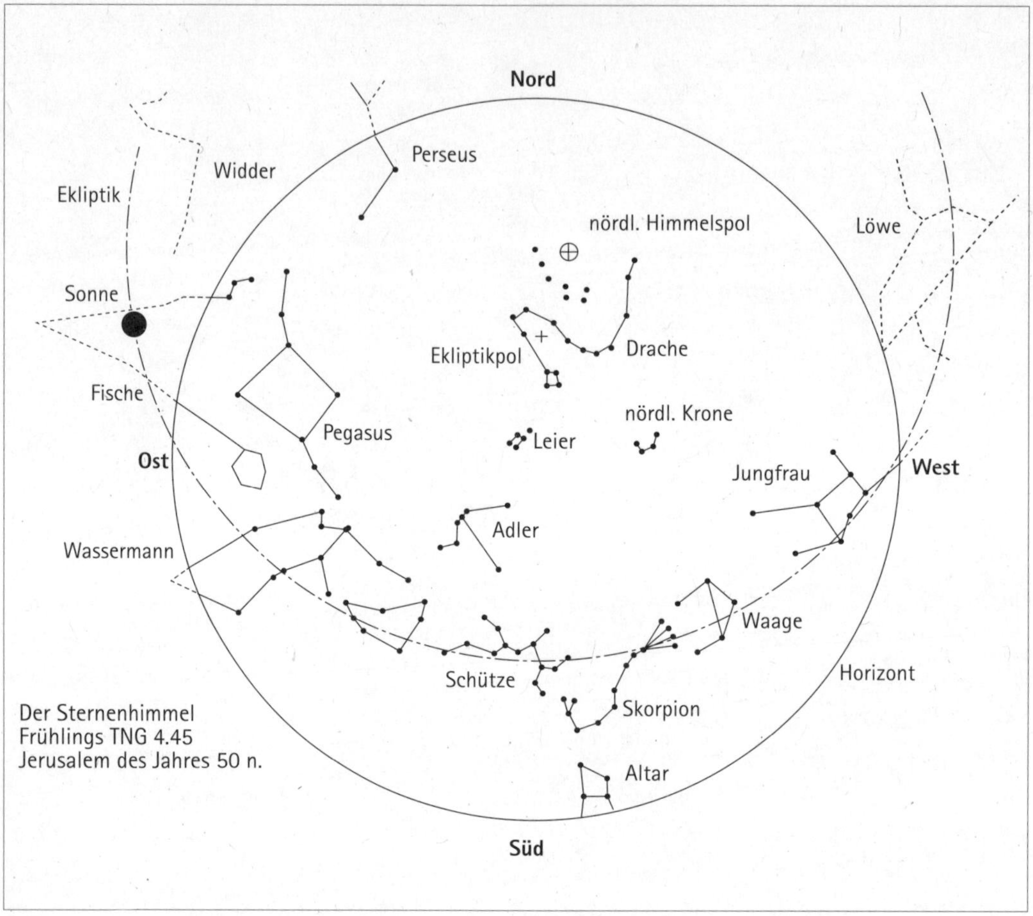

das wohl der Gott, den sich die Menschen einst geschaffen haben, den Gläubigen dann vorgespielt hat. Die jungfräuliche Geburt, ursprünglich "zeitalterlich" gemeint, wurde wörtlich genommen und zu einem zentralen Glaubenssatz und Geheimnis, ja Wunder.

Doch weiter zu Johannes!

Nach den vier Pferden folgte mit dem fünften Siegel eine Aufforderung, noch zu warten: *"... und es wurde ihnen gesagt, sie sollten noch eine kurze Zeit warten, bis die volle Zahl erreicht ist ..." Offb. 6,11*

Das sechste Siegel beschreibt dann ziemlich eindeutig weitere astronomische Ereignisse: *"Die Sonne wurde dunkel wie ein schwarzer Sack, und der Mond wurde wie Blut." Offb. 6,12*

144.000

Den Beschreibungen der Finsternisse von Sonne und Mond folgt die Kennzeichnung von je zwölftausend aus den zwölf Stämmen von Israel. – Daraus ergibt sich die ominöse Zahl 144.000. Eine Zahl, die wir schon vom Maya-Kalender her kennen, die sich durch Kombination von Duodezimal-

und Dezimalsystem ergibt. Die zwölf mal 12.000 werden mit einem Siegel auf der Stirn gekennzeichnet.
Dem folgt: *"... eine große Schar aus allen Nationen und Stämmen, Völkern und Sprachen ... das Lamm ... wird sie weiden und zu den Quellwassern des Lebens führen, und Gott wird jede Träne aus ihren Augen wischen." Offb. 7,11*

Das siebente Siegel enthält die sieben Posaunen, und seine Öffnung beginnt dramatisch mit Stille, und wie Johannes eingangs erwähnte, könne erst ein Löwe das Buch lesen.:
"Als das Lamm das siebte Siegel öffnete, trat im Himmel Stille ein, die der Dauer einer halben Stunde entsprach". Offb. 8,1
Danach ist wieder von der Räucherpfanne und dem Altar die Rede, einem Sternbild südlich des Skorpion nahe dem südlichen Himmelspol:
"Dann nahm der Engel die Räucherpfanne, füllte sie mit Feuer, das er vom Altar nahm, und warf es auf die Erde;" Offb. 8,3
Der Altar könnte bei einer bildhaften Beschreibung tatsächlich als das südliche Widerlager des Kosmos, die "untere Auflage einer kristallenen Himmelskugel gesehen werden. Die Unterseite der Himmelskugel. Der tatsächliche Südpol ist ja von einer Position nördlich des Äquator, also auch für Johannes nicht sichtbar. Von Scutus wurde das Sternbild Altar noch "puteus sive sacrarius" genannt. Der heilige Brunnen als Symbol für den Weg in die Unterwelt. Wie das Märchen von Frau Holle, die im Hellespont, in hellehirte und schließlich der Hölle und Halloween ihre sprachliche Entsprechung findet. Und in Calypso, der "Verbergerin" auf der "unterseitigen" Insel Ogygia, in deren Höhle der Zeit-Dämon Chronos mit seinen vielen Beinamen, wie Saturn, Pan, Satyr und Satan, wartet auf seine Befreiung. Auch die Sage vom Basilisk paßt in dieses Schema. Dieser Drachen mit dem Hahnenkopf lauert ja am Grunde eines tiefen Brunnens. Und schlußendlich das wunderschöne alte Märchen vom blauen Licht. Unergründlich scheinen die Metaphern des Brunnens.

Am südlichen Sternbild „Altar" wird der Wandel der Sternbilder vollzogen

Es gibt von Gervasius von Tilbury eine Geschichte, daß der Stern von Bethlehem in einen Brunnenschacht von Bethlehem fiel, nachdem er seine Aufgabe, die Weisen Männer zu leiten, erfüllt hatte.
Die Kaaba von Mekka mit dem in Silber gefaßten Schwarzen Stein, ein Meteor, steht ebenso auf so einem Brunnen, dessen Rand einst ein Kubus zierte. Der Brunnen war vorislamisches Heiligtum des Gottes Hubal, eines Kronos/Saturn gleichgesetzten Gottes. Der Kubus ist altes Symbol des Saturn, christlich Satan, Inkubus.

Der Altar einst ein Brunnen

Auf diesem Altar, der zuvor auch ein Brunnen war, leistete laut

Erathosthenes Zeus seinen Eid, bevor er Kronos angriff und ihn aus dem Himmelswagen warf. Die erste mythische Götterdämmerung und Zeitenwende der alten Griechen. Der Beginn der Olympiaden-Zeitrechnung. Johannes hatte also ein Weltbild, das dem gewölbten Himmel der alten Griechen und des Ovid ähnlich war, und auch er beschwört, wie einst Zeus, den Altar, bevor die Götterdämmerung hereinbricht.

Geboren aus der Jungfrau meint in der Antike: Geboren im Zeitalter als die Jungfrau zur Fr. TNG durch die Präzession aufging.

Mit dem Öffnen des siebenten Siegels, das die Posaunen enthält, und der Beschwörung des Altars ändern sich plötzlich die Sternbilder, die Johannes beschreibt. Hier beginnt der Blick des Johannes auf den Sternenhimmel der Zukunft! Besonders ein Sternbild fällt auf, das im Grauen des Frühlingsmorgenhimmels vor 2000 Jahren nicht sichtbar war! Johannes ahnte wohl, daß, so wie zu seiner Zeit der Widder unterging und die Jungfrau (Persephone, die Gattin des Hades und Göttin der Unterwelt) aufging, die Jesus, den *"Auferstandenen von den Toten"* oder den *Erstgeborenen der Jungfrau* brachte, der Lauf der Sternbilder weitergehen werde. Für Johannes gehen Welten auf und unter.

Der Showdown der Apokalypse startet mit der ersten Posaune: Sie erinnert an ein Unwetter, die zweite an einen Vulkan, die dritte an einen Kometen oder einen Meteoriteneinschlag: *"Da fiel vom Himmel ein großer Stern, der wie eine Fackel brannte ... Der Stern heißt der "Wermut". Da wurde ein Drittel das Wassers zu Wermut, und viele Menschen starben durch das Wasser, weil es bitter geworden war. Offb. 8,11*

Wermut, der Asteroid 1997XF11?

Hier werden wohl einige Apokalyptiker, Weltuntergangspropheten und schwarzmalende Astrologen einhaken: Dies sei die Prophezeiung des Johannes auf den Asteroiden 1997XF11, den der Astronom Jim Scotti am 6. Dezember 1997 entdeckt hat. Dieser Asteroid wird sich am 26. Oktober 2028 auf etwa 40.000 km nähern und könnte mit einer Geschwindigkeit von etwa 30.000 km/h mit der Erde kollidieren. Die Bahnberechnungen sind jetzt noch nicht genau möglich, doch kommt er der Erde gefährlich nahe. Auf ein Zehntel der Entfernung Erde–Mond, – nur etwa 3 mm im Milliardenmaßstab, wenn wir die Erde auf die Größe eines Augapfels verkleinern. Auch die Größe des Asteroids mit etwa 1,5 km kann beträchtliche Auswirkungen bei einem Einschlag haben. "Luzifers Hammer", ein Sciencefiction-Buch, oder diverse Katastrophenfilme und das Aussterben der Saurier kommen in den Sinn. Doch Johannes konnte von diesem Asteroiden wohl kaum gewußt haben. Was berichtet er also weiter:
Die vierte Posaune ist wieder eine Finsternis. Doch diesmal etwas anders,

vielleicht wie eine Verfinsterung durch gewaltige Staubmassen?
Die fünfte öffnet den Schacht zum Abgrund:
"Da sah ich den Stern, der vom Himmel auf die Erde gefallen war; ihm wurde der Schlüssel zu dem Schacht gegeben, der in den Abgrund führt. Und er öffnete den Schacht des Abgrundes. Da stieg Rauch auf aus dem Schacht wie aus einem gewaltigen Ofen, ..." Offb. 9,1–2
Die Metapher des Schachtes ist, ähnlich der des Brunnens, in der Bildsprache der Antike mit den Antipoden zu vergleichen. Der Schacht führt ebenfalls zum Gegenpol in die Unterwelt, ins Innere der Erde, wo Vulcanus und Hephaistos, die sagenhaften Mühlenschmiede, die Demiurgen werken. Die oft untreue Frau des Hephaistos ist Aphrodite/Venus. Ihr Platz in der Hölle als Luzifer scheint also schon lange vor dem Christentum vorprogrammiert zu sein.

Die fünfte Posaune endet mit: *"Als König haben sie über sich den Engel des Abgrundes; er heißt auf hebräisch Abbadon, auf griechisch Apollyon. Offb. 9,12*
Was meint Johannes damit? Nachdem ja Engel die alten Planeten sind, wie in der Einleitung erklärt, ist die Lösung hier ganz einfach! Als König steht nur ein Stern über ihnen, sagt Johannes: Apoll, der Gott der Sonne! Ist es möglich, daß nur die Sonne, als einzige von allen Planeten (Engel in der Sprache des Johannes) sichtbar ist? Wann ist dies der Fall? Die Beschreibung einer Planetenstellung, wie sie bei der Perlenreihe im Jahr 2000 tatsächlich ist. Die Große Stunde des Kosmos, wie Aristoteles es nannte. Man sieht ja nur die Sonne, da alle anderen Planeten hinter ihr sind und durch sie überstrahlt werden. War für Johannes diese Planetenstellung derselbe Horror wie 5/5/2000 für Richard Noone? Hatte Johannes bereits diese Planetenstellung geahnt, oder sitzen wir alle und Noone einer "self fullfilling prophecy" auf. Hat Noone und Johannes gar recht? Wird es wirklich ein pole shifting geben? Der Leser möge selbst entscheiden. Ich möchte mich aber an faulem Zauber jedoch nicht beteiligen.

Wenn kein anderer "alter" Planet als die Sonne sichtbar ist, müssen alle in einer Reihe stehen

Es folgt die sechste Posaune: *"... Binde die vier Engel los, die am großen Strom Euphrat gefesselt sind! Da wurden die vier Engel losgebunden, die bereitstanden und auf die Stunde und den Tag, Monat und Jahr warteten, um den dritten Teil der Menschen zu töten ..." Offb. 9,14–15*
Ich kann es nicht unterlassen, hier nochmals Noone zu erwähnen. Ist es doch zu verlockend und naheliegend: Niemand kennt den Tag, lautet die immer gleiche Antwort auf die Frage, wann der Tag sei. Und niemand kann das Buch mit den sieben Siegeln lesen, hat Johannes eingangs weinend betont.

Ist vielleicht doch No-one, als Niemand gemeint? Auch die zufällige Parallele zu Odysseus, der sich dem Riesen Polyphem als Niemand ausgab, kommt hier wieder in den Sinn. Erfüllt sich am Ende doch die Schrift? Doch wohl nur, wenn wir entsprechend deuten, oder?
Der Euphrat, von dem Johannes hier spricht, könnte sich hier wieder auf die alte Sage des Sternbildes Fische beziehen: Zwei Fische halfen Amor und Venus über den Palästinischen Euphrat. – Johannes kündigt das Ende der Fischezeit an. – An die Fische war die Zeit ja gebunden bis zur Endzeit, die Johannes hier beschreibt. Sie ist es aber auch in unserer Realität! An die Fische gebunden durch den Gregorianischen Kalender mit der Zählung der Jahre ab der Geburt Jesu, mit dem Logo ICHTHYS und dem Stern von Bethlehem, der Großen Konjunktion in den Fischen. Für Johannes scheint das Ende der Fischezeit als das Ende der Zeit überhaupt, als das Ende der Welt. Der Ereignishorizont. So wie für uns vielleicht heute ein schwarzes Loch wie im Film "event horizon".
Im folgenden 10. Kapitel macht Johannes klar, was kommt hinter seinem Horizont: Das Buch wird geöffnet und das (neue) Tier kommt:
"... ein anderer mächtiger Engel kam aus dem Himmel herab; ... Er setzte seinen rechten Fuß auf das Meer, den linken auf das Land und schrie mit lauter Stimme, wie ein Löwe brüllt ..." Offb. 10,2
Jetzt deutet Johannes es zum erstenmal ganz klar an! Das Sternbild des Löwen erhebt sich durch die Präzession über den westlichen Horizont des Frühlingsmorgens, hieße eine kühle, sachliche Formulierung. Auf dem Himmelsglobus in der Bildsprache des Johannes taucht das Sternbild Löwe aus dem südlichen Sternenmeer auf. *(Abb. 81)*

Durch die Präzession erhebt sich der Löwe im Westen

Johannes sieht dann zwei Zeugen auftreten, die 1260 Tage lang prophetisch reden und allerlei Zauber aufführen und die Menschen quälen: *"Wenn sie ihr Zeugnis abgelegt und ihr Werk vollendet haben, wird das Tier, das aus dem Abgrund steigt, mit ihnen Krieg führen und sie besiegen und töten. Und ihre Leichen bleiben auf der Straße der großen Stadt liegen ... Aber nach dreieinhalb Tagen schickte Gott wieder den Lebensgeist in sie ..." Offb. 11,12*

Mit der siebten Posaune kommt das dritte >Wehe< mit der Öffnung der Bundeslade, dann erscheinen eine Frau und der Drache:
"... Eine Frau, umgeben von der Sonne, den Mond unter ihren Füßen und einen Kranz von zwölf Sternen auf ihrem Haupt. Sie war schwanger und schrie in ihren Wehen und der Qual ihres Gebärens." Offb. 12,2
Was gebärt die himmlische Frau? Was sonst als eine neue Zeit!

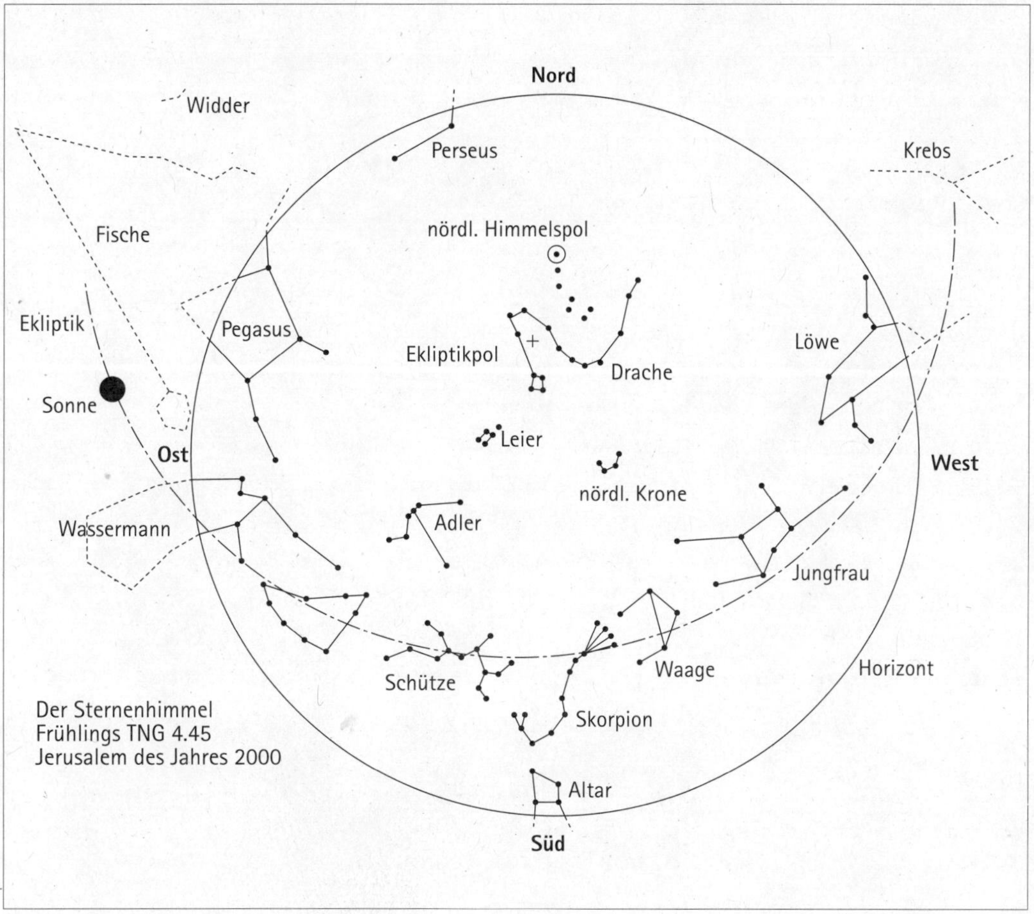

ABB. 81

Himmelsdarstellung
Frühlingsäquinoktium, 5 Uhr,
Jerusalem, Jahr 2000

Eine neue Zeit wird geboren, die der Drache verschlingen will

" Ein anderes Zeichen erschien am Himmel: ein ***Drache****, groß und feuerrot ... Der Drache stand vor der Frau, die gebären sollte, um ihr Kind nach den Geburt zu verschlingen ... " Offb. 12,4–5*

Das Sternbild des Drachen! Um ihn laufen die Sternbilder der Ekliptik wie die Stunden der Uhr. So wie Welle der Uhr, der Ankerpunkt der Uhrzeiger, die Stunden erzeugt und frißt, so beschreibt Johannes, wie der Drache am Pol der Ekliptik die Weltzeitalter fressen will. Oder wie im griechischen Mythos Kronos alle seine Kinder verschlang, bis endlich Zeus ihm entkam und danach seinen Vater stürzte.

"Michael und seine Engel erheben sich, um mit dem Drachen zu kämpfen". Offb. 12,7

Der berühmte Drachenkampf, wie er am Beginn vieler Mythen stand, Thuban der Drache als Polarstern, im Kampf überwältigt am Beginn der Sagen von Siegfried, Parzifal, Gilgamesch usw.

"Und gestürzt wurde der große Drache, der Teufel und Satan heißt und der den ganzen

Erdkreis verführt." Offb. 12,9
Das Sternbild Drachen, das den ganzen Tierkreis im Kreise führt, hieße eine Formulierung, die auch heute noch jeder versteht.

Nachdem die Frau dem Drachen entkommen war, zieht der Drache ab, um auf zukünftige Nachkommen (Zeitalter) zu warten, die Mutter Erde gebären wird:
"... der Drache ... ging fort, um Krieg zu führen mit ihren übrigen Nachkommen ..." Offb. 12,17
Und dann entstieg am Strand vor dem Drachen das Tier aus dem Meer: Der Löwe geht auf, das Zeitalter Löwe beginnt!
"Ein Tier stieg aus dem Meer auf ... sein Maul wie das Maul eines Löwen ... einer seiner Köpfe glich einem Kopfe, der zu Tode getroffen war; aber seine Todeswunde wurde geheilt ..." Offb. 13,1-2
Der Löwe wird wieder geboren! So wie das Lamm, der Widder geopfert war, so mußte einst auch der Löwe (ein halbes Großes Jahr zuvor) unter den himmlischen Meeresspiegel, den Himmelsäquator gewandert sein, sein Zeitalter untergegangen sein, der Löwe geköpft worden sein. Johannes beschreibt den ewigen Kreislauf der Präzession. Die Sternstunde des Löwen als westliches, morgendliches Frühlingssternbild beginnt.
"Und es wurde ihm ein Maul gegeben und Macht, große Worte zu sprechen und Lästerungen zu sprechen. ... Und es wurde ihm erlaubt, Krieg zu führen mit den Heiligen, und sie zu besiegen." Offb. 13,6
Dies mag wohl ein Hinweis sein auf einen Paradigmenwechsel. Was vordem Gotteslästerung ist, ist dann, nämlich im neuen Zeitalter, erlaubt, und die alten "Säulenheiligen" sind besiegt. Lästerungen sind erlaubt! Beim persischen "Zeitenwender" Kai Chosrau lautet ein vergleichbarer Satz: "... ab heute gelten neue Feiertage und Gesetze."

Mit dem Aufgang des Löwen kommt ein Paradigmawechsel

Und dann stellt Johannes die Rätselfrage, die zu den höchsten Spekulationen Anlaß gab. Wer ist das Tier?
"Hier ist die Weisheit: Wer verstehen kann, berechne die Zahl des Tieres! Denn es ist die Zahl eines Menschen: seine Zahl ist 666." Offb. 13,18
Welches Tierkreisbild entspricht wohl dieser Zahl?
Die Lösung folgt sogleich:
"... da hörte ich eine Stimme vom Himmel her, die dem Rauschen von vielen Wasserströmen ... glich ..., sie folgen dem Lamm nach". Offb. 14,2
Was folgt auf das geopferte Lamm, auf Jesus (ICHTHYS) und das Zeitalter Fische? Der Wassermann! Er liegt genau dem Löwen gegenüber, also in bei-

den Richtungen um sechs Sternzeichen entfernt. Die Zahl 6 vom Wassermann aus gesehen ist der Löwe! Und umgekehrt. Wassermann und Löwe stehen gegenüber auf der Ekliptik. Geht einer auf, so geht der andere unter.
Johannes beschreibt das Zeitalter Wassermann oder Löwe, je nachdem, ob man bei Auf- oder Untergang, bei Ost oder West, die Meßlatte, den Horizont anlegt. Hier liegt auch des Rätsels Lösung für den Antichrist, das Schreckgespenst der gläubigen Christen. Gegenüber dem "Tier", dem Löwen, in beiden Richtungen um 6 Sternbilder entfernt, ist der Wassermann, für die Kirche wohl der Antichrist. So ähnlich wie Antares, der Hauptstern des Skorpion, das Gegenüber des Ares, des Widders, ist.

Dem untergegangenem Widder (dem Lauf der Sonne geopferten Lamm) entspricht ICHTHYS, der Fisch.
Auf ihn folgt durch die Präzession der Wassermann.

"Sie sind es, die sich mit Weibern nicht befleckt haben; denn sie sind jungfräulich. Sie folgen dem Lamm nach, wohin es geht ..." Offb. 14,4
Johannes beschreibt das neue Menschengeschlecht.
Das "Nichtbeflecken" mit Weibern entspricht hier wohl wieder der frühchristlichen Interpretation der Fische-Sage mit Venus/Luzifer, das zu so vielen sexuellen Problemen innerhalb des Christentums führte. Das *"Jungfräulich"* könnte jedoch ebenfalls zeitlich gemeint sein. Sind doch alle, die nach dem untergehenden Zeitalter Widder geboren sind, in der aufgehenden Jungfrau geboren, also "jungfräulich". So wie sich ja manche als arisch bezeichnen, obwohl sie nicht wissen, was es eigentlich bedeutet. Sie könnten sich ebenso auch widder-lich nennen.
Es fällt jedoch auf, daß Johannes auch hier niemals das Wort Fische für Christus oder sein Zeitalter verwendet. Er wollte seine Botschaft wohl verborgen, geschützt, kalyptisch wissen. Vielleicht hatte in ihm auch der Untergang des vergangenen Zeitalters, der guten alten Zeit, solche Trauer und Schmerz ausgelöst. Die gute alte Zeit wird ja auch heute noch immer verklärt, um so mehr, je weiter sie weg ist und je weniger man von ihr weiß. Seine wirren Formulierungen, Wiederholungen und Auswürfe erinnern an Phobien eines Geisteskranken, religiösen Fanatikers, oder Vorstellungen bei Panikattacken oder Psychosen. Die Aussagen eines so armen Geschöpfes müssen jedoch nicht falsch sein, sagt doch schon den Volksmund: "Kinder und Narren sagen die Wahrheit." Sie sind nur schwer verständlich, eben verdreht, übertragen, verwechselt. Heute würde Johannes mit solchen öffentlichen Aussagen wohl in einer Anstalt in Verwahrung genommen werden und behandelt werden, damals galt er noch als Prophet, als Schamane, als Seher. In den sogenannten Entwicklungsländern gibt es heute noch Schamanen, Medizinmänner, und Orakel, die durchaus in der Tradition eines Johannes

stehen. Diese Kulturen haben noch Platz für diese Übersensiblen und Skurrilen und schätzen sie sogar in ihrer Gesellschaft. Was im Mittelalter als Hofnarr noch angesehen war, wird jedoch jetzt bei uns weggesperrt; die emotionalen und geistigen Auswürfe dieser gemarterten Seelen werden, statt sie anzuhören, was sie zu sagen haben, mit Chemie wie Unkraut niedergespritzt. Nur wenn es sich als Kunst deklariert, darf es bestehen, ja gewinnt sogar höchstes Ansehen, wie nicht nur die Arbeiten der Maler aus Gugging zeigen.

"Die Stunde ... ist gekommen, ... der den Himmel ... und die Wasserquellen geschaffen hat." Offb. 14,6
Dies ist ein klarer Hinweis auf die Sternstunde des Wassermannes, den Platonischen Monat Aquarius, und den Quell der Himmlischen Wasserströme, den Eridanus, der dem Krug des Wassermanns entspringt.
Auf die siebte Posaune, die den Aufgang des Löwen und die (Stern-)Stunde des Wassermannes brachte, folgen dann sieben Plagen, die aus sieben Schalen über die Menschen gegossen werden. Ein Wirrwarr und Chaos mit eher wenig astronomischen Bezügen. Einzig die goldenen Schalen könnten als Waage gesehen werden, die ja die Gerechtigkeit repräsentiert. Vielleicht meinte Johannes, daß durch die Kulmination des Sternbildes Waage am Morgenhimmel die Gerechtigkeit gleichsam ausgeschüttet wird. Für ihn das "Jüngste Gericht" eben.
Danach kommt wohl wieder ein klarer Bezug zum Sternhimmel: Die Hure Babylon, das antike Zentrum der Astronomie. Ein Weib auf einem *scharlachroten Tier* (Luzifer, die Venus als Morgenstern oder Eos, die Morgenröte?), *das an den vielen Wasserströmen sitzt.* Venus in der Morgenröte im Wassermann! Genau, wie es am Morgen des 20. 3. 1998 tatsächlich ist! Dieser Tag liegt zufällig genau 777 Tage vor dem 5. Mai 2000!

Der Engel mit dem Mühlstein, mit dem Johannes dann fortsetzt, ist wohl eindeutig wieder der Wassermann und dürfte seine christliche Entsprechung im heiligen Florian gefunden haben, dem christlichen Äquivalent des Wassermanns. Auch er hat als Zeichen den Wassereimer und den Mühlstein als uraltes Sinnbild des sich drehenden Kosmos.

Bemerkenswert ist die dann folgende Stelle über die Fesselung des Drachens:
"Ein Engel stieg aus dem Himmel herab; er hatte die Schlüssel zum Abgrund und eine große Kette in der Hand. Er überwältigte den Drachen, die alte Schlange – das ist der Teufel und der Satan – und er fesselte ihn für tausend Jahre. Er warf ihn in den Abgrund, verschloß und versiegelte ihn, damit er die Völker nicht mehr verführe, bis die

tausend Jahre vergangen sind. Danach muß er für kurze Zeit losgelassen werden." Offb. 20,1–3
Johannes scheint sich bewußt zu sein, daß alle Jahrtausende der Drache Auslöser für neue Zeitalter ist. Er wird festgebunden, damit die Zeit wieder ihren normalen Lauf nehmen kann.
Hier fällt mir ein russischer Mythos ein:
Ein Hund ist an den kleinen Wagen (Ursa minoris) gefesselt und versucht unaufhörlich die Fessel zu zerbeißen; wenn es ihm gelungen ist, ist das Ende der Welt gekommen.
Der gefesselte Drache ist bei den Russen ein gefesselter Hund und bildet so am nördlichen Himmelspol das missing link zwischen dem Schakal Anubis der Ägypter und dem diebischen Coyoten der Cherokesen, dem Namensgeber ihrer Milchstraße (dort, wo der Hund läuft) und der holländischen Brunelstraat.

Die Drachenbewegung ist Ursache für Zeitenwechsel

Noch ein letztes Mal erwähnt Johannes den Drachen, und wie im Märchen die Hexe, so wird der Drachen bei Johannes nach wiederum tausend Jahren in einen Feuersee geworfen, wo er bis in alle Ewigkeit schmort.
Am Ende der Geschichte zeigte ein Engel dem Johannes die Braut, die Frau des (Opfer-)Lammes. Christus fand also im himmlischen Jerusalem eine Frau und ein neues Zuhause. Das himmlische Jerusalem wird durch die vier Himmelsrichtungen, von denen jede drei Tore hat, geteilt, wodurch sich 12 Teile ergeben. Das himmlische Quadrat wird mit einem Meßstab, einem goldenen Rohr, neu vermessen. Eine klassische Zwölfteilung des Himmels, wie sie noch heute besteht.
Den Schluß setzt Jesus selbst mit den Worten: *"Ich, Jesus, habe meinen Engel gesandt, um euch das, was die Kirchen betrifft, zu bezeugen. Ich bin die Wurzel und das Geschlecht Davids, der leuchtende Stern, der Morgenstern." Offb. 22,16*
Eine letzte Anspielung auf den Stern Davids, die Jupiter-Saturn-Konjunktion und Venus, den Morgenstern, der den neuen Tag, die neue Zeit ankündigt. Bei Johannes wandelt sich so nach der Endzeit Jesus selbst zum Morgenstern, zu Luzifer, zu Venus.

Soweit die Offenbarung des Johannes, aus dem Blickwinkel der Sternkunde betrachtet.
Es sei zugegeben, es ist nur ein Blickwinkel von vielen möglichen, gleichsam ein Code, mit dem die Botschaft dechiffriert werden kann. Eine Art astronomischer Bibelcode.
Umberto Eco beschreibt die Verwendung eines Codes in "Einführung in die *Semiotik" folgend: "Die Information der Quelle nimmt ab, die Möglichkeit, Botschaften zu übertragen, nimmt zu. ... Die Existenz des Codes, wenn sie auch Kombinationen ver-*

schiedener Art ermöglicht, schränkt doch die Zahl der Auswahlmöglichkeiten beträchtlich ein."

Genau das macht auch der astronomische Code, wenn man ihn über die Offenbarung des Johannes legt. Die Fülle des wahrlich blumigen und überschäumenden Sprachangebotes des Textes wird durch den Code reduziert. Die Möglichkeit, eine verständliche Botschaft empfangen zu können, nimmt jedoch dadurch zu.

Der (astronomische) Raster filtert wie ein Sieb die groben Körner heraus, das Beiwerk fällt wie der Sand durch. Es verbleibt eine Struktur, die vorher nicht erkennbar war.

Dechiffrierung des geheimen Zaubers

Ein astronomischer Code, der auf Grund der vielen Parallelen zu anderen kosmischen und mythischen Weltbeschreibungen wohl auch bei Johannes angelegt werden darf. Ist das Ergebnis, das nach der "Dechiffrierung" herauskommt, doch klar und verständlich. Johannes beschreibt am Beginn den Sternhimmel zu seiner Zeit. Nach Öffnung des siebten Siegels beschreibt er den Himmel und wie er in etwa zweimal 1000 Jahren, also heute, sein wird. Die Geschehnisse, Katastrophen und Phantasien, die er damit verbindet, liegen wohl in seinem eigenen persönlichen, dramatischen Schicksal, das wir jedoch nicht kennen.

Klar beschreibt er, wie durch die Drachenbewegung ein neues Sternbild aufgeht, wie nach der Jungfrau im Westen eben der Löwe aufgeht. Mit ihm und dem Engel mit dem Mühlstein, dem Wassermann, beginnt für ihn ein neues Zeitalter. Er ist der Vergangenheit verhaftet und blickt in Richtung Sonnen-Untergang, nach Westen. In die Zukunft, nach Osten zu den Aufgängen, wagt er nicht wirklich zu schauen, bereitet es ihm doch unsäglichen Schmerz. Das Zeitalter seiner Väter ist untergegangen. Der Widder. Seine Gegenwart und die Zukunft, was man später dann Zeitalter Fische heißt, nennt er das geschlachtete Lamm, denn die eben vergangene Zeitenwende sitzt ihm noch in den Knochen. An die Fische, das bedrohliche neue eiserne Zeitalter, getraut er sich noch nicht zu denken, geschweige denn, es auszusprechen.

Doch wie einst Johannes vor den Fischen, so haben doch heute auch manche streng Gläubige den blanken Horror vor dem Wassermann.

Ob die Angst, die aus Johannes spricht, zu tun hat mit dem Brand der Bibliothek von Alexandria, wo fast alles Wissen der Antike ein Raub der Flammen wurde?

Daß Johannes heute schwer verständlich ist, ist kein Wunder! Nach oftmaligem Paradigmenwechsel und Weltbildwandel. Was wäre, wenn tatsächlich alle Computer im Jahr 2000 abstürzen oder alle elektronischen Speicher durch eine thermonukleare Bombe zerstört werden? Ein moderner Brand

der Alexandrinischen Bibliothek!
Die Sprache des Johannes ist blumig und bildhaft, von entsetzlicher Angst gequält und doch schaurig schön. Wie ein Gemälde von Hieronymus Bosch oder Salvador Dali. Und doch mit klaren zeitlichen und astronomischen Aussagen!
Johannes beschreibt bildhaft die 2000 Jahre währende Sternstunde des Opferlammes, die Fische-Zeit bis zum Ende dieser Stern(bild)stunde. Dann kommt der Drache, und Mutter Erde bringt wieder eine Sternstunde zur Welt. Während im Osten die Sternstunden vergehen, quasi untergehen, geht im Westen ein neues Bild auf. – Nach Jungfrau der Löwe.
Ein Sternenschritt des Kreisels Erde. *"Just a step to the left"*, wie es im "Time Walk" der Rocky Horror Picture Show heißt.

Ein Sternenschritt

Wie sonst hätte Johannes den Wandel der Zeit beschreiben sollen als bildhaft und mit Sternbildern?
Wie werden wohl heutige Aussagen in Zukunft verstanden und gedeutet werden? Eine klare und wissenschaftliche heutige Formulierung lautet: "Das verstrahlte und ummauerte Kernkraftwerk von Tschernobyl ist ca. 12 000 Jahre lang sicher abzuschirmen." In der Sprache des Johannes hätte das vielleicht gelautet: "Ihr müßt den Sarkophag zum himmlischen Saitenspiel bringen, sonst werden böse und schlimme Geschwüre über euch kommen, und das Wasser wird zu Blut werden!" Was dasselbe bedeutet, als zu sagen: "Den Atommüll bewachen bis zum Polarstern Wega, denn austretende Strahlung kann Leukämie und Krebs verursachen!" Was werden wohl zukünftige Erdenbürger mit all diesen Anweisungen anfangen, wenn sie den Code, den Kontext nicht kennen? Einen Riesenregenschirm über Tschernobyl bauen? Vor dem Grab des Walzerkönigs Johann Strauß ein Konzert aufführen? Eine Rakete bauen und den Atommüll in Richtung Wega schießen?
Oder werden sie gar Herakles rufen? Sie könnten ihn fragen, wie er den Saustall des Augias gesäubert hat.

Zusammenfassend und kurz kann Johannes wohl eindeutig so interpretiert werden. Johannes beschreibt den Sternenhimmel des Nahen Ostens, etwa zwischen 30° und 40° nördlicher Breite. Am Sternenhimmel vor dem Morgengrauen des Frühlingsäquinoktiums, dem uralten Stichtag, standen zu seiner Zeit im Osten Pegasus und im Westen die Jungfrau. Das Sternbild und Zeitalter Fische vermeidet er und umschreibt es als geschlachtetes Lamm. Den Wandel der Zeitalter führt er auf die Drachenbewegung zurück. Die für ihn kommende Zeitenwende ergibt sich für ihn mit dem Sternhimmel, wie er

derzeit zum morgendlichen Frühlingsäquinoktium mit dem Aufgang des Löwen im Westen und dem Wassermann im Osten gegeben ist. Als Altar bezeichnet er den südlichen Ekliptikpol. Eine Planetenkonjunktion wie die Perlenreihe des 5. Mai 2000 leitet das neue Zeitalter ein.
Das neue Zeitalter Wassermann, das im Glauben der Christen den "Jüngsten Tag" bringt.

Das Ende dieses Kapitels soll ein Zitat von Ingeborg Bachmann beschließen:
Ein Tag wird kommen, an dem die Menschen rotgoldene Augen und siderische Stimmen haben,
an dem ihre Hände begabt sein werden für die Liebe,
und die Poesie ihres Geschlechts wird wieder erschaffen sein;
und ihre Hände werden begabt sein für die Güte.
Sie werden nach dem höchsten aller Güter mit ihren schuldlosen Händen greifen,
denn es sollen die Menschen nicht ewig ...
sie sollen nicht ...
sie werden nicht ewig warten müssen ...

Was (er)sehnt hier Ingeborg Bachmann?

Noch eine Frage am Schluß zu diesem Gedicht von Bachmann: Was fließt im *Bach, man* nennt?
Erfüllt sich hier die Schrift am Ende auf geheime Weise doch? Oder füllen wir sie nur selber durch Erwarten, Erkennen und Deuten?
Dennoch, komm, du Tag, wir warten auf dich ... viele warten auf dich ...

Es reicht, wenn es weder Liebe noch Haß gibt,
damit das Verständnis zutage tritt,
ein plötzlicher Strahl der Erkenntnis
wie das Tageslicht in einer Höhle.

Meister Sosan, Zen

Ein Hund lief einst in den Raum der tausend Spiegel.
Am nächsten Morgen fand man ihn darin – tot.
Lange wurde gerätselt, was wohl die Ursache seines Todes war,
galt er doch als gesund und war gar nicht alt.
Eine genaue Untersuchung seines toten Körpers ergab,
daß er an Erschöpfung durch übergroßen Streß
als Folge großen Erschreckens zu Tode gekommen ist.
Man fand schließlich die Erklärung:
Er hatte gebellt,
und tausend Hunde bellten zurück,
wodurch er erschreckt und zornig noch mehr bellte und ...
Was wäre wohl passiert, hätte er nur freundlich mit dem Schweif gewedelt?

Märchen, frei nach Folke Tegetthoff

The conspiracy theory of society ... comes from abondoning God
and then asking: "Who is in his place?"

Karl Popper

Um sich den Ablauf der Zeit im Wandel der Jahrtausende, im Wandel der Kulte, aber auch im Wandel des Sternenhimmels durch die Präzessionsbewegung besser vorstellen zu können, kann dem Leser die Graphik behilflich sein. Sie zeigt als riesige Sternenuhr, welcher Polarstern in wie vielen oder vor wie vielen Jahrtausenden im Zentrum der "Mühle" sein wird oder war. Ebenso sehen Sie das entsprechende heliakische Sternbild, das zum Frühlingsbeginn der Nordhalbkugel am morgendlichen Himmel für die Weltzeitalter bestimmend ist. Um es einfach zu sagen: Zur Zeit Thubans als Polarstern begann das Zeitalter Stier, mit unserem jetzigen Polarstern Phoenice beginnt der Wassermann, Alpha Cephei bringt das Zeitalter Skorpion, und zur Zeit Wegas als Polarstern ist der Löwe das Sternbild, das am

Frühlingsmorgen dort steht, wo dann die Sonne aufgeht.

Ich hoffe, mit diesem Buch klarzustellen, daß das Jahr 2000 nicht nur wegen unseres Dezimalsystems eine besondere Rolle spielt. Auch in einem anderen Zahlensystem (ja sogar auch als Jahr 2006 hätte die Zeitrechnung mit dem tatsächlichen Auftreten des Sterns von Bethlehem und der Geburt Christi begonnen), also als ganz gewöhnliche Jahreszahl. Durch die Tradition der Zeitrechnung der Weltzeitalter (Platonischen Monate) und der religiösen Wertigkeit der Planetenstellungen, im besonderen der Jupiter-Saturn-Konjunktion, ist das Jahr 2000 ein besonderes Ereignis, wo eine Perlenreihe den Übergang von Fische zu Wassermann markiert.

Der nun hoffentlich in Astronomie schon kundige Leser wird sich mit Recht fragen, warum die Perlenreihe und nicht eine große Konjunktion? Warum ist der Auslöser des Wassermann-Zeitalters nicht auch eine Große Konjunktion, wie der Stern von Bethlehem in den Fischen oder der Kronos-Zeus-Wettlauf am Beginn der Olympiaden?

Es gibt keine Große Konjunktion im Wassermann

Die Antwort muß hier lauten: Es wird keine Große Konjunktion, wie der Stern von Bethlehem in den Fischen es war, auch im Wassermann geben. Es wird keine Große Konjunktion der beiden Planeten im Wassermann geben, da durch die jeweiligen Stellungen der Erde, die Konjunktionen, wenn das Trigon demnächst im Wassermann steht, nur als ganz normale Konjunktionen ausfallen werden. Es wird in den Jahren 2259, 2318 und 2378 zwar Jupiter-Saturn-Konjunktionen im Wassermann geben, während der Rückläufigkeit der beiden Planeten kommt es dabei aber nicht zum spektakulären gegenseitigen Überholen, wie es beim "olympischen" Kampf von Kronos und Zeus oder beim Stern von Bethlehem war. Die beiden Planeten sind zu diesem Zeitpunkt schon zu weit voneinander entfernt.

Die nächsten, einzig wirklich spektakulären Großen Konjunktionen finden 2279 in der Waage und 2656 im Sternbild Löwe statt.

Dadurch gewinnt die Perlenreihe des Jahres 2000 zusätzlich Bedeutung für zeitliche Orientierung. Daß die Perlenreihe mit dem Jahrtausend zusammenfällt, ist ein Mysterium, denn erst in 675 Jahren wird es wieder eine so enge Perlenreihe aller Planeten geben, wo auch tatsächlich alle, natürlich mit Ausnahme des Mondes, auf der anderen Seite der Sonne stehen.

Hier soll nun näher auf Stellungen der sieben alten Planeten eingegangen werden: Es treten etwa alle 100 Jahre durch die Umläufe dieser Himmelskörper Situationen ein, daß sie quer durch das Sonnensystem, von der Erde aus gesehen, in einer Richtung eine Reihe bilden. Diese Reihe kann natürlich niemals zu 100% ganz in einer Linie sein, man muß gewisse Toleranzen annehmen. Diese Toleranz soll einem Sternbild oder Sternzeichen, also etwa einem Winkel von 30° entsprechen. Bei einer Uhr entspricht dies der Spanne zwischen zwei Zahlen des Zifferblattes. Die Uhr liefert hier ein gutes Beispiel, um sich den Planetenlauf vorzustellen. Die sieben Planeten sind gleichsam sieben unterschiedlich schnelle Zeiger einer Uhr. Wenn sich alle Zeiger innerhalb einer "Stunde" des Zifferblattes treffen, so gibt eine Perlenreihe.

Daher kann so eine Perlenreihe natürlich nur dann auftreten, wenn Jupiter und Saturn einander ziemlich nahe sind. Also maximal alle 20 Jahre, da Jupiter und Saturn die langsamsten Zeiger dieser Uhr sind!

Jupiter braucht für ein Zwölftel (30°) des Tierkreises ungefähr 1 Jahr, hat er doch 12 Jahre Umlaufzeit. Hat sich Jupiter dem Saturn auf den Winkel von 30° genähert, geht gleichsam das "Fenster" auf, daß eine Perlenreihe stattfinden kann. Da Jupiter dann etwa 2 Jahre braucht, um Saturn zu überholen und ihm wieder über 30° davonzueilen, ist das Fenster 2 Jahre lang offen. Alle 20 Jahre haben daher zwei Jahre lang die schnelleren fünf anderen alten Planeten die Chance, sich innerhalb der "offenen" Spanne von Jupiter und Saturn einzufinden, um eine "Perlenreihe" zu bilden.

Sieht man sich nun die "Perlenreihen" genauer an, so fällt auf, daß jene von 2000 heraussticht! Bei den meisten anderen ist nämlich einer der beiden inneren Planeten Merkur oder Venus nicht jenseits der Sonne, sondern zwischen Erde und Sonne. Doch besonders bestechend ist, daß der Moment, bei dem sich die anderen, schnelleren Planeten einfinden, fast genau der eigentlichen Jupiter-Saturn-Konjunktion entspricht. Das zeitliche "offene" Fenster verkürzt sich so nämlich auf etwa einen Monat. Es war seit etwa 2000 Jahren noch keine Situation gegeben, daß innerhalb eines Monats eine Jupiter-Saturn-Konjunktion stattfand und alle anderen mit freiem Auge sichtbaren Planeten sich hinter der Sonne zu einer Perlenreihe sich aufreihten. Ein extrem seltener Zufall. Ein Spiel des Zufalls. So wie das Roulette.

Siebenmal hintereinander beim Roulett nur 0,1,2

Das Roulette bietet auch ein gutes Beispiel für einen Vergleich. Einem Tierkreiszeichen, also 30°, entsprechen beim Roulette drei Zahlen, also etwa dem zwölften Teil der 37 Zahlen. Eine Perlenreihe ließe sich beim Roulette damit vergleichen, daß siebenmal hintereinander nur die Zahlen 0, 1 oder 2 kämen. Oder daß an sieben Tischen, die nebeneinander stehen, zugleich nur die Zahlen 0,1 oder 2 kämen. Sicherlich nicht unmöglich, aber ein extremer Zufall und eine auffällige Seltenheit. Ebenso wie die Perlenreihe im Jahr 2000.

Sie kommt im fast ewigen Lauf der Planeten sicher öfter vor, doch ist sie auffällig und bekommt besonders im religiösen Kontext an Gewicht.

Daß diese Perlenreihe genau ins Jahr 2000 fällt, mag Zufall sein oder

Berechnung. Eine Ursache ist nämlich, daß sich im 6. Jahrhundert Victorius und Exiguus bewußt oder unbewußt um 7 Jahre verrechneten. Warum sie die Geburt Christi auf 754 nach Erbauung Roms festsetzten, liegt vielleicht in den Archiven des Vatikan verborgen, und dieses Geheimnis mag vielleicht auch einmal geöffnet werden.

Es ist nämlich nicht völlig auszuschließen, daß sie damals bereits die Perlenreihe vorausberechneten. Schon 1000 Jahre zuvor hatten bereits die Babylonier alle Jupiter-Saturn-Konjunktionen auf 800 Jahre im voraus berechnet. Im Durchschnitt vergehen etwa 7250 Tage zwischen zwei Konjunktionen der beiden Planeten. Innerhalb von 1000 Jahren finden somit 50 Konjunktionen statt.

100. Konjunktion nach dem Stern von Bethlehem

Es wäre also sicher für die frühchristlichen "Kalenderplaner" möglich gewesen, den Kalender so einzurichten, daß an einem Eckpunkt, nämlich dem Jahr 2000, zumindest eine Jupiter-Saturn-Konjunktion liegt. Man mußte dann eben am Anfang den Anfangspunkt etwas "verschieben", was ja tatsächlich um 6 bis 7 Jahre, bezogen auf den Stern von Bethelehm oder die Geburt Christi, geschehen ist.

Exiguus war sicher astronomisch höchst gebildet, denn er hat höchst genaue Ostertafeln berechnet. Er wird sicher auch die Jupiter-Saturn-Konjunktion gekannt haben. Es wäre für ihn leicht möglich gewesen, die Geburt Christi so (mit 754 ab urbe condita) im damals römischen Kalender festzulegen, daß am Ende, nämlich nach 2000 Jahren, eine besondere Konjunktion liegt.

Die Jupiter-Saturn-Konjunktion im Mai 2000 ist nämlich nicht nur eine Perlenreihe, zwischen ihr und dem Stern von Bethlehem liegen genau 100 Jupiter-Saturn-Konjunktionen.

101 Konjunktionen à 19,85 Jahre ergeben ja ungefähr 2005 Jahre!

Die Perlenreihe, ein Markstein in der Zeitrechnung, wie einst der Stern von Bethlehem

Damit ist 2000 auf alle Fälle ein Meilenstein in der Zeit und der Zeitrechnung, Anlaß für Vor- und Rückblick. Es beschert uns einen letzten Tag des Zeitalters Fische und einen weiteren besonderen Tag! – Einen ersten Tag einer neuen Zeit, die durch die Perlenreihe der Planeten im Sternbild Widder bzw. im Sternzeichen Stier, der durch keinerlei Kalendermanipulationen oder Kalenderfälschungen verrückt werden kann. Er läßt sich noch in Jahrtausenden auf Grund dieser simplen Definition auffinden. Ein unverrückbarer Markstein für Zeitrechnung, so wie es markante Bergspitzen oder Grenzsteine für die Landvermessung sind. Und so, wie es letztendlich auch der Stern von Bethlehem ist, nachdem man seinen astronomischen Hintergrund erkannt hatte.

Das Jahr 2000, diese Zeitenwende, dieses Tor in eine neue Zeit, wird Anlaß

sein, zurückzuschauen auf die Geschichte und Kultur der Menschheit bisher, Rechenschaft abzulegen und Bilanz zu ziehen, um Richtungen für die Zukunft vorzuschlagen.
Rechenschaft und Bilanz für uns alle und jeder für sich, aber auch für Konzerne, Parteien und Religionsgemeinschaften. Und jeder wird sich bewußt oder unbewußt, wie einst Sokrates, die Frage stellen: Gehe ich so weiter wie bisher? Woher komme ich? Wohin gehe ich? Wohin gehen wir alle, wenn wir so weitermachen wie bisher? Wird die Natur, die Umwelt es zulassen? Stehen wir schon am Abgrund, ist es besser, sich gleich hinabzustürzen oder den Mayas oder Heavens Gate in ein besseres Jenseits zu folgen? Was kann ich glauben? Was glaube ich? Gibt es eine Wahrheit? Welche Religion, welche Wissenschaft sagt die Wahrheit?
Goethe beschreibt es in einem Gedicht:

Wer nicht weiß von dreitausend Jahren,
sich weiß Rechenschaft zu geben,
bleib im Dunkel, unerfahren,
mag von Tag zu Tage leben.

Es scheint für das persönliche Wohlempfinden manchmal angenehm zu sein, nur von Tag zu Tage, wie mein Hund z.B., zu leben. Doch auf Dauer wird uns bewußt, daß wir mehr wollen, können und dürfen. Wir dürfen uns mehr nehmen als nur den Augenblick.
Es wird sich auch die Frage stellen: Wollen wir auch weiterhin, im neuen Zeitalter Wassermann unsere Zeitrechnung nach dem alten Zeitalter, der Geburt Jesu und dem Beginn Fische orientieren und damit für alle Zeiten die Jahre so weiter zählen, bis wir uns verlieren in der Inflation der Jahrtausende? Und wir uns, wie vielleicht auch die Mayas, in der Zeit verlieren?
Oder greifen wir uns die 26 000jährige Sternenuhr am Präzessionskreis mit den "Viertelstundenschlägen" der Polarsterne, den 12 Platonischen Monaten des Tierkreises und den "Minutenschlägen" des Trigons der Jupiter-Saturn-Konjunktionen? Es ist eine reale Uhr, die seit Beginn der Hochkulturen besteht. Die Zählung der Platonischen Jahre dürfte so schnell nicht inflationär werden, und erst nach 1000 Platonischen Jahren, in 26 Millionen Jahren, steht dann wohl wirklich ein Letzter (Kalender-)Tag bevor! Bis dahin werden die Menschen sicherlich eine neue Orientierung gefunden haben, ja gefunden haben müssen. Ewig währen nämlich weder die Positionen der Fixsterne noch unsere Erde.

Die polare Uhr mit den Weltzeitaltern

Das Perlenreihephänomen, Phoenice als Polarstern, das Ende der Fischezeit sowie das Jahr 2000 selbst geben uns die Chance, uns selbst, unsere Zeitrechnung und unsere Erde neu zu orientieren und zu ordnen. Es kann und wird Anlaß sein, in eine neue Zeit zu gehen. Nicht nur in ein neues Jahr, ein neues Jahrzehnt, ein neues Jahrhundert, ein neues Jahrtausend, einen neuen Platonischen Monat, sondern in eine neue Zeit und Zeitrechnung überhaupt. Vorbild ist die Art, wie wir die Zeit mit der Uhr, deren Modell der Tierkreis ist, messen und die Stunden zählen. Stellen Sie sich eine Uhr vor mit Sternzeichen statt Ziffern. Zusätzliche Markierungen auf diesem Zifferblatt gibt es für die "Viertelstunden" für Thuban (Stier), Phoenice (Wassermann) und Alpha Cephei (Skorpion) und Wega mit Canopus (Löwe). *(Abb. 82)*

Der Kalender ist damit in der Realität der Präzessionsbewegung verankert und wird bunt gefärbt durch vergangene Mythen und zukünftige Namen noch zu entdeckender Sterne.
Die Perlenreihe der Planeten mag zusätzlich Anlaß sein, uns auf die Anfänge unserer abendländischen Philosophie und Kultur zu besinnen, um dann einen neuen Weg weiter zu beschreiten, doch in einer Form, die die Aristotelische

ABB. 82

Präzessionskreis mit Weltzeitaltern

Die Position der Erdachse in bzw. vor jeweils 1000 Jahren.

Die Weltzeitalter, das Sternbild, das zur Tag- und Nachtgleiche im Frühling vor dem Sonnenaufgang zu sehen ist.

Die 4 Polarsterne des Nordhimmels (Die Weltjahreszeiten)

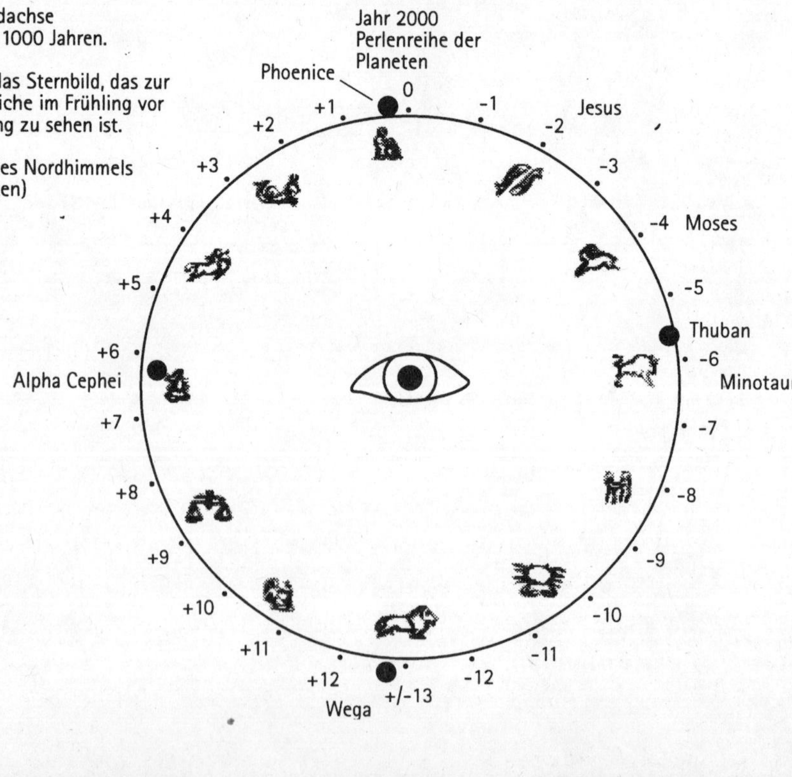

Logik auf eine Weise überwindet, die auch Dinge zuläßt, die scheinbar keine Ursache haben, ohne sie hinterfragen zu müssen. Bisher brauchten wir für alles immer eine Erklärung, und wofür wir keine Erklärung hatten, durfte nicht sein; quasi nach dem Motto, was nicht sein darf, kann nicht sein. Was nicht mit Regeln erklärbar war, war chaotisch, unerklärbar oder wurde als zufällig abgetan und abgeschoben. Doch eben dieses Zufällige gewinnt auch in der Wissenschaft zunehmend an Bedeutung. Eine ganzheitliche Betrachtung wird immer wichtiger.
In der Gesellschaft nehmen die Frauen zunehmend ihr Schicksal selbst in die Hand. Dazu scheint endlich die Zeit gekommen. Wir haben drei Zeitalter durchlebt, in denen Philosophie und Religionen männlich dominiert waren. Zum Großteil nur männliche Götter, Propheten und Philosophen und Astronomen. Die Zeit ist endlich reif, daß Frauen maßgebend, "maßgebend" im wahrsten Sinn des Wortes, unser Schicksal mitbestimmen und das Steuer mit übernehmen, sich nicht in das unabänderliche Schicksal fügen, ja sogar selber Schicksal spielen, wie die Pythia im Orakel von Delphi bei Oedipus.
Wir brauchen Frauen, die uns mit ihrem Gespür, ihrem Gefühl für Leben und Gebären helfen. Die uns bei der Hand nehmen auf dem Weg in die Zukunft. Ohne sie sind wir verloren. Die männliche Technik ist großartig, wir können die tollsten Dinge damit machen. Wir brauchen aber kluge Frauen, die mitbestimmen, was wir damit machen sollen, um nicht alles zu zerstören.

Eidethik und Kommunikation

Wie soll es gelingen, so viele verschiedene Wünsche, Vorstellungen, Religionen, Wissensgebiete und Forschungsergebnisse unter einen Hut zu bringen? Die Zeit des Humanismus ist vorbei. Niemand kann heute mehr allein alle Erkenntnisse auch nur einer einzigen Wissenschaftsdisziplin überblicken. Es gibt nur mehr Spezialisten, die oft von einfachsten Dingen anderer Disziplinen keine Ahnung mehr haben. Hier kann nur die Vernetzung, ähnlich dem Internet, zu neuen Strukturen führen. Ein Netzwerk aus Wissen, das aus dem Chaos entsteht. Es bringt ein Zulassen neuer Denkmuster, unkonventioneller Sichtweisen und Entstehen von Zusammenhängen, wo es bisher scheinbar keine Zusammenhänge gibt. Das Sinnlose zulassen, es entstehen zu lassen, wie in der Ursuppe das Leben entstanden ist, wird ebenso nötig sein, wie das Sinnvolle zu finden, zu erkennen und zu tun.
Erkennen von Zusammenhängen, die scheinbar zufällig oder sinnlos sind,

Mühle, mill, mille?

man nennt dies Eidethik. Es ist das Erkennen oder auch Schaffen von Zusammenhängen. Im Erfinden neuer Witze oder im Aufdecken alter Denkmuster. Wie zum Beispiel: Was hat eine Mühle mit der Zahl 1000 zu tun? Hängt gar die Mühle der Zeit mit den Jahrtausenden sprachlich zusammen? Hamlet's mill und mille anni? War die Zahl 1000 einst die unvorstellbar größte Zahl, wie die Körner des Sands oder das Mehl des Korns, nachdem es von der Mühle gemalen war – unzählbar?
Eidethik kann gelernt und gefördert oder von Lernsystemen verboten und wegtrainiert werden. Dies hängt vom jeweiligen Schul- und Gesellschaftssystem ab. Manche psychisch Kranke mit besonderen Fähigkeiten in dieser Hinsicht verschwinden bei uns in der Psychiatrie oder werden mit Drogen niedergehalten. Sie spüren in der Realität unserer Welt für Normale unerklärliche Zusammenhänge, erkennen, fühlen oder ahnen sie in ihrem Inneren, können sie aber mit unserer gesellschaftlichen, religiösen und familiären Normen nicht vereinbaren. Wenn sie den Gegensatz ihrer Gefühle und der Realität nicht aushalten, haben sie nur die Möglichkeit, entweder die ihre Gefühle abzuwürgen oder die Realität zu verlassen. In früheren, anderen Kulturen wären sie Schamanen, bei uns haben sie keinen Platz.

Ganze Völker mit solchen Fähigkeiten, wie z. B. die Aborigines in Australien, wurden wegen vermeintlicher Unzurechnungsfähigkeit ihrer Lebensgrundlage, ja ihrer eigenen Kinder beraubt. Wie dringend werden wir jedoch Methoden brauchen, die uns lehren, Zusammenhänge zu erkennen und neue Denkmuster zu entwickeln, um unsere vielfältigen Probleme mit Umwelt, Kommunikation und Energie zu lösen. Genauso wie wir Genbanken anlegen, sollten wir Denkbanken anlegen mit den Denkmustern aller noch lebenden Naturvölker der Welt.

Wagen Sie es, sich selber über Ihre Denkmuster klar zu werden, was Sie bei bestimmten Handlungen, Ritualen oder seltsamen Zufällen denken und was sie empfinden. Lassen Sie die Geschehnisse des Zufalls auf sich einwirken und fragen Sie sich, was sie für Sie persönlich bedeuten. Sie werden bald viele versteckte Botschaften in der Welt entdecken, die nur für Sie bestimmt sind und die nur Sie lesen können. Die Botschaften, die Sie erkennen, werden in ihrer Entstehung den magischen Computerbildern ähneln, die erst nach längerer Betrachtung durch "Übereinanderlegung" der beiden verschiedenen Ansichten von rechtem und linkem Auge im Gehirn ein neues Bild erzeugen. Sie werden finden, daß zu einem großen Teil Sie selbst es sind, der/die die Welt um Sie baut.

Sie selbst sind es, der/die entscheidet, wie die Umwelt auf Sie wirkt. Sich selbst erkennen und dieses Selbst annehmen und damit zu heilen ist jedoch nur mit einem Spiegel möglich, dem Spiegel der Realität, die uns alltäglich das Bild von uns zurückwirft. Das Feedback, das wir alltäglich als Reaktion unserer Handlungen von unseren Mitmenschen bekommen. Was erkenne ich darin, und was bedeutet es für mich, lautet die Frage.
Neben der Realität schauen wir aber auch noch in den Spiegel der Mythen und Dramen, die uns beeindrucken, weil wir uns darin selbst erkennen, wie in Me-Fist-o, Don Quichote, Hamlet oder der Sozialutopie des "Papalagi" mit den Reden des Südseehäuptlings Tuiavii. Der mächtigste Spiegel sind aber doch die Sternenmythen, die uns weltweite Parallelen der Religionen zeigen, und das (zufällige?) gleichzeitige Eintreffen vom Jahr 2000 mit der Perlenreihe der Planeten als "Januszeit" (Janus-zait is) bringen.
Doch auch moderne Mythen, wie Dracula und sein amerikanisches Ebenbild Batman, eignen sich als Spiegelbild. Sie zeigen eigentlich besonders schön das Gespaltensein, die Schizophrenie von Realität und Phantasie, die es zu vereinen gilt in einem neuen ganzheitlichen, holistischen Weltbild.
Die Mythen der Zukunft sind zum Teil schon geschrieben, in Sciencefiction, wie Batman, und den wissenschaftlichen Publikationen in Astro- und Atomphysik, Biochemie und Genetik. Die Religion der Zukunft wird eben erst geboren von den mächtigen heutigen Propheten, den Filmemachern, Medienzaren und Wirtschaftsgiganten. Die Szenarien, Hochrechnungen und Prognosen, die sie heute zeichnen, werden, wenn sie eintreffen, die Realität der Zukunft sein. Eigentlich eine Projektion in die Zukunft: Die Religion der Zukunft wird das sein, was heute versprochen, dann tatsächlich eintritt. Eine "Proligion".
Doch die wirkliche Zukunft liegt eigentlich in uns. Die Werkzeuge, mit denen wir sie meistern können, müssen wir erst aus den Rohstoffen bauen, die wir noch haben; und dem überlieferten Wissen aller Völker der Erde und der Meisterschaft unseres Könnens und unserem Willen.

Die Zeichen der Zeit!

Blau wird zu Grün, obwohl Rot eigentlich Gelb ist.

Spruch

... Könnt Ihr denn mit der Erde tun, was Ihr wollt –
nur weil der rote Mann ein Stück Papier unterzeichnet –
und es dem weißen Mann gibt?
Wenn wir nicht die Frische der Luft und das Glitzern des Wassers besitzen –
wie könnt Ihr sie von uns kaufen?
Könnt Ihr die Büffel zurückkaufen, wenn der letzte getötet ist? ...
... Denn eines wissen wir –
unser Gott ist derselbe Gott.
Diese Erde ist ihm heilig.
Selbst der weiße Mann kann der gemeinsamen Bestimmung nicht entgehen.
Vielleicht sind wir doch – Brüder.
Wir werden sehen.

Chief Seattle, Häuptling der Duwamish. Rede an Präsident Franklin Pierce, 1855

Eine Schar Katzen hat sich in einem verlassenen, zerfallenen Haus getroffen, wo ein Mann sie beobachtet, ohne daß die Katzen ihn bemerken. Eine Katze springt auf die Mauer und schreit: "Sag Dildrum, daß Doldrum tot ist." Der Mann geht nach Hause und erzählt seiner Frau das Erlebnis. Da springt die Hauskatze auf und jault: "Dann bin ich jetzt der König der Katzen!" - und verschwindet durch den Kamin.

Engl. Märchen

Was die Zeit ist und wie sie zu verstehen und zu messen ist, wurde wohl ausgiebig dargelegt. Doch was sind Zeichen? Zeichen sind z. B. unsere Buchstaben und Zahlen, die wir in unserer Kultur geschaffen und festgelegt haben, was sie bedeuten. Vereinfacht dargestellt: Das A ist jener Laut und Buchstabe, der am Anfang z. B. des Wortes "Apfel" steht. So bekommt jedes Zeichen eine Zuordnung und bedeutet etwas. Ein Beispiel : <...>, dies sind fünf Punkte. Im Zahlensystem der Maya bedeutet es die Zahl 5. Zeichen stehen also für etwas anderes, das quasi dahinter ist. In der Jagd z. B., spricht man von Schußzeichen, in der jagdlichen ("Waidmann-")Sprache drückt man damit aus, wie das beschossene Tier auf den Schuß reagiert hat und beschreibt somit, wie es gezeichnet hat. Ein erfahrener Jäger kann in der

Reaktion des Wildes erkennen, wo und wie das Wild getroffen wurde. Er deutet das Zeichen!

Wir erkennen etwas nur durch sein "Zeichen", um es dann zu deuten

Ähnliche Zeichen begegnen uns andauernd im täglichen Alltag. Im Straßenverkehr z. B sind wir auf Zeichen auf Gedeih und Verderb angewiesen und verlassen uns darauf, daß die Zeichen, die ein Verkehrsteilnehmer mit dem Blinker gibt, stimmen. Erkennen wir sie nicht oder deuten sie falsch, gibt er Hup-"Zeichen" – oder es gibt einen Unfall.

Die Astronomen fanden die äußeren Planeten Uranus, Neptun und Pluto auf Grund von "Zeichen", nämlich Bahnabweichungen, der schon bekannten Planeten. Von der Existenz der kleinsten Teilchen des Universums wissen die Physiker nur auf Grund von Zeichen, Bahnen, die diese Teilchen nach Beschuß auf fotografische Platten "zeichnen".

Ja selbst der Tisch, den wir mit unseren Augen sehen, ist nicht der Tisch selbst. Was sehen wir denn? Es ist der Lichtstrahl, der, von der Sonne oder der Glühlampe ausgehend, vom Tisch reflektiert wird. Eigentlich ist der Tisch ein Spiegel, allerdings in der Form eines Tisches. Wir sehen ihn, weil er das Licht reflektiert, widerspiegelt. Wir erkennen alle Dinge, weil wir gelernt haben zu deuten, was sie sind und was sie bedeuten. Die Herkunft des Wortes Deut selbst drückt es schon aus. Teutates, der germanische Gottvater. Deut ist das alte germanische Wort für Gott, "Tati", das Wort Vater, es lebt im Dialekt meiner Heimat und im englischen "Daddy" weiter. Deutsch ist also die Sprache unserer Götter.

"Am Anfang war das Wort, und das Wort war bei Gott, und das Wort war Gott" heißt es am Beginn des Johannesevangeliums. Es beschreibt Gott als die Sprache, als das Bild, das in uns entstand oder das wir uns selbst gemacht haben, um die Dinge um uns zu beschreiben und die Ur-Sache, aus der Alles entstand, zu erkennen. Deuten also ist, die eigentliche Absicht, den Sinn, das Wesen hinter den Dingen, die Ur-Sache, die Bedeutung zu finden oder zu geben. Wir wissen von nichts, wie es wirklich ist. Wir können alles nur deuten, es auf etwas anderes zurückführen, das wir dann nicht weiter hinterfragen und uns dann auf eine Bedeutung einigen. Es gibt keinen festen Punkt im Raum und keinen in der Zeit. Wir können uns nur auf eine Sichtweise, z.B. ein geozentrisches oder heliozentrisches Weltbild einigen und so die Vorgänge, je nachdem, wie sie uns am einfachsten erscheinen, beschreiben.

Die Notwendigkeit der Genauigkeit der Beschreibung eines Vorgangs gibt den Standpunkt und das Weltbild vor. Für Beschreibungen der Höhe des Sonnenstandes auf Erden z.B. ist eine geozentrische Sichtweise sinnvoller, zur Beschreibung der Planetenbahnen eine heliozentrische. Die Notwendigkeit der Genauigkeit der Beschreibung eines Vorganges erzeugt geradezu ein neues Weltbild. Genau an der Stufe zum Verständnis dieses neuen Weltbildes stehen wir. Einstein, Penrose, Hawking und andere weisen uns den Weg der Physik dahin. Doch auch die Biologie, die Genetik, die Informatik und viele neue Wissenschaften öffnen Tore zu einer neuen Welt und zwingen förmlich zu einem neuen Weltbild.

Viele Zeichen des alten Weltbildes bedeuten nicht mehr dasselbe wie früher und werden nebensächlich und bedeutungslos. Man gibt keinen Deut mehr für sie. Und es gibt neue Zeichen, die früher nicht erkennbar waren.

Das aktuelle Weltbild ist ein Denkrahmen, ein Paradigma

In der Astronomie sind die Zeichen, die das Weltraumteleskop Hubble aus dem Orbit zur Erde funkt, gerade Anlaß, wieder einmal ein neues Bild des Kosmos zu "zeichnen". Ganze Weltbilder, auf die man sich glaubte verlassen zu können, werden derzeit über den Haufen geworfen. Und neue entstehen! Doch es sind nur Bilder! Wie Gemälde in einem Rahmen. Wissenschaftliche Bilder in einem neuen Denkrahmen.

Die Kunst ist der Bereich, wo der Mensch sehr sensibel und meist unbewußt, nur mit dem, was er fühlt und spürt, sich ausdrückt. Die Bilder, Aktionen, die Zeichen, die Künstler setzen, lassen uns erkennen, hören und spüren, was sie fühlen und denken. Sie sind Zeichen der Zeit. Der entsprechenden Zeit, in der die Werke geschaffen werden. Es liegt an jedem einzelnen von uns, zu deuten und zu erkennen, was der Künstler dabei fühlte und ausdrücken wollte. Es sind meist Dinge, die nicht in Worte zu fassen sind (sonst hätte sie der Künstler ja auch sagen können) oder dem Künstler oft selbst nicht bewußt sind. Er muß sie einfach so machen, ohne oft genau selbst zu wissen warum. Sicher wird es durch den Kunstmarkt auch Künstler geben, die nur mark(t)gerecht produzieren. Doch gerade dies scheint doch auch Zeichen der Zeit zu sein und entspricht unserer Marktgesellschaft.

Um die Zeichen der Zeit zu erkennen, gibt es so viele Möglichkeiten wie Menschen auf Erden. Jeder erkennt sie mit seinen eigenen Augen und schafft sich so seine eigene Welt. Das eigentliche Weltbild ist der kleinste gemeinsame Nenner, der übrigbleibt und dazu dient, uns zu verständigen. Die wirkliche Welt scheint jedoch noch weit größer zu sein als die vielen Weltbilder zusammen, die jeder einzelne von uns in sich geschaffen hat.

Künstler sind in der privilegierten Lage, mit den Zeichen, die sie setzen, ihr Weltbild auszudrücken. Diese Zeichen von Künstlern können uns alle bewegen. Was will z. B. Christo uns sagen, ausdrücken mit seinen Arbeiten? Und warum nennt er sich Christo? Was erkennen Sie darin? Warum verpackt er Gebäude, Landschaften, Räume? Eine neue Verpackung für den Raum? Oder die Zeit? Eine Verpackung für die Zeit? Wie ist die Zeit denn verpackt? Natürlich im Kalender! Also eine neue Verpackung für die Raumzeit?

Ein neues Weltbild!
Der polnische Künstler Roman Opalka schreibt, spricht und malt als Ausdruck seines künstlerischen Werkes seit 1965 fortlaufend nur Zahlen und ist derzeit bei etwa 5 Millionen angelangt. Es soll Ausdruck des Empfindens sein, das er als kleiner Bub hatte, als er meinte, durch seinen Willen das Pendel einer Uhr und damit auch die Zeit angehalten zu haben. Ausdruck seines Empfindens, wie er und wir uns alle im Zählen der Tage und Jahre und deren Zahlen verlieren werden? Oder wir dabei sind, einen Eckpunkt von Zahlen und Zeichen (Sternzeichen) zu erreichen?
Viele Wege führen nach Rom beim Erkennen der Realität und Irrationalität der Welt in uns und um uns. "So kann es nicht weitergehen" ist eine der häufigsten Äußerungen der einfachen Menschen zum Zustand der Umwelt und der Gesellschaft. Also ein deutliches Zeichen, daß eine Änderung erwartet wird, ja notwendig erscheint. Doch eine Änderung kann erst kommen, wenn wir erkennen und fühlen, aber auch wollen, daß es so nicht mehr geht. Wenn kein Anlaß besteht, ändern wir uns nicht. Wir sind Gewohnheitstiere, die erst umdrehen, wenn sie vor dem Abgrund stehen. Es ist ja auch richtig so, warum einen erfolgreichen Weg ändern, wenn es nicht notwendig ist. Die Notwendigkeit scheint jedoch jetzt gegeben, und die Zeit für eine Wende, eine Zeitenwende im wahrsten Sinn, ist da. Es ist eine Chance, die wir als solche erkennen und wahrnehmen sollten.
Die Zeichen erkennen, die uns begegnen in den Verkehrszeichen, den Buchstaben oder Zahlen von Rechnungen, die uns gestellt sind, und darauf richtig zu reagieren scheint uns banal und selbstverständlich. Die Zeichen, die uns die Natur setzt mit AIDS, Tschernobyl, Klimawandel, Artensterben, Rinderwahn, Schweinepest und Waldsterben, müssen wir doch auch erkennen und darauf reagieren. Es könnte sonst zu einem ähnlichen Unfall kommen wie beim Nichterkennen eines Blinkzeichens.
Die Zeichen nicht zu erkennen hieße, blind zu sein und in den Abgrund zu stürzen. Oder fehl- oder kurzsichtig, doch dabei hilft eine Brille oder wenigstens Vorsicht oder Hellhörigkeit. Wenn man selbst nicht sieht, so muß man auf andere hören, eine einfache Regel, die jeder Blinde bestätigen wird.
Gehör und Klarsichtigkeit kann man einfach verfeinern, indem man hinsieht, zuhört und den Blick frei hält und sich nicht ständig zunebelt, mit Drogen aller Art. Drogen scheinen ein zunehmendes Mittel zu sein, die Zeichen nicht wahrzunehmen, ja wahrnehmen zu müssen. Der einmalige Rausch, die Ekstase kann bewußtseinerweitertes Mittel sein, in Visionen eine andere Sichtweise der Realität zu suchen. Im ständigen Zustand des Rausches verliert man jedoch den Boden unter den Füßen und damit die Realität. Und die

Suche wird leider zur Sucht. Die Sinne, die Gefühle und die Seele von der Außenwelt abzukapseln und sich selbst zuzumachen ist für viele ein Weg und Hilfsmittel geworden, ohne die sie den Alltag nicht mehr ertragen können. Fast 8% des gesamten Welthandels beträgt bereits der Drogenhandel! Nicht eingerechnet der legale Handel der Pharmaindustrie! Der tägliche Alltag mit seinen Gegebenheiten, Schicksalsschlägen und Zufällen ist für einen Großteil der Menschheit ohne Drogen nicht mehr bewältigbar.

Im Alltag Sinn zu finden und dem Alltag Sinn zu geben ist aber der einzig wahre Weg, den jeder gute Psychiater, Psychologe und Priester zu beschreiten raten wird. Doch wie ihn finden, ohne auf die kleinen Gegebenheiten, Zufälle und Zeichen des Alltag zu achten? Die scheinbar kleinen Dinge und Zufälle des Lebens weisen jedem von uns seinen eigenen Weg. All und Tag sind zwei Dinge, die alltäglich unter einen Hut gebracht werden müssen.

Die Herausforderung des Glücks und des Schicksals zu erkennen und anzunehmen, und die Chancen des Zufalls zu nützen heißt: das Spiel des Lebens, und durch Liebe und Verständnis wird es bewahrt, durch Haß und Unverstand verspielt.

Alles = Nichts = Zufall?

Beides wird richtig: "Alles ist Zufall" und "Nichts ist Zufall". Alles und nichts ist das Erkennen des Zufalls, der Dinge in denen man früher im Orakel die Sprache Gottes erkannte.

Viele Wege führen nach Rom, sagt das Sprichwort. So auch jener des Dr. Twardowski, des "polnischen Dr. Faust", den der Zufall, sein Schicksal, in ein Gasthaus namens "Rom" führt und damit seinen Teufelspakt einlöst. Er hat nämlich dem Teufel als Gegenleistung für seine erhaltene Zauberkunst versprechen müssen, niemals Rom zu betreten. Der Faust-Mythos ist ein wunderbares Spiegelbild, uns selbst zu erkennen. Im englischen Original hieß er Henry Fist, daher auch der Name seines teuflischen Gegenspielers: Me-Phist (Ich-Faust)! Versuchen auch Sie, Ihren Faust in sich, Ihren Mephist in sich zu finden, zu erkennen und mit ihm zu leben.

Gott und Teufel sind Vorstellungen in uns, die wir als Bilder nach außen projizieren. Wenn wir sie beide in uns aufnehmen und zulassen, werden wir zu selbstbestimmten Menschen und können die Stufe des Affen verlassen und brauchen keine Engel zu werden oder befürchten, in die Hölle zu stürzen. Die kleinen Dinge des Tags und des Alls, die Zufälle, die Atome, die Sterne und die Mythen der Religionen und Völker zeigen uns als Spiegel das Sein in Zeit und Raum, Traum und Wirklichkeit.

Jeder Spiegel ist recht, in dem wir uns erkennen können, sei es Religion, Psychoanalyse, I Ging, Charakterastrologie, eine Partnerschaft, auch eine Sucht, wenn sie mit dem Ergebnis endet, daß bei ihr nichts zu finden ist.

Nur Spiegel

Wichtig ist, daß der Spiegel ein Bild zurückwirft, in dem wir Teile von uns erkennen können und wollen. Eine ehrliche, liebevolle Partnerschaft erfüllt diese Aufgabe wohl am besten. Ein schöner Spiegel aber scheinen mir auch die Sternenmythen und Märchen, Kalenderzeichen der Religionen mit ihrem Ursprung in den Sternbildern und Sternbewegungen zu sein. Das Schönste aber ist, in diese Spiegel zu schauen und angstfrei zu erkennen, daß in so naher Zukunft ein "Jüngster Tag" vor uns liegt. *(Abb. 83)*

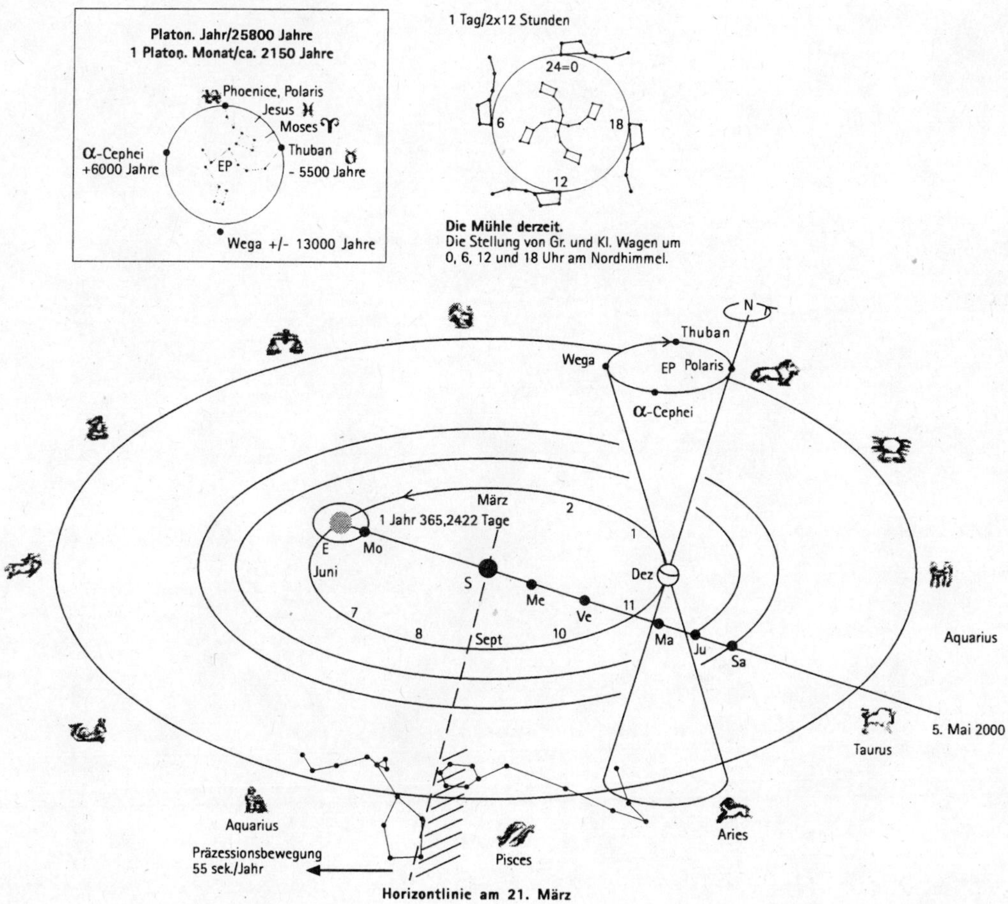

ABB. 83

Die Sternenuhren

ABB. 84

Das Weiterwandern der Erdachse zum nächsten nördlichen Polarstern Alpha Cephei

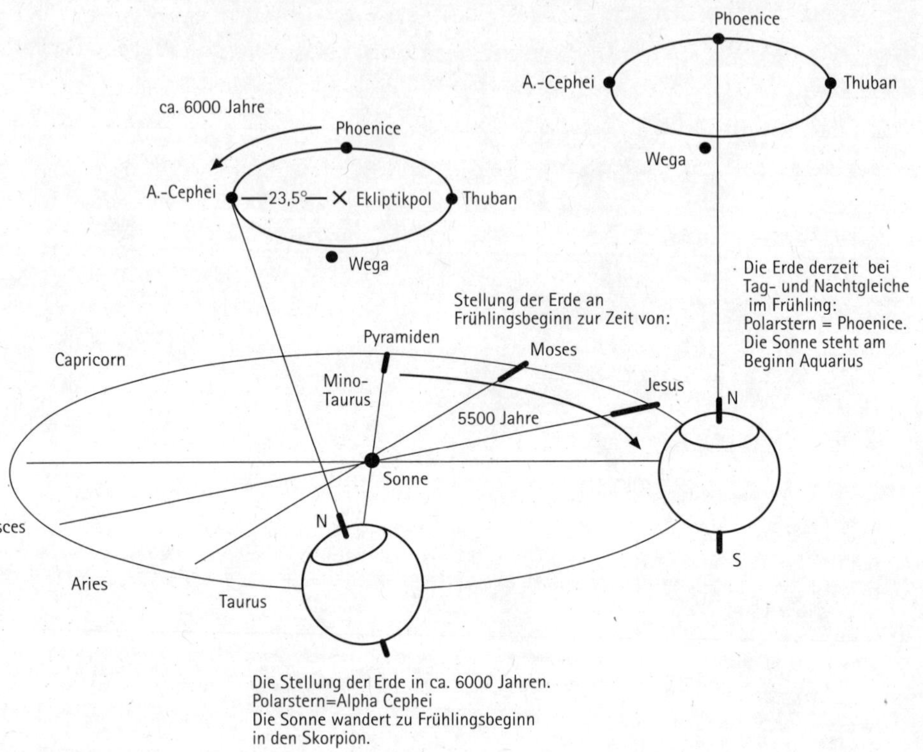

The White Buffalo Calf Woman will occure ...

... Die meisten von uns werden in Verwirrung verloren sein.
Bewußtsein, daß etwas Außergewöhnliches geschieht,
wird sich in den meisten Leuten entwickeln,
da sogar die Führer verwirrt sind durch die eigene Verpestung.
Es wird schwierig sein, zu entscheiden, wem man folgt ...

... Diese dann, beschenkt durch die heiligen Anleitungen,
werden sehr umsichtig leben,
weil sie sich erinnern und Vertrauen haben in diese Anweisungen,
und es wird auf ihren Schultern sein, wo das Schicksal der Erde liegt.

Hopi-Prophezeiungen

Verschiebe nicht auf morgen, was Du heute kannst besorgen,
denn was Dir heute Spaß macht, kannst Du morgen wieder tun.

Spruch

Der Countdown läuft

Es mag Sie nun vielleicht interessieren, wie lange es noch bis zum Jahr 2000 dauert. Wieviel Zeit verbleibt noch bis zum letzten Silvester im Diesseits des christlichen Zeitalters Fische, ehe der nächste Silvester dann jenseits liegt – drüben im nächsten Jahrtausend, im nächsten Zeitalter –, "Trans-Sylvester" in Transsylvanien, nach dem "Sternenschritt" oder dem "Step to the right", wie es im "Time-Walk" der Rocky Horror Picture Show heißt. Zahlreiche Kalender zeigen dies bereits weltweit an. Einer davon steht am Times Square in New York, und auch im Internet gibt es davon bereits zahllose. Der Zufall wollte es, daß der tausendste Tag vor dem Jahr 2000 genau der 6. April 1997 war, der Sonntag nach Ostern, auch Weißer oder Heiliger-Geist-Sonntag genannt. In der Nacht davor war gleichzeitig auch zufällig der Komet Hale Bopp am hellsten am Nachthimmel zu sehen. Weltweit wurde diese Nacht auch als 1001. Nacht gefeiert. Tag 1000 war Start für zahlreiche Aktivitäten rund ums Jahr 2000. Sogar der Papst hat 2000 zum Heiligen Jahr erklärt, etwas, was tatsächlich nur alle "heiligen Zeiten" vorkommt.
Überall beginnt man, sich darauf einzustellen. Doch wie bereitet man sich am besten auf ein Ereignis der Zukunft vor, von dem man weiß, wann genau es stattfindet? Was machen eine Schwangere vor den Tagen ihrer Geburt, ein Soldat vor seiner Abrüstung oder Kinder vor Weihnachten?

Sie zählen die Tage! Die verbleibenden Tage bis zum großen Ereignis! Ein Advent, ein Countdown, wie beim Start einer Rakete. Dies macht die Zeit bis dahin besonders spannend, aber auch bewußt! Machen auch Sie mit beim Zählen der Tage bis 2000, und steigen Sie ein in die "Zeitrakete" von CALENdeRsign. Je früher Sie einsteigen, desto besser bereiten Sie sich vor und desto weniger werden Sie Angst vor der Zukunft haben, und um so mehr werden Sie sich auf sie freuen. Genießen Sie es, am Puls der Zeit zu liegen, greifen Sie sich diesen Fixpunkt in der Zukunft, und erleben Sie eine weitere Maßmöglichkeit der Zeit – eine weitere Dimension der Zeit!
Um Ihnen den Countdown etwas schmackhaft zu machen, sind hier einige wichtige Countdown-Daten zusammengefaßt:

Greg. Datum	CD 2000	CD 5/5/2000	CD Millennium	Ereignis
Sa 5. 4. 1997	1001			Hale Bopp, Ginsbergs Tod
So 6. 4.	1000			Weißer Sonntag. Hl.-Geist-Sonntag
Sa 31. 1. 1998	700			12 Thesen, chin. Neujahr, Ende Ramadan
Fr 6. 3.	666			Kosovokrise, päpstl. Visitation Göttweig,
Fr 20. 3.		777		Frühlings TNG, Wassermann in Eos
Di 7. 4.			1000	1000 Tage zum Millennium(2001)
Mo 11. 5.	600			Vollmond
Fr 5. 6.		700		
Do 25. 6.	555			Präsentation Sternst. 2000?
Do 9. 7.		666		Vollmond, Mittsommernacht, Teufelstein, Mondextrem
Mi 19. 8.	500			
Sa 22. 8.	497			Sonnenfinsternis
So 13. 9.		600		
Di 16. 2. 1999		444		Sofi, Chines. Jahreswechsel, Jüd. Purim (Karneval)
Mi 11. 8.				Totale Sonnenfinsternis (Mitteleuropa)
So 12. 9.	111			Jüd. Jahreswechsel
Do 23. 9.	100			Herbst TNG, Löwe heliakischer Aufgang am Morgen
Mi 22. 12.	10			Wintersonnenwende, Vollmond
So 31.12.	1	126	367	Neujahrsabend, Silvester

Greifen Sie sich das Jahr 2000, und zählen Sie die Tage bis dahin! Steigen Sie ein in den Countdown von CALENdeRsign, am 32. Dezember ist es zu spät!
Doch haben Sie diesen Einstieg verpaßt, keine Angst, der nächste Countdown kommt bestimmt ...

Tausend und ein Tag

Eines Tages stellte sich ein Novize vor,
um Unterricht bei einem Sufi-Meister zu erhalten.

"Zuerst mußt du die Antwort auf eine Frage finden,"
sagte ihm einer der Schüler.
"Wenn dir das gelingt,
wird dich der Meister in drei Jahren
als Schüler annehmen."

Die Frage wurde ihm gestellt,
und der Novize arbeitete verbissen,
bis er die Antwort gefunden hatte.
Der Schüler brachte die Antwort zum Sufi-Meister
und kam mit folgender Botschaft zurück:

"Deine Antwort ist richtig.
Du kannst gehen und warten,
bis tausend und ein Tag vorbei sind;
dann kannst du wiederkommen,
um die Lehre zu hören."

Der Novize war hocherfreut.
Nachdem er dem Boten gedankt hatte, fragte er ihn:
"Was wäre geschehen,
hätte ich nicht die richtige Antwort gefunden?"

"Oh, in diesem Fall wärst du
sofort zur Lehre zugelassen worden."

Eine Sufi-Erzählung

... lets count together to the Year 2000 ...

Disco 2000, Hit von Pulp

... and you never knew how low you'd stoop to make that call
and you never knew what was on the ground till they made you crawl
and you never knew that the heaven you keep you stole
your catholic blues
your convent shoes
your stick on tatoos
now they are making the news
your holy war
your northern star
your sermon on the mount
from the boot of your car
please ... please ... please get up of your knees
please ... please ... please let me out of this ...
... so love is hard and love is tough
but love is not what you're thinking of
september ... october ... november ... december ... remember ...
are we just starting again ...?

Please, POP-Hit von U2

... I wonder how, I wonder why,
yesterday You told me about the blue, blue sky,
and all that I could see,
is just another lemon tree ...

Lemon tree, Hit von Fools Garden

Pflücken Sie diesmal statt eines Apfels eine Zitrone vom Baum des Lebens. Ihr Saft gibt mit Wasser ein schmackhaftes Erfrischungsgetränk. Übrigens – Zitronensäure ist ein gutes Konservierungsmittel, vielleicht auch für Kulturen.

Ein Gedicht für Sie und Ihre Freunde
Carpe diem: Nütze den Tag

Was soll ich wünschen meinem Freund,
der alles schon zu haben scheint.
Was gibt's, das er/sie nicht hat und dennoch braucht.
Es könnte Zeit sein, eh sie verbraucht.

Zeit?, ja Zeit von der der Fische,
knapp tausend Tage sind am Gabentische
eh sie vorüber, sie zerrann
in der Aera Wassermann

Nimm von den letzten tausend Tagen,
was viele heute nicht mehr haben.
Nimm Dir Zeit zum Freuen und zum Lachen,
Zeit zum Selber-was-draus-Machen.

Ich wünsch' Dir Zeit zum Tun und Denken
für Dich, doch auch zum Schenken.
Ich wünsche Dir nicht Zeit zum Rennen, Hasten,
sondern zur Muße und zum Rasten.

Ich wünsch' Dir Zeit, nicht zum Vertreiben,
sie soll Dir richtig einmal übrig bleiben.
Als Zeit für Dich zum Denken, Schauen,
verrückt und traurig Luftschloßbauen.
Ich wünsch' Dir Zeit, Sinnloses zu schaffen,
nicht hetzen und auf Uhren gaffen.
Nein, scheinbar nutzlos sie verhauen
und Löcher in die Luft zu schauen.

Ich wünsche Zeit Dir, Sterne zu ergreifen,
Du wirst dran wachsen, Du wirst reifen.
Ich wünsch' uns Zeit, den Wein zu genießen
und unsere Freundschaft zu begießen.

Ich wünsch' Dir Zeit, zu hoffen und zu lieben
es ist sinnlos, dieses zu verschieben.
Ich wünsch' Dir Zeit, nach Dir zu fragen;
nimm einen Dir von tausend Tagen.

Frei nach Karl Schierer

Was die Götter betrifft,
habe ich keine Möglichkeit festzustellen,
ob sie existieren oder nicht,
noch wie sie aussehen.
Zu vieles gibt es, was dem Wissen entgegensteht:
die Tatsache, daß sie unsichtbar sind,
und die Kürze allen menschlichen Lebens.

Protagoras (5. Jh. v. Chr)

Weil der Mensch ein schwindlichstes Geschöpf ist.
Und das ist die Schlußfolgerung von allem.

William Shakespeare, Viel Lärm um nichts

Einige Sprüche und Gedanken, die im Lauf der Recherche dieses Buches sich ansammelten, seien hier noch veröffentlicht.

Der Schöpfer Ahura Mazda (Jupiter/Zeus) fertigte seine Schöpfung mit dem Segen der Unendlichen Zeit (Zurvan ararana) an.

Pers. Minokheird

Was ewig ist, ist zirkulär; und was zirkulär ist, ist ewig.

Aristoteles

Alles Vergängliche - ist nur ein Gleichnis.

Goethe

Das Privileg der Götter wie der Menschen ist das Lachen.

Sokrates, 470-399 v.

Von denen, welche mystisch philosophieren, ist es nicht der Mühe wert, ernstlich zu handeln.

Aristoteles

Wovon man nicht sprechen kann, darüber muß man schweigen.

L. Wittgenstein

Die Majorität der Dummen ist unüberwindbar und für alle Zeiten gesichert. Der Schrecken ihrer Tyrannei ist indessen gemildert durch Mangel an Konsequenz.

Albert Einstein

Vernunft verwirrt die Dogmatiker.

Blaise Pascal

Je mehr eine Kultur begreift, daß ihr aktuelles Weltbild eine Fiktion ist, desto höher ist ihr wissenschaftliches Niveau.

Albert Einstein

Es gibt Welten, von denen haben wir weder Ahnung noch ein Bild. Nur die Welt, von der wir ein Bild haben, ist unsere. Das Weltbild bestimmt unsere Welt. Ein neues Weltbild kann nur entstehen, wenn man das alte verstanden hat. Die Schaffung eines neuen Weltbildes ist die Schaffung einer neuen Welt.
Versuche die Bombe in den Köpfen der Menschen zu zünden, nicht in ihren Häusern!

Rat an einen Terroristen

Wer hat Angst vorm Schwarzen Mann, Schwarzen Loch oder Schwarzen Hund?

Die Narrheit hat ein großes Zelt;
es lagert bei ihr alle Welt,
zumal wer Macht hat und viel Geld.

Sebastian Brant; das Narrenschiff

Vor Feder, Tinte und Papier habe ich immer mehr Angst gehabt
als vor Degen und Pistole.

Alexander Dumas, Der Graf von Monte Christo

Haben Sie noch Angst vor der Zeitenwende?
Wenn ja, dann mag Ihnen vielleicht der folgende Witz helfen: Graf Bobby sagt zu Rudi: "Was würdest du machen, wenn Du erfährst, daß morgen die Welt untergeht?" Graf Rudi antwortet ganz ruhig: "Ich fahre in die Steiermark, dort ist man um ein paar Jahre hinten!"
Tatsächlich mangelt es diesem ironischen Satz nicht an realem Hintergrund. Die steirische Landesausstellung 2000 soll in Graz stattfinden, auf Grund politischer Entscheidungsunfähigkeit steht jedoch noch immer keine Örtlichkeit für die Ausstellung fest. Einer der Verantwortlichen meinte scherzhaft: "Wenn 2000 tatsächlich das Chaos ausbricht und wir noch immer keinen Ausstellungsort haben, werben wir eben für Graz damit, daß unsere Landesausstellung 2000 erst in ein paar Jahren stattfindet! Das wäre echt ein Gag! Die ganze Welt würde auf uns schauen ..."
Seltsame Blüten treibt die Zeitenwende.
Die wohl seltsamste Blüte ist das Buch "Das erfundene Mittelalter" des Historikers Heribert Illig. Dieser Autor vertritt darin die Idee, der Zeitraum von etwa 600 bis 900 nach Chr. sei reine Erfindung. Diese 300 Jahre hätten keinen realen Hintergrund, sie sind nicht wirklich gelebt, sondern später erfunden worden. Das Mittelalter, eine gigantische Zeitfälschung.
Die Idee des Autors ist genial. Er versucht mit architektonischen und historischen Fakten zu beweisen, daß z. B. Karl der Große nie existierte. Er sei eine Erfindung, da unter anderem Otto III. unbedingt Kaiser zur letzten Jahrtausendwende sein wollte. Es erwarteten ja, damals wie heute, viele die Rückkehr Jesu, und Otto wollte sich da einen ewigen Platz in der Geschichte sichern. Es kann an Ottos Wunsch etwas Wahres dran sein, für diese Beurteilung fehlen mir jedoch zweifellos die historischen Grundlagen. Die Aussagen von Illigs Buch über das erfundene Mittelalter halten jedoch einer kalendarischen und astronomischen Überprüfung nicht stand.

Wenn man von astronomischen Ereignissen historische Berichte hat, kann man sie genau datieren

Wir haben genug historische Berichte über astronomische Ereignisse, wie Finsternisse, Planetenkonjunktionen und Kometen, wo sich manche auf den Tag genau zurück berechnen lassen und von denen wir historische Berichte haben. Hier bietet die Archäoastronomie eine unbestechliche Uhr, auf der man die Zeit noch nach Jahrtausenden genau ablesen kann und Kalender sich eichen lassen. Auch mit Kalendern anderer Kulturen, wie der Chinesen, findet man so Übereinstimmungen und synchrone Ereignisse, und sie bestätigen ebenso die Haltlosigkeit von Illigs Theorie.

Dennoch ist interessant, was Heribert Illig veranlaßt, soviel Zeit und Energie in eine Theorie zu investieren, die noch dazu von allen anderen Historikern abgelehnt wird und sie ihn als "Däniken der Historie" abschätzig abqualifizieren.

Was mag nun Illig veranlaßt haben, so einer verwegenen Idee nachzuhängen. Verfolgt Illig irgendeinen Zweck?

Vielleicht gibt uns auch hier einer der Alten einen Hinweis, was die Beweggründe sind. Sokrates sagte: "Wer etwas um irgendeines Zwecks willen tut, will nicht das, was er tut, sondern das, um dessentwillen er es tut."

Was ist das Ergebnis von Illigs Theorie? Was bezweckt es letztendlich? Wohl dies: 300 Jahre müssen aus der Geschichte gestrichen werden mit dem Effekt, daß wir derzeit erst etwa das Jahr 1700 n. Chr. schreiben.

Will sich Illig damit einen Aufschub von 300 Jahren für die bevorstehende Zeitenwende schaffen?

Auf ähnliche Weise wie die beiden skurrilen Grafen im obigen Witz?

Oder geht es ihm vordergründig nur um einen Bestseller? Doch dann steht an erster Stelle eine Marktanalyse. Wer soll also dieses Buch kaufen? Doch auch nur die, die versuchen, vor der bevorstehenden Zeitenwende zu flüchten!

Es scheint wie Ironie des Zufalls, daß Illig in Vohenstrauß geboren ist und seine Strategie bis auf zwei Buchstaben seinem Geburtsort gleicht. Kopf in den Sand und um 300 Jahre zurück tauchen!

Illig scheint ein hochsensibler Mensch zu sein. Seine Idee ist genial – und es ist im Kern, wie so oft, etwas Wahres dran. Zum einen äußert sich durch Illig das unterbewußte Gefühl, daß mit der Zeitrechnung etwas nicht stimmt, wo er zweifellos Recht hat, zum anderen die unbewußte Angst vor der Zeitenwende.

Heribert Illig unterliegt einem ähnlichen Irrtum wie Richard Noone. Und beide übertreiben ihre Ahnungen, die einen wahren Kern haben, aber ins Gigantische: Der Fehler im Kalender beträgt nicht 300 Jahre, wie Illig meint, sondern 6 Jahre. Ebenso erzeugt das Wandern des Himmelspols um die

Die Verwechslung. Raumzeit und Zeitraum

Drachenscheibe kein "pole shifting", wie Noone postuliert, mit dem Entstehen eines neuen irdischen Nordpols, sondern nur langsam eine neue Position des himmlischen Pols durch den Kreisel der Erdachse und damit einen anderen Polarstern.

Noone's Theorie ist genauso falsch wie jene Illig's. Es gibt kein "High Noon" mit darauf folgendem Weltuntergang wegen der Planetenpositionen. Aber es gibt ein: Hey! Nun, was machen wir als Nächstes mit unserem neuen Weltbild. Den Kopf vor einem Weltbild in den Sand zu stecken ist Flucht in die Vergangenheit – UnverNUNft.

"Wie im Himmel, so auch auf Erden" lautet die verinnerlichte Gebetsformel der beiden. Die Richtigkeit der Formel bezieht sich jedoch nur auf zeitliche Abläufe. Die Gleichzeitigkeit von Sternenläufen mit Kalendern ist zwangsläufig, und Berichte über Ereignisse werden in Kalendern niedergeschrieben. Finden zwei Ereignisse zeitgleich statt, so werden sie assoziiert, obwohl sie ursächlich keinen Zusammenhang haben müssen. So wie die Geburt Jesu und die Jupiter-Saturn-Konjunktion in den Fischen. Wie beim Zaubertrick wird so das Ereignis dem Sternenlauf zugeschrieben.

Wenn die Himmelsglocke eine Sternstunde läutet, muß dann auch auf der Erde etwas geschehen? So wie der Pavlow'sche Hund glaubt, die Glocke bringt ihm das Fressen. Sind wir gar alle für die himmlische Glocke nur Pavlow'sche Hunde? Domini – canes?

Gott ist nicht länger ein Archivar, der eine von ihm ein für allemal festgelegte unendliche Abfolge aufblättert. Er ist die ganze Zeit dabei, die Schöpfung fortzusetzen.

Ilya Prigogine

Es geht nicht um shooting fish (jemanden übers Ohr zu hauen), sondern um einen neuen Weg, damit nicht alles für die Fische war, wenn der Fisch vom Kopf her zu stinken beginnt.

Spruch

Da wird das neue Schiff vom Stapel gelassen. Alle Teile brechen in lautes Geschrei aus, da jedes seinen Part zum erstenmal spielt: die stampfenden Kolben, die ächzenden Zylinder, die robuste Kardanwelle, die sich bis zum äußersten spannenden Schotten, die ratternden Nieten – jeder fühlt sich im Mittelpunkt der Bühne, jeder erzählt vom Dampf seiner einzigartigen und unvergleichlichen Taten, bis sie schließlich in Schweigen verfallen, als eine neue, tiefe Stimme sich bemerkbar macht – nämlich die des Schiffes, das endlich seine Identität gefunden hat.
Das Schiff, das zu sich selbst fand; Allegorie von Rudyard Kipling

Die Zukunft ist, was wir daraus machen.

Plakat einer politischen Partei

Was soll nun weiter geschehen nach der Zeiten-Wende?
Oder sind Sie noch der Meinung, es gibt keine?
Meinen Sie, die Gewohnheit und Trägheit der Menschen ist zu stark, ein Umdenken, eine Zeitenwende wird nicht kommen? Die Zeit bleibt ewig am Kreuz Jesu festgenagelt, der Gregorianische Kalender bleibt ewig?
Die lange Tradition von Kultur und Religion des Christentums hat uns für immer geprägt, und es wird keine Änderung mehr geben.
Oder sind Sie gegenteiliger Meinung?
Die Zeitalter, die Olympiaden, der Stern von Bethlehem, die Polarsterne, alles Schnee von gestern! Kein Hahn kräht mehr danach!
Es zählt nur Hier und Jetzt! Generation X ist angesagt!

Doch wo und wie macht die Generation X das X fest? Das ist hier die Frage, und wir sind wieder mal bei Hamlet.
Raum und Zeit sind nach wie vor die zwei einzigen Dimensionen, die wir haben, um das X festzubinden, während wir mit unserer Zeitmaschine durch die Raumzeit gondeln.
Die Erde selbst ist unsere Zeitmaschine, auf die wir angewiesen sind. Sie gebärt durch ihre zyklischen Bewegungen die Zeit, deren größte Periode, das Platonische Jahr, wir dann zerhacken in Zeitalter, Jahr, Jahreszeiten, Monat, Woche, Tag, Stunden, Minuten und Sekunden.
Die kleinste Zeiteinheit, die Sekunde, ist durch die Atomuhr neu definiert, um ein exaktes Zeitmaß zu haben.
Die Schwingung, mit der die Atomuhr die Zeit mißt, ist dennoch nicht mehr als das Gewicht des Wassers, mit der einst Galilei mit seiner Wasseruhr die Zeit maß. Sie ist nur wesentlich genauer. Angewiesen sind wir jedoch auf die Bewegungen der Erde und ihre Perioden. Diese Perioden können wir jedoch nur bestimmen, indem wir durch Sternpeilungen messen, wann die Erde wieder an die gleiche Stelle kommt, ähnlich dem Zeiger einer Uhr am Zifferblatt. Für die Erde ist dieses Zifferblatt jedoch der Sternenhimmel. Es gibt keine andere Möglichkeit, die Bewegungen der Erde zu messen, ob mit Atomuhr oder Wasseruhr oder mit Peilungen anhand von Steinmalen auf der Erde selbst.
Es geht um Bewegungen der Erde, Eigenrotation, Sonnenumrundung und Kreiseltanz, deren Perioden nur mit Peilungen der Sterne und Sternbilder möglich sind.
Diese Perioden sind natürlich zyklisch, und um sie meßbar zu machen, müssen sie jedoch einen definierten Anfang und damit auch ein Ende haben, das eben nur in einem Stern oder Sternbild festgemacht sein kann. So definieren Sterne und Sternbilder Anfang und Ende von Zeiträumen. Kulturelle Zeiträume, die ihren Anfang in den Mythen durch den Polarstern Thuban definieren, zugleich mit Entstehen der Hochkulturen und den ersten Weltbeschreibungen, ausgehend von den Sternbildern Drachen und Stier. Diese Sternbilder sind jedoch die ersten Ankerpunkte, an denen der Mensch die Zeit festmachte.

Für die Neuorientierung wird es in Zukunft aber nicht nur einen zeitlichen neuen Ankerpunkt geben, auch die Wirtschaft, die Kultur und die Gesellschaft sind einem Wandel unterworfen, der zwar in ähnlichen Wellen in der Vergangenheit schon die Erde überflutet hat, das jetzige Ausmaß der Neuentwicklungen scheint aber alles bisher Gewesene in den Schatten zu stellen.

Die Erfindung der Dampfmaschine und ihre Auswirkungen am Beginn des Industriezeitalters scheinen ein Mailüfterl gegen den Sturm, den das Informationszeitalter an Neuerungen bringen wird.
Die neuen Verfahrenstechniken, die die neuen Basistechnologien ermöglichen, sind derzeit erst zu einem geringen Anteil im Know-how umgesetzt und kaum im Know-what, d. h., man weiß noch gar nicht wirklich, was man mit den neuen Technologien eigentlich alles erzeugen könnte. Sind dann neue Produkte entwickelt, wird es noch dauern, bis sie sich am Markt durchsetzen. Wirklich neue Technologien brauchen eine Menschengeneration, also etwa 30–40 Jahre, ehe sie sich wirklich breit durchsetzen. Die Kinder müssen schon damit von klein auf aufwachsen und sie verinnerlichen, um später damit wirklich umgehen zu können. Haben sich neue Verfahren aber durchgesetzt, verändern sich Gesellschaften von Grund auf.
Wir Menschen sind Gewohnheitstiere, Neues bewundern wir oft, wollen es haben sobald sich aber die Frage stellt, eine bisher erfolgreiche, anerzogene Gewohnheit aufzugeben, umzulernen, Zeit und Geld zu investieren in etwas, das man ohnehin auch althergebracht erledigen kann, wird das Neue auf die nächste Generation verschoben.

Wohin wir gehen, wird hauptsächlich davon bestimmt, woher wir kommen

Die Wirtschaftswissenschaft bezeichnet als das wichtigste Symptom im Verhalten bei Neuentwicklungen die Pfadabhängigkeit. Sie sagt aus, daß die wesentliche Voraussetzung einer Entwicklung die Richtung ist, aus der die Menschen kommen, und nicht die ist, wohin sie gehen und schon gar nicht die, die man gerne hätte, daß sie gehen. Das Bündel der Vergangenheit, das die Menschen im Rucksack der Kulturen aufgebürdet haben, gibt ihnen die bewußten und unbewußten Kriterien für Entscheidungen vor. Sie ist die treibende Kraft. Wenn etwas in diesem Rucksack nicht vorhanden ist, kann damit nicht umgegangen werden, es muß also erst in oft langwierigen Prozessen gelernt werden. Eine Gesellschaft hat erst dann gelernt, mit der neuen Technik, oder Droge, dem neuen Denkmuster oder Religion umzugehen, wenn sich ihre Kinder von klein auf daran gewöhnt haben und auch die Gefahren erkannt haben. Sei das Neue nun das Feuer auf der heißen Herdplatte, an der man sich nur die Finger verbrennt, oder sei es "Feuerwasser", an dem ganze Stämme zugrunde gehen können. Eigentlich banal, dennoch oft übersehen. Der Pfad, den die Gesellschaft in den letzten 30 Jahren eingeschlagen hat, scheint besonders würdig, ihn näher unter die Lupe zu nehmen. Er wird in erster Linie richtungweisend dafür sein, wohin unsere Kinder gehen werden, obwohl alle meinen, die Jugend habe keine Ziele mehr und interessiere sich nur für sich selbst. Gerade dieses Interesse an sich selbst, ist aber immer der Ansatz für Selbstverwirklichung. Lassen wir den Kindern diese Chance, die noch keine Generation vor uns hatte! Sie werden sie sicher nützen, denn sie sind "cool" und haben gelernt, nicht hinter einem Ideal, das ihnen irgendein Führer vorgaukelt, hinterherzulaufen. Individualismus und Selbstverwirklichung ist angesagt. Jeder kümmert sich in erster Linie einmal um sich selbst und nicht die Hirngespinste oder Machtgelüste eines anderen. Dies ist keineswegs simpler Egoismus, sondern sichere Basis für jede Form des Überlebens. Wer etwas will, soll sich erst einmal selber darum kümmern!

Der gesellschaftliche Pfad der letzten 30 Jahre hat eine seiner Wurzeln in der geprügelten Beat-Generation, den Dichtern um Ginsberg, die wie alte Schamanen mit Drogen versuchten, neue Horizonte der Welt aufzufinden. Ein für alle sichtbarer neuer Horizont, der aufging, war, daß das Ende des Vietnamkrieges erzwungen wurde. Die größte Militärmacht, die USA, wurde von ihren eigenen Jugend in die Knie gezwungen. Ein noch nie dagewesener Sieg! Die Jugend, bis dahin immer willfähriges Kanonenfutter, macht einfach nicht mit. Es ist Krieg und keiner geht hin! Eine bis dahin unvorstellbare geistige Entwicklung hat sich erstmals geäußert.

Auch das Musical Hair und Woodstock und Songs der Beatles und Stones haben Anteil daran. Sie zeigen, wie sehr Poesie, Musik und Kunst die treibende Kraft für kulturelle Wandlungen sind und letztendlich Quelle für Schöpfung von Werten sind. Basis für Wertschöpfung aller Art! Nicht der Krieg allein ist nicht der Vater aller Dinge!

Die 68er Bewegung in Europa, ebenfalls niedergeknüppelt, organisierte sich im Untergrund zur APO. Nachdem der charismatische Rudi Dutschke einem Attentat zum Opfer fiel, verschärfte sich die Situation. Der einzige Ausweg für einige Radikale, der gnadenlosen Härte der staatlichen Repräsentanten zu begegnen, schien die Gründung der RAF. Das endgültige Ende der RAF als Organisation kam jüngst im Frühling 1998, wohl weil wirtschaftliche Prosperität und der Zusammenbruch des Eisernen Vorhangs der Revolution die breite Basis entzogen. Was ursprünglich als Vorwärtsentwicklung begann, wurde, wie so häufig, zur Revolution, zum "Zurück-Drehen" des Rades der Geschichte.

So manche Kulturkritiker meinen mit wehmütigem Blick auf das 68er Jahr, es habe sich seither nichts getan. Man muß ihnen recht geben. Aber die letzten 30 Jahre waren nur die Ruhe vor dem Sturm, und 68 scheint mir nur wie ein Vorbeben gewesen zu sein, das den eigentlichen Ausbruch des Vulkans nur ankündigt.

Hier sind wir wieder bei Vulcanus angelangt, dem römischen Mühlenschmied und "Deus faber". Was wird er wohl ausspeien? Sein Ausbruch ist immer gefährlich, doch ist seine Lava erkaltet, ergibt sie den fruchtbarsten Boden und darauf den besten Wein.

Es gibt Entwicklungen und Entdeckungen, die geschehen offenbar sprunghaft, sind plötzlich da, es dauert dann aber lange, bis sie so in den Alltag umgesetzt sind, daß sie wirklich alltäglich sind.

Das Feuer, heute wirklich alltäglich, wurde noch vor 2000 Jahren von einem Gott repräsentiert und den Vestalinnen gehütet, obwohl bereits viele Jahrtausende seit seiner Entdeckung vergangen waren. Der Zyklus von Entdeckung bis zur selbstverständlichen alltäglichen Umsetzung des Feuers dauerte viele Platonische Jahre.

Mit diesem Feuer Eisen zu erzeugen wurde erst vor etwa 3000 Jahren erfunden, und bis heute zur Perfektion umgesetzt.

Doch die Erfindungen der letzten hundert Jahre stellen all dies in den Schatten!

Die letzten 100 Jahre entsprechen aber nur etwa 1,5% der Zeit seit Entstehen der Hochkulturen. Die Entwicklung, der wir in diesen 100 Jahren ausgesetzt waren, entspricht wohl der Entdeckung des Feuers, des Rades und des Eisens zusammengenommen.

Der Einfluß neuer Verfahren von Biotechnologie, Atomphysik und Informatik in die Lebenswelt ermöglichen Lebensformen, die in kühnsten Fiktionen nicht auszumalen sind. Ungeahnte Wege und Möglichkeiten tun sich auf, mit ungeahnten Chancen und Gefahren.

Es scheint, als bräuchte der Mensch aber eine kleine Verschnaufpause, um die Wege anzusehen, die sich da auftun. Es geht sonst dabei vielleicht wie einem Neobergsteiger, der vor lauter Ausrüstung nicht mehr zum Kraxeln kommt.

Der Weg ist das Ziel, und die Wege selbst bestimmen die Ziele.

Der Weg, den der Mensch tatsächlich beschreiten wird, hängt in erster Linie, wie bei einem Wanderer, der unbekanntes Gebiet betritt, davon ab, woher er kommt. Solange der Wanderer den Weg zurück weiß, also weiß, woher er kommt, hat er keine Angst, weiter nach vorwärts zu gehen. Der erfahrene Wanderer weiß aber, daß er Gefahr läuft, sich zu verirren, wenn er diesen Weg vergißt.

Hat der Wanderer die Orientierung verloren, so kann das neue Gebiet, in das er sich verirrte, verursachen, daß er durch einen Wetterwechsel umkommt.

Wenn der Mensch Einflüssen von Verfahren ausgesetzt ist, die für ihn neu sind, wird er sie ebenso, wie der Wanderer, nur so lange gut heißen, als er nicht Gefahr wittert, darin umzukommen. Denn was für den Wanderer der Wetterwechsel, ist für den Menschen der Kulturwandel durch neue

Verfahren und Erfindungen. Er wird revoltieren, wie einst die Weber gegen die mechanischen Webstühle.

Wenn es nicht gelingt, die Neuerungen der Informatik so umzusetzen, daß die Menschen damit angstfrei umgehen können, wird man Bill Gates genau so verteufeln, wie einst die Christen den Vulcanus, den Schmiedegott am Beginn der Eisenzeit, beim letzten großen Paradigmenwechsel, weil sie fürchteten, was er bringen wird.

Wie werden die Retter im neuen Zeitalter heißen? Und was werden sie retten?

Bill Gates könnte ein Tor zum Himmel öffnen, es könnte ein "Heaven Gates" werden, doch sein Sturz vom Himmel kann ähnlich tief werden wie einst jener Luzifers.

Auch die Medienzaren und Pharma- und Bio-Riesen sind vor diesem Schicksal nicht gefeit, ja es scheint ihnen sogar vorgezeichnet, wenn man vergangene Zeitenwenden betrachtet.

All diese Giganten geben den Menschen zu wenig Zeit, mit den rasenden Entwicklungen fertig zu werden, die Menschen werden aufbegehren, es folgt eine Revolution! Was sonst sagt dieses Wort, als daß das Rad zurückgedreht werden soll. Was dem einen zu langsam ist, geht dem anderen zu schnell. Die Wahrheit liegt vielleicht in der Mitte, kann aber nur durch Erfahrung, durch Ausprobieren gefunden werden. Niemand kann diese Wahrheit vorher wissen und das Tempo gerecht steuern. Niemand kennt eine andere Methode, als auszuprobieren und aus Fehlern zu lernen, um das rechte Maß zu finden.

Und niemand kann für alle gerecht, die Richtung dieses Rades lenken. Es wird wohl nicht ausbleiben, daß manche unter die Räder dieser Mühle kommen – doch sind wir jetzt wieder am Ausgangspunkt unserer Reise angelangt, bei der Mühle der Zeit, die eine Stunde nach der anderen und ein Sternbild nach dem anderen herunter malt? Oder haben wir uns doch weiter bewegt, weiter gedreht? Vielleicht doch eine Pro-volution? Vom Zeitalter Stier bis Wassermann?

Die Sternbilder selbst sind nicht gut oder schlecht, liebevoll oder böse. Die Zeit ist es auch nicht. Nur das, was in der Zeit geschieht, hat Eigenschaft und Qualität. Oder wie sich der Mensch diese Zeiträume ausmalt und was er damit unbewußt auch in die Sterne hinein projiziert. Nur die Handlungen der Menschen innerhalb dieser Zeitmaße können gut oder böse sein. Himmelskörper wie Asteroiden können Unglück bringen, wenn sie auf die Erde fallen, für die Bewohner, die dort leben. Doch ohne Himmelskörper gäbe es kein Leben und auch keine Erdenbewohner. Das Leben bleibt also lebensgefährlich.

Doch mit Vorsicht und Rücksicht können wir auch dafür vorsorgen und uns rechtzeitig schützen, sollte das Ausmaß nicht "All" zu groß sein. Der Asteroid

FX11 ist nur Sternenstaub im Vergleich zum "Augapfel" Erde; – sie wird hoffentlich nicht daran erblinden.
Nur Sternenstaub – so wie letztlich wir alle ...
Wieviel Staub wird in Zukunft noch aufgewirbelt werden? Wer wird wirbeln, und wer wird auskehren oder aufwaschen oder abstauben?
Ein Revoluzzer, ein Rauchfangkehrer, ein Soap-Opera-Star und ein Goalgetter?
Eigentlich hat jeder die gleiche Chance ...
Denn die Zukunft beginnt immer jetzt!
Gestalten wir sie – gestalten Sie sie ...
Schreiben Sie, malen Sie, spielen Sie die nächste Rolle der Zeit, denn die jetzige ist voll!

In Vodan frogt da Bua, ganz drin in Hintagrobn:
"Was müassn's denn die Bilder ollweil Rahmen hobn?"
"Dö Frog" so moant da Alti, "dö is wohl gschwolln,
damit die Maler wissen, wanns aufhörn sulln!"

Adolf Walli (schlaraffisch Krampelsteiner)

Schaddaj

Inschrift auf dem Knoten des Tfillin,
er bedeutet hebräisch "meine (weiblichen) Brüste"
und ist eine Kurzform von:
Mi scheamar leolamo dai
"Der zu seiner Welt gesagt hat: Genug!"

Ω

Omega

ENDE

Gerhard Anderle:	AEIOU 89, 94 (Schriften des Pfarrers von Eichgraben)
Tom Baccei:	Das magische Auge, München 1994
Michael Baigent und Richard Leigh:	Verschlußsache Jesus. Die Qumranrollen und die Wahrheit über das frühe Christentum, München 1991
Robert Bauval und Adrian Gilbert:	Das Geheimnis des Orion, München 1996
Die Bibel:	Die Heilige Schrift des Alten und Neuen Testamentes, Stuttgart 1988
Günter Bischoff:	Vorgeschichtliche trigonometrische Konstruktionen in der Steiermark Dresden 1996
Bischöfliches Ordinariat Graz Seckau, Diözesanmuseum Graz:	Wenn Bilder sprechen, Graz 1992
Helmut Birkhahn:	Kelten, Wien 1997
Franz Brauner:	Steirische Heimathefte, Was die Heimat erzählt, 1950
William Burroughs:	Naked Lunch, 1959
Robert Burton:	Anatomie der Melancholie, Zürich 1988
Fritjof Capra:	Wendezeit, Wien 1989
Paul Davies:	Prinzip Chaos, Die neue Ordnung des Kosmos, München 1988
Herta von Dechend und Giorgio de Santillana:	Die Mühle des Hamlet, Wien 1994
Duden:	Rechnen und Mathematik, Mannheim 1994
Umberto Eco:	Der Name der Rose, München 1982
	Vier moralische Schriften, München 1998
	Das Foucault'sche Pendel, München 1989
	Die Insel des Vorigen Tages, München 1993
	Einführung in die Semiotik
	Zeichen
Franz Carl Endres und Annemarie Schimmel:	Das Mysterium der Zahl, Zahlensymbolik im Kulturvergleich, München 1984
Albert Einstein:	Einführung in die Relativitätstheorie
Joachim Ekrutt:	Sterne und Planeten
Norbert Elias:	Über die Zeit, Frankfurt 1984
Peter Berresford Ellis:	Die Druiden, München 1996
Gerhard Fasching:	Sternbilder und Ihre Mythen, Wien 1994
Konradin Ferrari D'Occhieppo:	Der Stern von Bethlehem, Berlin 1994
Heinz Gerstinger	Frau Venus reitet ... St. Peter/Judenburg 1995
Allen Ginsberg:	Howl, New York 1955
Roland Girtler	Randkulturen, Wien 1995
Ingeborg A. Glotz:	Zum soziokulturellen Kontext des Zeiterlebens 1996
Gebrüder Grimm:	Kinder- und Hausmärchen, Erlangen
Hermann Haupt:	Musterkalender (jährlich)
Stephen Hawking:	Eine kleine Geschichte der Zeit, Cambridge 1980
	Anfang oder Ende, Hamburg 1989
Gerald Hawkins:	Stonehenge decoded, New York 1965
Douglas R. Hofstädter:	Gödel, Escher, Bach
	Metamagicum
Nicolas Holzberg:	Ovid. München 1997
Ernst Hügli, Hans Roth und Karl Städeli:	Der Sternenhimmel (jährlich)

Heribert Illig:	Das erfundene Mittelalter 1997
Johannes von Jerusalem:	Das Buch der Prophezeiungen, Weyarn 1996
Hans Ulrich Keller:	Das Himmelsjahr (jährlich)
Karl Kerényi:	Die Mythologie der Griechen, München 1987
Manfred Lang:	Der Gregorianische Kalender und seine möglichen Verbesserungen vom Standpunkt der neuesten Erkenntnisse über die Zeit und die Erdrotation, Wien 1962
Norman J. Lockyer:	The Dawn of Astronomy, Cambridge 1964
Märchen aus 1001 Nacht:	Wien 1964
Hans-Peter Martin und Harald Schumann:	Die Globalisierungsfalle, Reinbek bei Hamburg 1996
Alexander Mitscherlich:	Der Kampf um die Erinnerung, München 1984
Harry Mulisch:	Die Entdeckung des Himmels, München 1993
Rolf Müller:	Der Himmel über den Menschen der Steinzeit, Berlin 1970
Larry Niven u. Jerry Pournelle:	Lucifer's Hammer, München 1977
Richard W. Noone:	5/5/2000, The ultimate disaster
Christoph Ransmayr:	Die letzte Welt, Frankfurt 1988
	Morbus Kithahara, Frankfurt 1995
Udo Reinert:	Holographie, Medium der Zukunft, München 1986
Austin Repath:	The Waterbearer, Toronto 1994
Peter Rosegger:	Zither und Hackbrett
	Schneiderpeterl erzählt
Günther D. Roth:	Sterne und Sternbilder, München 1995
Bertrand Russel:	Das ABC der Relativitätstheorie, München 1970
Oliver Sacks:	Zeit des Erwachens, Hamburg 1991
Erwin Schargarf:	Das Feuer des Heraklit
Erich Scheuermann:	Der Papalagi, Oescg Verlag, Zürich 1981
Wolfhard Schlosser / Jan Cierny :	Sterne und Steine, Darmstadt 1996
Karl Schöberl:	Kindberg 1232-1982, Vom alten Markt zur jungen Stadt, 1982
Chief Seattle:	Wir sind ein Teil der Erde Die Rede des Häuptlings Seattle an den Präsidenten der Vereinigten Staaten von Amerika im Jahre 1855
Oswald Spengler:	Der Untergang des Abendlandes, München 1991
Hubert Stolla:	Privates Archiv
Thessaloniki:	Cultural Capital Of Europe, Treasures Of Mount Athos, Thessaloniki 1997
Damian Thompson:	Das Ende der Zeiten, Hildesheim 1997
Oswald Thomas:	Astronomie, Wien 1934
Peter Tompkins:	Die Wiege der Sonne, Berlin 1976
	Cheops, München 1973
Wolfgang Trapp:	Kleines Handbuch der Maße, Zahlen, Gewichte und der Zeitrechnung, Stuttgart 1992
Jakob von Uexküll:	Theoretische Biologie, Frankfurt 1973
Steven Watson:	The birth of the beat generation, New York 1995
K. D. Wernecke:	Gutachten zum Phänomen der trigonometrischen Konstruktionen, Graz 1996
Stefan Zweig:	Sternstunden der Menschheit

Bildnachweis

Einband Titelfoto: Sternstrichspuren	Rudolf Maier, Wartberg
Einband Rückseite: 5. Mai 2000	Rudolf Maier, Wartberg
Bild 1: Sepp Rothwangl mit Hündin am Teufelstein	Rudolf Maier, Wartberg
Bild 2: Die Bewegungen der Erde	Archiv Sepp Rothwangl
Bild 3: Nördlicher Präzessionskreis mit Jahrtausenden	Archiv Sepp Rothwangl
Farbteil Bild 4: Dauerbelichtung um Polarstern	Rudolf Maier, Wartberg
Farbteil Bild 5: Stonehenge, Lochstein	Holger Thommesen, Graz
Bild 6: Ursa Major.	Bayers Uranometria, Öst. Nationalbibliothek
Bild 6a: Die Wintertrommel, China	Archiv Sepp Rothwangl
Bild 7: Tierkreis von Dendera	Skizze Sepp Rothwangl
Bild 8: Anubis, der schakalköpfige Gott im Ägypt. Totenbuch	Skizze Sepp Rothwangl
Bild 9: Amulett mit Penis und Sternsymbolen	Skizze Elisabeth Rothwangl nach Siegfried Seligmann. Der böse Blick und Verwandtes. Berlin 1910
Bild 10: Steinzeitlicher Kalender mit Gnomon	Archiv Sepp Rothwangl
Bild 11: Sonnenfinsternis	Archiv Sepp Rothwangl
Bild 12: 30. Breitegrad	Archiv Sepp Rothwangl
Bild 13: Der südliche Sternhimmel	Archiv Sepp Rothwangl
Bild 14: Graphik Präzession TNG Stier	Archiv Sepp Rothwangl
Bild 15: Stier heliakisch	Archiv Sepp Rothwangl
Farbteil Bild 16: Zeus und Europa	Kunsthistorisches Museum Wien
Bild 17: Präzession Aries	Archiv Sepp Rothwangl
Bild 18: Widder heliakisch	Archiv Sepp Rothwangl
Farbteil Bild 19: Moses (Michelangelo)	Univ. Lexikon der Kunst, Int. Publ. München
Farbteil Bild 20: Moses und Gold Kalb	Vorauer Volksbibel, Chorherrenstift Vorau
Farbteil Bild 21: Widdersphinxe Karnak	Archiv Sepp Rothwangl
Bild 22: Präzession Fische	Archiv Sepp Rothwangl
Bild 23: Fische heliakisch	Archiv Sepp Rothwangl
Farbteil Bild 24: Die Schule von Athen	Univ. Lexikon der Kunst, Int. Publ. München
Bild 25: Graphik ICHTHYS	Archiv Sepp Rothwangl
Bild 26: Präzession Aquarius	Archiv Sepp Rothwangl
Bild 27: Aquarius heliakisch	Archiv Sepp Rothwangl
Bild 28: Sternbild Aquarius	Bayers Uranometria, Öst. Nationalbibliothek
Bild 29: Sternbild des Ophiuchus	Bayers Uranometria, Öst. Nationalbibliothek
Bild 30: Tierkreisuhr mit Polarsternen	Archiv Sepp Rothwangl
Bild 31 Sternbild Drache	Bayers Uranometria, Öst. Nationalbibliothek
Bild 32: Sonnensystem im Maßstab 1:10 Milliarden	Archiv Sepp Rothwangl
Bild 33: Graphik Jupiter-Saturn-Treffen als Sternrad	Archiv Sepp Rothwangl
Bild 34: Keplers Trigon	De Stella Nova in Pede Serpentarii. Johannes Kepler
Bild 35: Graphik Jup Sat in Pisces 7 v.	Archiv Sepp Rothwangl
Farbteil Bild 46: Flucht nach Ägypten	Archiv Sepp Rothwangl
Bild 37: Bodenmosaik Bet Alpha	Bibliothek der Israelit. Kultusgemeinde, Wien
Bild 38: Münzen des Bar Kochba	Bibliothek der Israelit. Kultusgemeinde, Wien
Bild 39: Große Konjunktion durch Rückläufigkeit	Archiv Sepp Rothwangl
Farbteil Bild 40: Die Schleifen der Planeten bei Rückläufigkeit	Doz. Göbel, Wien
Bild 41: Stifthütte Dura Europos	Bibliothek der Israelit. Kultusgemeinde, Wien
Bild 42: Graphik ICHTHYS	Archiv Sepp Rothwangl
Bild 43: Mittelalterliche Handschrift mit Venus als Luzifer	Skizze Sepp Rothwangl. Handschrift Bibl. Nation. Paris
Farbteil Bild 44: Ulrich von Liechtenstein	Kindberg. Vom alten Markt zur jungen Stadt
Farbteil Bild 45: Die Reichskrone mit den Platten von David und Salomon	Kunsthistorisches Museum Wien

Farbteil Bild 46: Giotto, Die Anbetung der Könige	Archiv Sepp Rothwangl
Bild 47: Graphik Planetenstellung 5/5/2000	Archiv Sepp Rothwangl
Bild 48: Hexagramm 7 v. und 2000	Archiv Sepp Rothwangl
Bild 49: Sternbilder mit magischem Auge	Skizze Elisabeth Rothwangl nach Seligmann
Bild 50: Heilige Dreifaltigkeit Dreieck mit Auge	Archiv Sepp Rothwangl
Bild 51: Planetenstellung zum 5. Mai 2000 mit den Sternbildern	Archiv Sepp Rothwangl
Bild 52: Das Trigon als Sternrad am Tierkreis	Archiv Sepp Rothwangl
Bild 53: Würfel	Archiv Sepp Rothwangl
Bild 54: Penroses Kachelmuster	Archiv Sepp Rothwangl
Bild 55: Melancholia, Dürer	Graphische Sammlungen Albertina, Wien
Bild 56: Maya-Kalender	Archiv Sepp Rothwangl
Bild 57: Tierkreis als Vorbild des Zifferblattes der Uhr	Archiv Sepp Rothwangl
Farbteil Bild 58: Danziger Wunderuhr	Archiv Sepp Rothwangl
Farbteil Bild 59: Revolutionibus von Kopernikus	Jagiellonische Universitätsbibliothek Krakau
Farbteil Bild 60: Kopernikus erschrickt durch die Jupitermonde	Ian Matejko, National Museum Krakau
Farbteil Bild 61: Das Jüngste Gericht von Memling, Danzig	Archiv Sepp Rothwangl
Bild 62: Friedensymbol	Archiv Sepp Rothwangl
Bild 63: Der heilige Florian mit Wassereimer und Mühlstein	Rudolf Maier, Wartberg
Bild 64: Pyramiden und die Gürtelsterne des Orion	Archiv Sepp Rothwangl
Bild 65: Kepler-Trigon mit Auge	De Stella Nova in Pede Serpentarii. Johannes Kepler
Bild 66: Antike Darstellungen des Tierkreises mit Auge im Zentrum	Skizze Elisabeth Rothwangl nach Seligmann
Bild 67: Mittelalterliche Darstellung des Jakobstabes	Archiv Sepp Rothwangl
Bild 68: Runenkreuze	Archiv Sepp Rothwangl
Bild 69: Religiöse Symbole	Archiv Sepp Rothwangl
Bild 70: Yin-Yang-Symbol der Maya und Drache	Archiv Sepp Rothwangl
Farbteil Bild 71: Der Teufelstein als Sphinx	Archiv Sepp Rothwangl
Bild 72: Skizze des Teufelsteins von Peter Rosegger	Steiermärkische Landesbibliothek
Farbteil Bild 73: Die behauene Wand des Teufelsteins	Rudolf Maier, Wartberg
Bild 74: Die Ausrichtung des Teufelsteins nach der Himmelsrichtung	Archiv Sepp Rothwangl
Bild 75: Die Ausrichtung des Teufelsteins zum Horizont, Mondextrem	Archiv Sepp Rothwangl
Bild 76: Der Drachen um den Teufelstein	Archiv Sepp Rothwangl
Farbteil Bild 77: Hammerkreuzstein in Langenwang	Rudolf Maier, Wartberg
Farbteil Bild 78: Megalithisches Steinmal Althadersdorf bei Kindberg	Rudolf Maier, Wartberg
Bild 79: Der Goldene Schnitt um den Teufelstein	Archiv Sepp Rothwangl
Bild 80: Himmelsdarstellung zur Zeit des Johannes	Archiv Sepp Rothwangl
Bild 81: Himmelsdarstellung, Jahr 2000	Archiv Sepp Rothwangl
Bild 82: Präzessionskreis mit Weltzeitaltern	Archiv Sepp Rothwangl
Bild 83: Die Sternenuhren	Archiv Sepp Rothwangl
Bild 84: Das Weiterwandern der Erdachse zu Alpha Cephei	Archiv Sepp Rothwangl
Bild 85: Georgibergkirche zur Wintersonnenwende, mittags	Rudolf Maier, Wartberg